国际贸易理论与政策改革探索

郭家鹏 著

天津出版传媒集团

天津人民出版社

前　言

国际贸易是国际经济交往最古老和最主要的方式，它促进了国际分工和世界市场的形成，也推动了各国经济和世界经济的发展。在世界经济发展的进程中，西方国家之所以能够后来居上并至今保持领先地位，尽管原因很多，但对国际贸易高度重视并制定正确的贸易政策无疑是其中一个重要因素。

进入 21 世纪以来，世界经济贸易格局发生了很大变化，中国于 2001 年加入了世界贸易组织，并于 2013 年取代美国成为世界第一大贸易国。这是中国在 20 世纪 70 年代末顺应国际贸易自由化潮流，主动进行改革开放，积极融入世界经济后取得的最新成就。2013 年习近平总书记提出"一带一路"倡议，经贸合作是"一带一路"建设的基础和先导。面对新的形势，切实提高对国际贸易理论的认识和正确选择对外贸易政策是十分重要的。

国际贸易理论与政策是伴随着国际贸易实践的发展而逐渐建立并发展起来的，且随着时代的进步被不断注入新的内涵。本书不仅对各不同流派的贸易理论按照历史和学科发展的逻辑进行了全面梳理和分析，详细分析了自由贸易理论和保护贸易理论的主要流派及其观点，揭示其演变条件和内在联系，而且对国际贸易理论领域的一些前沿研究成果做了深入浅出的解读。

本书的政策部分在对贸易政策进行概述的基础上，回顾了各主要历史阶段世界不同类型的国家所进行的贸易政策实践，然后主要从关税措施和非关税措施这两大类出发对国际贸易政策的具体措施进行了详细的分析，并提出了相关的建议。

本书可以作为国际贸易相关行业从业人员的参考及培训用书。。

本书在编写的过程中参考了部分同行专家的著作、论文及其他文献资料，在此表示感谢！由于时间和水平有限，疏漏之处在所难免，欢迎广大读者批评指正。

著　者

目　　录

第一章 导　论

第一节　国际贸易的研究对象与内容

一、国际贸易的含义与特点

（一）国际贸易的含义

国际贸易(international trade) 一般是指国家(或地区) 之间商品与服务的交换活动，它是各国之间劳动分工的表现形式，也是国际经济联系的主要形式和基本内容，反映了世界各国在经济上的相互联系与依赖。

如果从某一个国家或地区的角度看，一国或地区与其他国家或地区的商品与服务的交换活动被称为对外贸易(foreign trade) 。有些海岛国家或地区，如英国、日本等，其对外贸易常被称为海外贸易(oversea trade) 。如果从全球的视角来看，人们往往把各国对外贸易的总和称为世界贸易(world trade) 。

国际贸易概念有广义与狭义之分。狭义的国际贸易是指国家之间的商品进出口，也就是一国从他国进口商品用于国内的生产和消费，或者向他国出口本国的商品。广义的国际贸易除了商品的进出口以外，还包括服务贸易，也就是各国之间在运输、保险、旅游、通信、技术、劳务输出等方面相互提供服务。

我们可以从三个层次来理解国际贸易：第一层次是国际贸易发生的主体地域范围——国与国之间，当然也包括单独关税区之间或国家与单独关税区之间。第二层次是国际贸易涉及的交换内容包括商品和服务。第三层次是国际贸易发生的制度环境，与国内贸易相比，国际贸易不仅涉及不同货币的兑换，且受制于国际通行规则，而非一国的国内贸易规则。

（二）国际贸易的特点

国际贸易和国内贸易都是商品和服务的交换，交换过程和货物流向大致相同，经营目的也都是为了取得经济利益和利润。但作为国际商品和服务的交换，国际贸易有以下几个特点：

1. 国际贸易复杂程度比较高

(1) 各国的货币与度量衡差别很大。在国际贸易中，应采用何种货币计价？两种货币如何兑换？各国度量衡不一致时如何换算？凡此种种使得对外贸易比国内贸易复杂。

(2) 商业习惯复杂。各国市场商业习惯不同，怎样进行沟通？国际贸易中的规约与条例解释是否一致？对外贸易也比国内贸易复杂，稍有不慎，便会影响贸易的进行。

(3) 海关制度及其他贸易法规不同。各国都设有海关，对于货物进出口都有许多规定。货物出口，不但要在输出国家输出口岸履行报关手续，而且出口货物的种类、品质、规格、包装和商标也要符合输入国家的各种规定。

(4) 国际汇兑复杂。国际贸易货款的清偿多以外汇支付，而汇率依各国采取的汇率制度、外汇管理制度而定，这就使得国际汇兑相当复杂。

(5) 货物的运输与保险。国际贸易运输，一要考虑运输工具，二要考虑运输合同的条款、运费、承运人与托运人的责任，还要办理装卸、提货手续。为避免国际贸易货物运输中的损失，还要对运输货物加以保险。

另外，各国对国际贸易中的规约、条例和惯例的具体解释是否一致，适用范围如何确定，贸易纠纷如何解决等问题，都需要进行协商并签订合同加以约束和规范，这就使得国际贸易复杂化。

2. 国际贸易的难度比较大

(1) 语言不同。这是从事国际贸易活动首先遇到的障碍。世界各国的语言文字十分复杂，据统计，目前世界上超过 5 000 万人使用的文字有 13 种之多。其中，有 30 多个国家将英语作为官方语言，也是当今国际贸易活动中各国最通行的商业语言。如果不能克服语言上的障碍，国际贸易活动将很难开展，即使制定出宏伟的对外贸易规划，也只能是纸上谈兵，得不到较好的贯彻和落实。

(2) 法律、风俗习惯不同。各个国家和民族的风俗习惯、宗教信仰和价值观念都有很大差别，这也会对国际贸易活动产生一定程度的影响。比如，各国对于商品外形、商品包装和商标所显示出的颜色、数字及复杂的图形有着不同的解读，这使得在甲国畅销的商品，到了乙国就可能由于颜色不受欢迎等原因而滞销。

(3) 贸易障碍多。世界各国不同的语言、文化传统、风俗习惯、宗教信仰、法律规范和对外贸易政策，都会造成国际贸易的障碍，加上各国消费习惯的不同及各种偏爱和禁忌差异，又进一步加深了从事国际贸易的难度。具体来说，人们在开拓国际市场、进行调查研究、选择目标市场和销售渠道、寻找贸易伙伴、了解资信状况等方面的难度比较大。

3. 国际贸易风险比较大

国际贸易涉及面广、交易量大、程序较复杂、中间环节多，面临着较大的风险。

(1) 信用风险。经营对外贸易的进出口商从接洽开始，经过报价、还价，确认后订立合同，再到出口商交货、进口商支付货款，需经过一段较长的时间。在此期间，交易双方可能因经营状况发生变化而不能履约。比如，因经济危机或严重自然灾害可能导致出口商破产，而不能按时交货，或其他类似原因导致进口商倒闭不能按时付款。

(2) 商业风险。在国际贸易中，进口商往往以各种理由拒收货物，对出口商来说这就是商业风险。拒收理由多数是货物不符、交货期晚、单证不符等。这些理由在货物遭到拒收前是无法确定的。拒收后，虽可交涉弥补，但损失已发生。

(3) 汇兑风险。对外贸易的买卖双方必有一方要以外币计价。但外汇汇率不断变化，如掌握不好，有一方就要负担汇兑亏损。如果卖方以汇率看跌的货币计价，而商品价格又没有适当提高，就要吃亏；反之，如果买方以汇率看涨的货币计价，而商品价格又没有适当降低，就要吃亏。

(4) 价格风险。出口商与进口商签订合同后，在出口商进货前，如果货物价格上涨，出口商就要承担损失风险。进口商接货后，如果该货物价格下跌，进口商就要承担损失风险。国际市场价格瞬息万变，对外贸易多数是大宗买卖，因此，对外贸易的进出口商必须承担比国内贸易更大的价格风险。

(5) 运输风险。国际贸易货物运输里程一般比国内贸易遥远，因此，在运输途中发生的风险必然比国内贸易大。承担此类风险的有卖方、买方和保险公司。

(6) 政治风险。世界各国大都实行贸易管制，这些贸易管制政策和措施主要依据不同时期国内政治经济状况和国际政治经济形势而制定。由于各国政治经济状况和国际政治经济形势经常变化，因此，有关贸易国的贸易管制政策和措施也经常改变，这就使进出口商承担了许多国内贸易所不需承担的政治风险。

以上特点使得国际贸易具有明显的独立学科的特征，从而成为经济学的一个分支学科。

二、国际贸易的研究对象与内容

（一）国际贸易的研究对象

国际贸易作为一门学科，它的研究对象是不同国家或地区之间的货物和服务的交换活动，通过研究这些货物和服务交换活动的产生、发展过程以及贸易利益的产生和分配，来揭示这种交换活动的特点和规律。

（二）国际贸易的研究内容

国际贸易的具体内容包括国际贸易的发展历程、国际贸易理论、国际贸易政策与措施、与国际贸易有关的各种理论与现实问题四个方面。

1．国际贸易的发展历程

国际贸易是个历史范畴，它是社会生产力和国际分工发展的必然结果。随着生产力的变革，交换活动的领域和范围不断扩大，形式和内容也更加多样化。研究国际贸易产生、发展的历程和一般发展规律，是深入学习、研究国际贸易理论与政策的重要前提。

2．国际贸易理论

对国际贸易现状的研究促进了国际贸易理论的产生和发展，学习和研究这些理论的精华是国际贸易课程的重要内容，它要回答三个基本问题，即国际贸易产生的原因、国际贸易的结构和国际贸易的结果。

(1) 国际贸易的基础(basis of international trade)。国际贸易理论首先要回答的第一个问题是国家之间为什么要进行贸易？这是研究国际贸易的基础。各国之间为什么发生贸易？各国在什么情况下发生国际贸易？国际贸易的基本原则是低价进口、高价出口，所以只有当产品在国家之间存在价格差异时才会发生贸易。那么，各国之间的产品价格差异究竟是怎样产生的呢？对这些问题的不同解释就形成了不同的国际贸易理论模型。

(2) 国际贸易的方式(pattern of international trade)。如果国际贸易理论能够回答第一个问题，即国际贸易的基础存在，那么，国际贸易理论要回答的第二个问题是国家之间怎样进行贸易？即研究国际贸易的方式。为什么一些国家出口劳动密集型产品而另一些国家出口资本、技术密集型产品？是什么因素决定一国的进出口贸易模式？不同的贸易理论对这些问题的回答是不同的。

(3) 国际贸易的影响(effect of international trade)。国际贸易既然存在贸易基础能够发生，并且按照一定的贸易方式进行，那么国际贸易接下来要回答的第三个问题就是国际贸易产生什么样的影响？即研究贸易的所得(贸易利益)。虽然从总体上说，自由贸易给各国都带来利益，但这种利益有多大？利益的分配如何？有没有一些利益集团受到损失？贸易对本国的生产和消费会带来什么影响？经济学家从不同的情况出发对贸易产生的影响作了全面分析。

国际贸易的基本理论的分析包括静态分析和动态分析、局部分析和整体分析。当然，要回答以上三个基本问题还有待于国际贸易理论前提的确立，不同的经济学理论前提所得出的国际贸易理论也是不同的。

3．国际贸易政策与措施

国际贸易直接涉及各国的经济发展，因此，各国都制定了对外贸易政策（foreign trade policy）和措施。国际贸易政策主要可分为自由贸易政策和保护贸易政策两大类，措施主要有关税措施、非关税措施等。国际贸易政策与措施也是国际贸易研究的重要内容。贸易政策的分析主要是对各种贸易政策(包括关税、配额、出口补贴等）及影响贸易的其他经济政策(产业政策、消费政策等）的实证分析。贸易政策的基本性质是对自由贸易的干预。这种干预有限制贸易的，也有鼓励贸易的；既有进口方面的，也有出口方面的。但任何贸易政策都会给国内经济带来影响，包括对国内市场价格的影响、对贸易量的影响、对国内生产量和消费量的影响及对各种生产要素收益、各种贸易利益和整个社会福利的影响。对于贸易大国，还要分析其贸易政策对国际市场的影响以及贸易条件变化的影响。

4．与国际贸易有关的其他理论与现实问题

研究国际贸易理论与政策，不可避免地会涉及与国际贸易有关的各种理论与现实问题。从另一个角度说，研究国际贸易理论与政策的主要目的也是为了更好地解决国际贸易发展中所遇到的各种现实问题。国际贸易实践是国际贸易的研究对象，而国际贸易理论既是对国际贸易活动实践的总结，又是指导国际贸易活动的指南。例如，国际贸易的发展引起了生产国际化的发展，生产国际化引起的区域经济一体化和世界经济一体化，这些都需要国际贸易理论与政策加以解释。此外，世界各国为了推进国际贸易自由化的发展而建立的世界贸易组织、贸易与可持续发展、贸易与环境问题等等，也是国际贸易理论与政策方面必须进行研究的。

第二节　国际贸易的分类

国际贸易活动在现实中的表现形式多种多样，依照不同的划分标准，可以有不同的分类。

一、按商品形态划分

（一）货物贸易

货物贸易(commodity trade）通常是指有形贸易(tangible trade），即围绕有形

商品来开展的国际贸易。为了便于统计，联合国《国际贸易标准分类》(Standard International Trade Classification，SITC) 把有形商品分为 10 部门、67 类、262 组、1 023 分组和 2 970 基本项目。这 10 部门货物分别是：0 部门为食品和活动物，1 部门为饮料及烟草，2 部门为非食用原料(不包括燃料)，3 部门为矿物燃料、润滑油及有关原料，4 部门为动植物油、脂和蜡，5 部门为未另列明的化学品和有关产品，6 部门为主要按原料分类的制成品，7 部门为机械及运输设备，8 部门为杂项制品，9 部门为《国际贸易标准分类》未另分类的其他商品和交易。参见表 1-1。在国际贸易统计中，一般把 0 到 4 部门商品称为初级产品，把 5 到 8 部门商品称为制成品。后来，在各国的进一步协商下，海关合作理事会于 1983 年通过了《商品名称及编码协调制度国际公约》及其附件《商品名称及编码协调制度》(Harmonized Commodity Description, and Coding System，HS)，并于 1988 年 1 月 1 日正式生效。现已批准正式使用 HS 编码的国家和地区约有 100 个，我国海关也于 1992 年 1 月 1 日起开始实施以 HS 编码为基础编制的《中华人民共和国进出口税则》。HS 将商品分为 21 类、97 章、1241 个税目及 5 019 个子目，从而使商品分类更加细致和科学。如第一类为"活动物；动物产品"，其中第二章为"肉及食用杂碎"(02)，其中第二项税目编号 02. 02 为冻牛肉，再进一步细分：02. 02. 10 为冻整头及半头牛肉、02. 02. 20 为冻带骨牛肉、02. 02. 30 为冻去骨牛肉。

(二) 服务贸易

服务贸易(service trade) 是不同国家之间所进行的服务交易的活动。按世界贸易组织《服务贸易总协定》的规定，国际服务贸易有以下 4 种形式。

1. 跨境交付

跨境交付(cross-border supply) 指从一成员方境内向境外任何成员方提供服务，如通过视、听等为对方提供服务，其特点是服务提供者和消费者分处不同国家。这是典型的跨国界可贸易型服务，是国际服务贸易的基本形式。

2. 境外消费

境外消费(consumption abroad) 指在一成员方境内向任何其他成员方的消费者提供服务，诸如涉外旅游服务、为外国病人提供医疗服务等。

3. 商业存在

商业存在(commercial presence) 指一成员方在其他成员方境内通过商业存在提供服务，即服务提供者在外国建立商业机构为消费者服务。例如，一成员方在其他成员方境内开设百货公司、银行、保险公司、运输公司、咨询公司、律师或会计师事务所、饭店.、宾馆等。这种服务贸易往往与对外直接投资联系在一起。

4．自然人流动

自然人流动(movement of natural persons) 指一成员方的自然人在其他任何成员方境内、提供服务。

《服务贸易总协定》列出的服务行业包括以下 12 个部门：商业、通讯、建筑、销售、教育、环境、金融、卫生、旅游、娱乐、运输及其他，具体分为 160 多个分部门。

服务贸易提供与消费同时进行，服务贸易额也是一国国际收支的重要构成部分，但由于其无须经过海关办理手续，所以一般不显示在海关的统计表上，只在各国国际收支平衡表上体现。

（三） 技术贸易

技术贸易(technology trade) 的内容包括专利权、商标权、专有技术权、计算机软件等著作权的所有权的有偿转让或使用权的许可使用以及技术咨询、技术服务和技术开发等。同服务贸易额一样，国际技术贸易额也不在各国海关统计中，只在各国国际收支平衡表上体现。

在上述按照商品形态划分的三类贸易中，服务贸易和技术贸易也统称无形贸易(intangible trade) ，指买卖一切不具备物质自然属性的商品的活动。有形贸易和无形贸易的主要区别在于前者需办理海关手续，其贸易额总是列入海关的贸易统计；而无形贸易尽管也是一国国际收支的组成部分，但它无须办理海关手续，因而一般不反映在海关统计表上，但体现在一国国际收支平衡表上。

二、按商品流向划分

（一） 出口贸易

出口贸易(export trade) 又称输出贸易，是指一国将自己生产或加工的商品输往国外市场销售。净出口则是指某国(或地区) 某一时期同类商品的出口量大于进口量的部分。

（二） 进口贸易

进口贸易(import trade) 又称输入贸易，是指一国从国外市场购入用以生产或消费的商品。净进口则是指某国(或地区) 某一时期同类商品的进口量大于出口量的部分。

(三) 过境贸易

过境贸易(transit trade) 指别国出口货物通过本国国境，未经加工改制，在保持原来形状下运往另一国的贸易活动。其中又可分为直接过境和间接过境两种。直接过境是指在海运的情况下，外国货物到达港口后，在海关监管下，从一个港口通过国内航线装运到另一港口; 或在同一港口内从一艘船上转装到另一艘船上，然后离开国境; 或不经卸货转船，仍由原船运出，这种行为完全是为了转运而通过国境，与该国对外贸易无关。间接过境则指外国货物到达国境后，先存人海关保税仓库，然后未经加工改制，又从海关保税仓库提出并运出国境。这种贸易对本国来说既不是进口，也不是出口，仅仅是商品过境而已。

(四) 复出口

复出口(re-export trade) 是指将外国商品输入本国后未经加工而再向国外输出的贸易活动。有两种情况，一是从本国自由贸易区或海关保税仓库再出口，二是经过海关结关手续后的本国化商品再出口。

(五) 复进口

复进口(re-import trade) 指将本国商品输往国外后未经加工而又重新运回国内。复进口一般是由于商品在国外未能售出或由于损坏、质量不合格等原因所造成，因而比较具有偶然性。

三、按贸易有无第三国参加划分

(一) 直接贸易

直接贸易(direct trade) 是生产国与消费国不通过第三国而进行商品交换的行为。在这种方式下，贸易双方直接谈判、直接结算，直接运输货物。商品从生产国直接卖给消费国，对生产国而言，是直接出口，对消费而言，是直接进口。

(二) 间接贸易

间接贸易(indirect trade) 是指由于本国销售渠道不畅、市场信息不灵或某些政治原因，而借助第三国或其他中间环节，把商品从生产国运输到消费国的贸易活动。商品通过第三国进行买卖，对生产国是间接出口，对消费国是间接进口。

（三）转口贸易

转口贸易(entrepot trade) 是指货物生产国与消费国之间经由第三国贸易商分别签订进口合同和出口合同所进行的贸易，从第三国角度来看，即是转口贸易，又称中转贸易。被转口的商品一般不做加工或只做简单加工。

从事转口贸易的国家或地区一般都具有地理和港口等方面的优势。过境贸易与转口贸易的区别在于过境贸易没有商品买卖行为，仅仅是货物运输上的过境，不涉及所有权的变化，而转口贸易指第三方参与买卖关系中的所有权让渡过程。

四、按国境和关境划分

（一）总贸易

总贸易(general trade) 是指以国境为标准划分和统计的进出口贸易。凡进入国境的商品一律列为进口，凡离开国境的商品一律列为出口，其中在总出口中又包括本国产品的出口和未经加工的进口商品的出口。总进口额加总出口额就是一国的总贸易额。美国、日本、英国、加拿大、澳大利亚、中国、东欧各国等 90个国家和地区采用这种划分标准。

（二）专门贸易

专门贸易(special trade) 是与总贸易相对应，指以关境为标准划分和统计的进出口贸

易。只有从外国进入关境的商品及从保税仓库提出进入关境的商品才列为专门进口，当外国商品进入国境后，暂时存放在保税仓库，未进入关境，则不列为专门进口。从国内运出关境的本国产品及进口后经加工又运出关境的商品，则列为专门出口。专门进口额加专门出口额称为专门贸易额。德国、意大利、法国等83 个国家和地区采用这种划分标准。

（三）边境贸易

边境贸易(frontier trade) 是指两个毗邻国家通过协议，在两国的边境接壤地区(一般为边境两边各 15 公里内) 准许当地居民在指定的边境口岸或集市上，按照规定的金额、品种进行生活必需品和生产资料的小额贸易。

五、按经济发展水平划分

（一）水平贸易

水平贸易(horizontal trade) 是指经济发展水平比较接近的国家之间开展的贸易活动。例如，各个发达国家之间及各个发展中国家之间所进行的贸易。

（二）垂直贸易

垂直贸易(vertical trade) 是指经济发展水平不同的国家之间开展的贸易活动。发达国家与发展中国家之间所进行的贸易大多属于这种类型。

一般而言，发达国家从发展中国家进口农产品和原材料，并向其出口工业制成品，这主要是由生产力发展水平上的差距造成的。

六、按清偿工具划分

（一）自由结汇贸易

自由结汇贸易(free-liquidation trade) 又称现汇贸易，即以货币作为清偿工具的国际贸易。现汇贸易是国际贸易中最普遍的贸易形式，其结算方式以信用证为主，此外还有托收和汇付等方式。

（二）易货贸易

易货贸易(barter trade) 指以经过计价的货物作为清偿工具的国际贸易。这实际上是一种记账贸易，即根据两国政府达成的贸易协定或贸易支付协定、按照记账结算方法来进行清偿的贸易。具体来说互换货物不是用现汇逐笔结算，而是通过指定的银行账户来相互冲销。这种贸易方式的特点是进口与出口相结合，贸易双方均有进有出，既可以节省外汇，又可以保持双方的贸易平衡。

七、按货物运送方式划分

（一）陆路贸易

陆路贸易(trade by roadway) 指采用陆路运送货物的贸易，运输工具通常为火车、汽车等。

（二） 海路贸易

海路贸易(trade by seaway) 指通过海上运送货物的贸易，运输工具主要是船舶，这是国际贸易最主要的运送方式。

（三） 空运贸易

空运贸易(trade by airway) 指采用航空方式运送货物的贸易，这种贸易通常适用于贵重、数量小、时间要求紧的商品。

（四） 邮购贸易

邮购贸易(trade by mail order) 指采用邮政包裹方式寄送货物的贸易。对数量不多的商品贸易，可采用邮购贸易。

八、按交易手段划分

（一） 单证贸易

单证贸易(trade with documents) 指以纸面单证为基本手段的传统交易方式，是目前常用的交易方式。

（二） 无纸贸易

无纸贸易(trade without documents) 指以电子数据交换(electronic data interchange，EDI) 为基本交易手段的贸易，即贸易伙伴之间按协定通过电子计算机和通信网络传递规范化、格式化的商贸数据和信息而进行交易。这是一种现代化的交易手段，代表了国际贸易交易方式的发展趋势。

九、按交易方式的性质划分

（一） 商品贸易

商品贸易(goods trade) 又称为一般贸易，是指以商品买卖为目的的、按纯商业方式进行的贸易活动。这种性质的交易方式又包含着一些具体的交易方式，如经销、代理、寄售、拍卖、招标和展卖等。

（二） 加工贸易

加工贸易（ process trade） 是指一个国家或地区利用自己的人力、物力或技术优势，从境外输入原材料、半成品、样品及图纸，在境内加工制造或装配成成品后再向境外输出，以生产加工性质为主的一种贸易方式。加工贸易又可分为来料加工和来件装配。

（三） 补偿贸易

补偿贸易（ compensation trade） 是指参与贸易的各方，一方用另一方提供的信贷来进口设备或技术进行生产或加工，然后再用该项目下的产品、其他产品或劳务的销售收入分期偿还对方的设备或技术款项的贸易方式。这种方式对于解决买方的外汇不足，帮助卖方销售产品有一定的作用。

（四） 租赁贸易

租赁贸易（ renting trade） 是租赁公司以租赁方式将商品租赁给境外的用户使用、境外租户不交付货款而是交付租金的一种交易方式。这种贸易方式的本质是租赁，出租的商品一般都是价格昂贵的设备或交通工具等。租赁公司拥有商品的所有权，并可按期收回稳定的租金，而租户可避免积压大量资金，并易于及时更新所需商品。这种贸易方式在国际贸易活动中发展迅速，并逐渐发展为租购结合，即先租，到连续租用一定时期后，该商品的所有权归租户所有，即由租赁关系变为了买卖关系。

第三节　国际贸易的产生与发展

一、国际贸易的产生

国际贸易是在人类社会生产力发展到一定的阶段才产生和发展起来的，它是社会生产发展的必然结果。国际贸易的产生必须具备两个条件：一是有剩余的产品可以作为商品进行交换，二是商品交换要在各自为政的社会实体之间进行。

在原始社会初期，人类的祖先结伙群居，打鱼捕兽，生产力水平极度低下，人们处于自然分工状态，劳动成果仅能维持群体最基本的生存需要，没有剩余产品用以交换，因此谈不上有对外贸易。

人类历史的第一次社会大分工，即畜牧业和农业的分工，促进了原始社会生产力的发展，产品除维持自身需要以外，还有少量的剩余。人们为了获得本群体不生产的产品，便出现了氏族或部落之间用剩余产品进行原始的物物交换。当然，这种物物交换还是极其原始并带有偶然性的。

在漫长的年代里，随着社会生产力的继续发展，手工业从农业中分离出来成为独立的部门，形成了人类社会第二次大分工。由于手工业的出现，便产生了直接以交换为目的的生产——商品生产。当产品是专门为满足别人的需要而生产时，商品交换就逐渐成为一种经常性的活动。随着商品生产和商品交换的扩大，出现了货币，于是，商品交换就变成了以货币为媒介的商品流通。这样就进一步促使私有制和阶级的形成。由于商品交换的日益频繁和交换的地域范围不断扩大，又产生了专门从事贸易的商人阶层。

第三次社会大分工使商品生产和商品流通进一步扩大。商品生产和流通更加频繁和广泛，从而阶级和国家相继形成。于是，到原始社会末期，商品流通开始超越国界，这就产生了对外贸易。

人类社会三次大分工，每次都促进了社会生产力的发展和剩余产品的增加，同时也促进了私有制的发展和奴隶制的形成。在原始社会末期和奴隶社会初期，随着阶级和国家的出现，商品交换超出了国界，国家之间的贸易便产生了。可见，在社会生产力和社会分工发展的基础上，商品生产和商品交换的扩大，以及国家的形成，是国际贸易产生的必要条件。

二、国际贸易的发展

（一）奴隶社会的国际贸易

在奴隶社会，自然经济占主导地位，其特点是自给自足，生产的主要目的是消费，而不是交换。奴隶社会虽然出现了手工业和商品生产，但在一国整个社会生产中显得微不足道，进入流通的商品数量很少。同时，由于社会生产力水平低下和生产技术落后，导致交通工具简陋、道路条件恶劣等，严重阻碍了人与物的交流，对外贸易局限在很小的范围内，其规模和内容都受到很大的限制。

奴隶社会是奴隶主占有生产资料和奴隶的社会，奴隶社会的对外贸易是为奴隶主阶级服务的。当时，奴隶主拥有财富的重要标志是其占有众多奴隶，因此奴隶社会国际贸易中的主要商品是奴隶。据记载，希腊的雅典就曾经是一个贩卖奴隶的中心。此外，粮食、酒及其他专供奴隶主阶级享用的奢侈品，如宝石、香料和各种织物等，也都是当时国际贸易中的重要商品。

奴隶社会时期从事国际贸易的国家主要有腓尼基、希腊、罗马等，这些国家主要在地中海东部和黑海沿岸地区从事贩运贸易。我国在夏商时代进入奴隶社会。贸易集中在黄河流域沿岸各国。

对外贸易在奴隶社会经济中不占有重要的地位，但它促进了手工业的发展，奴隶贸易成为奴隶主补充奴隶的重要来源。

（二） 封建社会的国际贸易

封建社会时期的国际贸易比奴隶社会时期有了较大的发展。在封建社会早期，封建地租采取劳役和实物的形式，进入流通领域的商品并不多。到了中期，随着商品生产的发展，封建地租转变为货币的形式，商品经济得到进一步的发展。在封建社会晚期，随着城市手工业的发展，资本主义因素已孕育产生，商品经济和对外贸易都有较快的发展。

在封建社会，封建地主阶级占统治地位，对外贸易是为封建地主阶级服务的。奴隶贸易在国际贸易中基本消失，参加国际贸易的主要商品，除了包括奢侈品以外，还有日用手工业品和食品，如棉织品、地毯、瓷器、谷物和酒等。这些商品主要是供国王、君主、教堂、封建地主和部分富裕的城市居民享用的。

在封建社会，国际贸易的范围明显地扩大。亚洲各国之间的贸易由近海逐渐扩展到远洋。早在西汉时期，中国就开辟了从长安经中亚通往西亚和欧洲的陆路商路——丝绸之路，把中国的丝绸、茶叶等商品输往西方各国，换回良马、种子、药材和饰品等。到了唐朝，除了陆路贸易外，还开辟了通往波斯湾以及朝鲜和日本等地的海上贸易。在宋元时期，由于造船技术的进步，海上贸易进一步发展。在明朝永乐年间，郑和曾率领商船队七次下"西洋"，经东南亚、印度洋到达非洲东岸，先后访问了30多个国家，用中国的丝绸、瓷器、茶叶、铜铁器等到这些国家进行贸易，换回各国的香料、珠宝、象牙和药材等。在欧洲的封建社会早期阶段，国际贸易主要集中在地中海东部。在东罗马帝国时期，君士坦丁堡是当时最大的国际贸易中心。公元7-8世纪，阿拉伯人控制了地中海的贸易，通过贩运非洲的象牙、中国的丝绸、远东的香料和宝石，成为欧、亚、非三大洲的贸易中间商。11世纪以后，随着意大利北部和波罗的海沿岸城市的兴起，国际贸易的范围逐步扩大到整个地中海以及北海、波罗的海和黑海的沿岸地区。当时，南欧的贸易中心是意大利的一些城市，如威尼斯、热那亚等，北欧的贸易中心是汉撒同盟的一些城市，如汉堡、卢卑克等。

综上所述，资本主义社会以前的国际贸易是为奴隶主和封建地主阶级利益服务的。随着社会生产力的提高，以及社会分工和商品生产的发展，国际贸易不断扩大。但是，由于受到生产方式和交通条件等的限制，商品生产和流通的主要目的是为了满足剥削阶级奢侈生活的需要，贸易主要局限于各洲之内和欧亚大陆之间，国际贸易在奴隶社会和封建社会经济中都不占有重要的地位，贸易的范围和商品品种都有很大的局限性，贸易活动也不经常发生。15 世纪的"地理大发现"及由此产生的欧洲各国的殖民扩张大大促进了各洲之间的贸易，从而开始了真正意义上的"世界贸易"，到了资本主义社会，国际贸易才获得了广泛的发展。

（三）　资本主义时期的国际贸易

15 世纪末期至 16 世纪初，哥伦布发现新大陆，瓦斯科·达，伽马从欧洲经由好望角到达亚洲，麦哲伦完成环球航行，这些地理大发现对西欧经济发展和全球国际贸易产生了十分深远的影响。大批欧洲冒险家前往非洲和美洲进行掠夺性贸易，运回大量金银财富，甚至还开始买卖黑人的罪恶勾当，同时还将这些地区沦为本国的殖民地，妄图长久地保持其霸权。这样，既加速了资本原始积累，又大大推动了国际贸易的发展。西班牙、荷兰、英国之间长期战火不断，目的就是为了争夺海上霸权，从根本上说，就是要争夺殖民地和国际贸易的控制权。可见，国际贸易是资本主义生产方式的基础，同争夺海运和国际贸易的霸权相呼应，这些欧洲国家的外贸活动常常具有一定的垄断性质，甚至还建立了垄断性外贸公司，如英国的东印度公司。

17 世纪中期英国资产阶级革命的胜利，标志着资本主义生产方式的正式确立。随后英国夺得海上霸权，意味着它在世界贸易中占据主导地位，这就为它向外掠夺扩张铺平了道路。18 世纪中期的产业革命又为国际贸易的空前发展提供了十分坚实而又广阔的物质基础。一方面，蒸汽机的发明使用开创了机器大工业时代，生产力迅速提高，物质产品大为丰富，真正的国际分工开始形成；另一方面，交通运输和通讯联络的技术和工具都有突飞猛进的发展，各国之间的距离似乎骤然变短，这就使得世界市场真正得以建立。正是在这种情况下，国际贸易有了惊人的巨大发展，并且从原先地区性的交易活动转变为全球性的国际贸易。这个时期的国际贸易，不仅贸易数量和种类有长足增长，而且贸易方式和机构职能也有创新发展。显然，国际贸易的巨大发展是资本主义生产方式发展的必然结果。

19 世纪 70 年代后，资本主义进入垄断阶段，此时的国际贸易不可避免地带有"垄断"的特点。主要资本主义国家的对外贸易被为数不多的垄断组织所控制，由它们决定着一国对外贸易的地理方向和商品构成。垄断组织输出巨额资本，用来扩大商品输出的范围和规模。它们又互相勾结，建立起国际联盟组织，共同瓜分势力范围。如果说自由竞争时期的国际贸易活动还在推动资本主义生产力发展的话，此时资本主义国际贸易则完全是为了攫取高额垄断利润，为了更有效地争夺原料产地、商品市场和投资场所。正因为这样，从全球范围来看，国际贸易的范围和规模在不断扩大，国际贸易越来越成为各国经济发展的重要因素。

两次世界大战期间，资本主义世界爆发了三次经济危机，战争的破坏和空前的经济危机使世界工业生产极为缓慢，在1912—1938年的25年间，世界工业生产量只增长了83%，同时，这一时期贸易保护主义显著加强，奖出限入措施交互推进，给国际贸易的发展设置了层层的人为障碍。因此，这段时间内，国际贸易的扩大过程几乎处于停滞状态，1913—1938年，世界贸易量只增长了3%，年增长率为0.7%，世界贸易值则减少了32%。而且，这一时期国际贸易的增长更为明显地落后于世界工业生产的增长，许多国家对对外贸易的依赖性减小了。在这一时期，国际贸易的地理格局发生了变化，第一次世界大战打断了各国间特别是欧洲国家与海外国家间的经济贸易联系，使欧洲在国际贸易中的比重下降，而美国的比重却有了较大的增长，亚洲、非训和拉丁美洲的经济不发达国家在国际贸易中的比重亦有所上升；但在这一时期，欧洲国家仍然处于国际贸易的统治地位，因为两次大战间的经济危机和超贸易保护主义政策措施在限制欧洲各国间贸易的同时，鼓励和扩大了欧洲对其他国家的贸易。

两次世界大战期间，国际贸易商品结构的特点表现在初级产品和制成品上。在1913—1937年的初级产品贸易中，食品和农业原料所占的比重都下降了，而燃料和其他矿产品所占比重均有增加。制成品贸易结构的突出变化是重工业品贸易所占比重显著增加和纺织品贸易比重下降，金属和化学品的国际贸易比重也有所增加，但其他轻工产品贸易比重则下降了，制成品贸易日益从消费品贸易转向资本货物贸易，半制成品贸易也稍有增加。

（四）二战后的国际贸易

第二次世界大战后，世界经济又一次发生了巨大变化，国际贸易再次出现了飞速增长，其速度和规模都远远超过了19世纪工业革命以后的贸易增长。从1950年到2000年的50年中，全世界的商品出口总值从约610亿美元增加到61 328亿美元，增长了将近100倍。即使扣除通货膨胀因素，实际商品出口值也增长了15倍多，远远超过了工业革命后乃至历史上任何一个时期的国际贸易增长速度。而且，世界贸易实际价值的增长速度(年平均增长6%左右)超过了同期世界实际GDP增长的速度(年平均增长3.8010左右)，这意味着国际贸易在各国GDP中的比重在不断上升，国际贸易在现代经济中的地位越来越重要。

二战后国际贸易领域出现了两个不同于以前的特征：服务贸易的快速发展和电子商务的广泛应用。二战后，伴随着第三次科学技术革命的发生，各国，尤其是发达国家，产业结构不断优化，第三产业急剧发展，加上资本国际化和国际分工的扩大和深化，国际服务贸易得到迅速发展。发达国家服务业占其国内生产总值比重达2/3，其中美国已达3/4，发展中国家服务业所占比重也达1/2。发达国家服务业就业人数占其总就业人数比重达 2/3，发展中国家的这一比重达 1/3。随着服务业的发展，其专业化程度日益提高，经济规模不断扩大，从而效率不断提高，为国际服务贸易打下了坚实的基础。在国际贸易商品结构不断偏向服务贸易的过程中，国际贸易的交易手段也发生着变化。特别是 20 世纪 90 年代，随着信息技术的发展，信息、计算机等高科技手段在国际贸易上的应用，出现了电子商务这种新型的贸易手段，无纸贸易和网上贸易市场的发展方兴未艾，已经引起了全球范围的结构性商业革命，有人声称，没有 EDI(electronic data interchange，电子数据交换) 技术，就没有订单。据统计，EDI 使商务文件传递速度提高 81%，文件成本降低 44%，文件处理成本降低 38%，由于错误信息造成的商贸损失减少 40 %，市场竞争能力则提高 34 %。利用国际互联网的网上交易量也呈逐年上扬的势头，电子商务的蓬勃发展，为企业生存注入了强大的活力。为推动我国电子商务的发展，各级外经贸部门要充分发挥掌握国际市场信息的优势，加紧研究，为实施"科技兴贸"战略发挥积极的市场导向作用。企业和政府相关部门要运用现代先进的电子网络技术，建立高新技术产品的信息数据库和电子交易系统，形成连接国际市场和国内高技术企业产品出口的专用信息网、交易网，使广大中、小高技术企业能够及时获得国内外高技术产业发展状况和高技术产品的供求信息，并根据这些信息，完成自己的技术创新，跻身国际市场。

随着历史的演进、科学技术的发展，国际贸易无论是其总量、规模，还是结构、形式都将逐步改变。

第二章　古典国际贸易理论

第一节　古典国际贸易理论的发展轨迹

国际贸易理论的起源可追溯到 15 世纪末、16 世纪初的重商主义学说。传统国际贸易理论产生于 18 世纪中叶，完成于 20 世纪 30 年代。在亚当·斯密的绝对优势理论和李嘉图的比较优势理论中，劳动是唯一的生产要素，生产技术是给定的，生产规模报酬不变。亚当·斯密与李嘉图的贸易理论是古典经济学理论体系的一部分，被称为古典贸易理论。

一、重商主义

重商主义(mercantilism) 是前资本主义国际贸易理论的集中反映，它代表西欧封建制度向资本主义制度过渡时期商业资产阶级的早期经济思想及其政策。古典学派突破了重商主义理论研究仅限于商业和国际贸易的流通领域，把流通过程作为社会再生产的一个环节，使经济学开始走向现代经济科学。

(一) 重商主义的时代背景

重商主义所处时代是 15 世纪至 17 世纪中叶，这一时期正是西欧封建社会末期，其社会经济特征是：商品的货币关系日益发展，封建经济趋向崩溃，资本主义生产方式逐渐成长。由于新大陆和新航线的发现，商业活动范围空前扩大。欧洲商业资产阶级通过对美洲、非洲、亚洲的殖民掠夺，积累了巨额的货币财富，促进了商品经济的蓬勃发展和封建自然经济的加速解体。社会财富的重心，由土地转向金银货币，货币成为全社会各阶级追求的对象。封建地主迫切需要将实物形态的贡赋转化为货币形式，以便购买来自海外的奢侈品；农民需要货币，用于交纳地租并购买各种生活必需品；手工业者需要货币，用来作为资本，实现价值增值；王室需要货币，以便维持宫廷和官僚机构的庞大开支。于是，金银货币成了财富的唯一代表，全社会掀起了拜金主义的狂潮。重商主义学说正是这种社会现实的深刻反映。

（二）重商主义的基本思想

重商主义经历了早期和晚期两个发展阶段。早期重商主义以"货币差额论"为中心，其代表人物是英国的威廉·斯塔福德(William Stafford，1554—1612)；晚期重商主义以"贸易差额论"为中心，代表人物是英国的托马斯·孟(Thomas Mun，1571—1641)。无论是早期重商主义，还是晚期重商主义，都认为财富与货币是绝对统一的，金银是社会财富的唯一形态，是衡量国家富裕程度的唯一标准。当时，在流通领域中，商业资本和高利贷资本居于统治地位；而在生产领域，工业资本尚处于工场手工业阶段。在一些没有发达的工业而又缺乏金银矿藏的国家，商业资本家寄希望于利用对外贸易来增加金银财富。重商主义者把资产阶级国家的经济政策和一切经济活动的目的，统统归纳为攫取大量的金银货币。他们认为剩余价值只能在流通领域中产生，而且特别强调对外贸易的作用，认为只有发展对外贸易才能增加国民财富。

在增加货币财富的方法和手段上，早、晚期重商主义的观点有所不同。早期重商主义者认为，应该把货币以贮藏的形式积累起来，主张国家采取行政措施，禁止货币输出，同时要保持每一笔交易和对每一个国家的贸易都实现顺差，当时，西班牙、葡萄牙、荷兰、英国、法国等国家都曾颁布过各种法令，规定严厉的刑罚，禁止金银出口。

马克思把这种"货币差额论"称为"货币主义"；恩格斯则指出，早期重商主义者"就像守财奴一样，双手抱住他心爱的钱袋，用嫉妒和猜疑的目光打量着自己的邻居"。同时，他们又鼓励吸收国外货币，各国都有法令规定外国商人必须将出售商品的所得全部用于购买本地商品，而本国商人输出的商品必须换回金银。

与早期重商主义不同，由于晚期重商主义活动于 16 世纪末至 18 世纪初，资本原始积累已经接近完成，商业资本也逐渐强盛，并且开始向产业资本转化，所以，晚期重商主义者逐步认识到货币运动和商品运动之间的内在联系，认为把货币贮藏起来不会自行增值，只有把货币投入流通领域，才能实现财富增长，因此主张不仅要多卖，而且应该多买，即国家不应该禁止金银输出，而应放手让金银出口，以便在国外大量购买商品。他们的信条是"货币产生贸易，贸易增加货币"。只要记住如下原则：购买外国商品的货币总额不能多于出售本国商品获得的货币总额，即可实现出超，这样输出金银从事对外贸易就会增加国家的财富。此外，晚期重商主义者还分析了西班牙由盛变衰的原因，就在于不善于利用金银货币发展对外贸易。

（三）　重商主义的政策主张

重商主义者主张实行国家干预对外贸易的保护主义政策，具体表现在以下几方面：

1．货币政策

早期的货币差额论主张通过立法禁止金银输出；晚期的贸易差额论的政策选择有所放宽，主张通过追求贸易顺差来增加货币财富。同时，重商主义主张吸引国外货币留在本国，如英国政府曾规定，外国商人必须将出售货物所得的全部货币用于购买当地的商品。

2．奖出限入政策

在进口方面，重商主义者反对输入昂贵的奢侈品，对一般制成品的进口也采取严格的限制措施；在出口方面，重商主义者鼓励制成品的大量出口，同时阻止原料或半成品的输出。他们认为，出口廉价原材料和进口高级制成品是一种愚蠢的行为，并用现金奖励在国外市场上出售本国商品的商人。

3．保护关税政策

关税制度在重商主义以前就已经出现，但是当时主要用于财政目的，即通过征税以增加财政收入，但到了重商主义时期，关税被用来为保护贸易政策服务。其措施是：对进口的制成品课以重税，对进口的原材料实行免税，对出口的制成品减免关税。

4．发展本国工业

为了实现贸易顺差，必须多卖出商品，这就需要大力发展本国工业。为此，各国都制定了鼓励发展工业的政策措施，如向工场手工业者发放贷款并提供各种优惠条件；为了提供充足的劳动力，高薪聘请外国工匠，禁止熟练工人外流和机器设备输出，鼓励人口增长；为了降低工业成本，实行低工资政策等。

二、斯密的绝对优势理论

西方国际贸易理论体系的建立是以比较优势理论的提出为标志的，它包括斯密的绝对优势(absolute advantage) 理论和李嘉图的比较优势(comparative advantage) 理论。

亚当·斯密(Adam Smith，1723—1790) 是古典政治经济学的杰出代表。他将政治经济学发展为一个完整的理论体系，其代表作是 1776 年发表的《国民财富的性质和原因的研究》(又称《国富论》，An Inquiry into the Nature and Causes of the Wealth of Nations)。斯密在《国富论》中提出了"绝对优势"理论，用以解释国际分工的方式和效果。

斯密所处的时代背景是：英国资产阶级的资本原始积累已经完成，经济力量得以壮大，不再需要实行保护贸易政策，当时地主贵族阶级制定的重商主义政策严重阻碍着资本主义的自由发展，代表先进生产力的资产阶级要求实现自由竞争和自由贸易。斯密的学说正是当时英国资产阶级经济利益和政治主张的反映。

斯密对国际贸易的理论贡献是多方面的，包括：国际分工和绝对优势，国际贸易的利益和影响，自由贸易与独占，关税和输出入奖励政策，贸易差额，国际汇兑和商品分类等，其中，国际分工和绝对优势理论最为著名。

（一）斯密对重商主义的批评

斯密的绝对优势理论是建立在对重商主义理论进行批评的基础之上的，其内容包括以下三个方面。

1. 关于财富的内涵

斯密认为重商主义者把金银财富和真实财富混淆起来了，他指出，一国的真实财富是以生产的商品和劳务来衡量的，货币除了购买商品之外，没有其他用途。因此，一个国家应该通过扩大对外贸易来实现经济繁荣，而不是限制贸易守住金银货币。

2. 关于重商主义增强国家力量的论点

重商主义者认为，为了增强国家实力，必须对经济实施管制；而斯密指出，政府必须减少干预，才能实现经济的迅速发展，因为在自由放任的经济环境中，个人各自追求自身的利益最大化，其结果不自觉地符合于社会的最大利益。

3. 关于重商主义者的持续积累金银货币的政策

斯密根据货币流量调节机制说明，如果一国长期积累金银货币，当国内的商品供应量一定时，商品与货币之间的比例关系将受到破坏，价格趋于上涨，本国商品在国外市场的竞争力将会下降；另一方面，外国商品在本国的价格相对便宜，因此进口增加，导致本国的贸易顺差减少，甚至出现逆差，此时必须用金银来偿付差额，将使金银货币外流。因此，重商主义者企图通过保持贸易顺差为本国积累金银的做法是徒劳无益的。

（二） 斯密的国际贸易理论

1. 交换与分工思想

斯密认为，人类天生具有"互通有无，物物交换，互相交易"的倾向。"这种倾向，为人类所共有，亦为人类所特有，在其他各种动物中是找不到的。"斯密指出，人们可以从交换中得到绝对利益，人类的交换倾向产生了社会分工，劳动生产率的巨大增进是分工的结果。"人类如果没有互通有无，物物交换和相互交易的倾向，各个人都必须亲自生产自己生活上的一切必需品和便利品，而一切人的任务和工作全无分别，那么工作差异所产生的才能的巨大差异就不可能存在了。"他以制机针为例，制机针共有 18 道工序，在没有分工的情况下，一个粗工每天最多只能制造 20 枚；如果实行分工，每人每天能生产 4 800 枚，劳动生产率由此极大地提高了。基于社会分工的优势，若每个人专门从事于某一种物品的生产，然后彼此互通有无，则对每个人都是有利的。分工的原则．应该是各自集中生产具有绝对优势的产品，然后进行交换。斯密以家庭分工为例，"如果一件东西在购买时所费的代价比在家内生产时所费的小，就永远不会想要在家内生产，这是每一个精明的家长都知道的格言。"

2. 国际分工思想

斯密从绝对优势出发，主张把社会分工从国内扩大到国际，国际分工应该建立在一个国家所拥有的先天自然优势或后天的技术优势基础之上。斯密指出，如果外国能以比我们自己制造还便宜的商品供应我们，我们最好就用我们有利的产业生产出来的物品的一部分向他们购买。斯密举例说，在苏格兰可以利用温室种植葡萄，并酿造出同国外进口一样好的葡萄酒，但要付出比国外高 3 倍的代价，如果真是这样做，显然是不明智的行为。每个国家都有适宜于生产某些特定产品的绝对有利的生产条件，如果每一个国家都按照这种条件进行专业化生产，然后彼此进行交换，则对参与交换的各方都是有利的。此外，鉴于各国都按照自己的有利条件分工并交换，使得各国的资源、劳动力以及资本都得到了最好的利用，并大大增加了劳动生产率和物质财富。由于斯密强调根据各国自然资源最有利的条件，形成各自对本国最有利的"自然分工"，因而斯密的国际分工思想又被称为"地域分工论"。

3. 主张自由贸易

斯密在经济上倡导自由放任，要求国家减少行政干预，认为市场是一只"看不见的手"，它可以支配商品生产和交换的全过程，并实现经济人的利益最大化。与此相适应，斯密主张实行自由贸易政策，认为自由贸易能够有效促进生产的发展和产量的增加。他反对重商主义的保护贸易政策，指出一切限制贸易自由化的措施都会影响国际分工的发展，并降低社会劳动生产率和国民福利。斯密说道："……似乎必须把不列颠宣布为自由港，并对国际贸易不加任何阻碍。如果可以使用其他方法支付政府的费用，应该停征一切税，例如关税、消费税等。应该准许和一切国家通商与进行交易的自由，应该准许和一切国家买卖任何东西。"

三、李嘉图的比较优势理论

大卫·李嘉图(David Ricardo，1772—1823) 是古典政治经济学的集大成者。他最初热衷于自然科学，1799 年接触到斯密的《国富论》后，开始研究政治经济学，并于 1817 年发表了著名的《政治经济学及赋税原理》(On the Principles of Political Economy and Taxation) 。在该书中，李嘉图发展了斯密的国际分工学说，提出了比较优势理论，该理论一直被认为是西方国家主流国际贸易学说的基石。

（一）李嘉图的自由贸易思想

斯密的绝对优势理论认为，应该以生产成本的绝对差别为基础进行国际分工和贸易，这种理论在英国产业革命完成后，已不能适应英国工业资产阶级要求最大限度地扩展世界市场的需要。一方面英国自 18 世纪 60 年代发生产业革命后，生产力得到了迅猛发展，1820 年，英国工业生产占世界工业总产量的 50%，其工业品远销海外各地，成为名副其实的"世界工厂"。由于生产能力急剧扩大，英国需要大量进口原材料并出口其制成品，在这种情况下，斯密的绝对优势理论趋于破灭。另一方面，英国于 1815 年颁布的《谷物法》严重阻碍着对外贸易的发展。《谷物法》是一项贸易保护法案，旨在维护封建地主阶级的利益。该法规定，当国内谷物价格跌至"法定水平"以下时，禁止从国外进口谷物，而"法定水平"高得惊人，小麦每夸脱为 80 先令。昂贵的粮价，提高了英国工业品的成本，削弱了工业品的出口竞争能力，使工业资产阶级深受其苦。英国工业资产阶级和地主贵族阶级围绕《谷物法》的存废问题展开了激烈的斗争。资产阶级迫切需要从理论上论证废除《谷物法》的必要性以及实行自由贸易的优越性。李嘉图的国际贸易理论正是适应资产阶级的这种时代需要而产生的。

李嘉图继承和发展了斯密的自由贸易学说，认为在自由贸易的制度安排下，追求个人利益的经济人客观上能够促进社会利益的增加，即实现个人利益与社会利益的统一。他在其代表作中写道："在商业完全自由的制度下，各国都必须把它的资本和劳动用在最有利于本国的用途上。这种个体利益的追求很好地和整体的普遍幸福结合在一起。由于鼓励勤勉，奖励智巧，并最有效地利用自然所赋予的各种特殊力量，它使劳动得到最有效的最经济的分配；同时，由于增加生产总额，它使人们得到好处，并以利害关系和相互交往的纽带把文明世界各个民族结合成一个统一的社会。"

针对英国工业资产阶级和封建地主贵族阶级围绕《谷物法》存废问题的论战，李嘉图指出，增加国家财富有两种方法：一是提高利润率，他认为，这只有靠生产廉价的粮食才能做到，因此凡是能够促进粮食生产、降低粮价的方法都会提高利润率；由此又得出增加国家财富的第二种方法，即降低粮食价格，李嘉图反对《谷物法》对粮价规定"法定水平"，要求实现对外贸易的完全自由，取消粮食进口税，通过大量进口廉价粮食，以降低工资和制成品成本，从而提高利润率。

（二）比较优势理论

李嘉图的比较优势理论是建立在劳动价值论基础上的。他认为，商品的价值是由生产该商品所需的劳动量决定的，生产某一商品所需劳动量增加时，其价值就会提高；反之，则降低。生产商品所需劳动量的大小，与劳动生产率的高低有关。各个国家的劳动生产率是不同的，一国即使不能生产出成本绝对低的产品，也应生产出成本比较低的产品，并与其他国家相交换，这对贸易各方面都是有利的。

比较优势理论与绝对优势理论的不同之处在于：在绝对优势情况下，一国只生产具有绝对优势的商品，而不生产具有绝对劣势的商品。在比较优势情况下，一国在两种商品生产上虽然都处于绝对优势地位，但优势的程度不同；另一国在两种商品的生产上虽然都处于绝对劣势地位，但劣势程度也不同。在这种条件下，每个国家应集中力量生产那些有利程度较大或不利程度较小的商品，然后通过国际贸易进行交换，在资本和劳动者不能自由流动的情况下，生产总量将会增加，对贸易双方都有利，这就是"两利取其重，两劣取其轻"的分工和贸易原则。

四、古典国际贸易理论的其他观点

斯密的绝对优势理论和李嘉图的比较优势理论构成了古典国际贸易理论的主体，除此之外，古典政治经济学关于国际贸易的论述还有很多，其中比较有代表性观点的有以下四种：

（一）威廉·配第的国际贸易学说

威廉·配第（William Petty，1623—1687）是英国古典政治经济学的奠基人。他最早提出了劳动价值论的一些基本观点，在此基础上考察了工资、地租、利息和货币等经济范畴。英国在 1640 年完成资产阶级革命后，资本主义生产得到了迅速发展，工场手工业逐渐成为生产的主要形式，在这种条件下，重商主义已不能适应资本主义发展的要求。配第在研究经济问题时，逐渐摆脱了重商主义的影响，把研究领域从流通过程转移到生产过程。他反对重商主义者限制金银出口的措施，认为货币输出有助于带回更多的货币或货物，为国家和商人带来更大的利益。他认为，一国在没有贸易入超的情况下不应禁止进口，否则会使本国商品出口困难。配第主张，对于当时经济落后的英国来说，应实行关税保护政策。他把关税看成是保险费，并对进口关税和出口关税进行了深入分析并主张实行国际贸易垄断。配第不赞成重商主义把财富和货币等同的观点，认为货币只是构成财富的一小部分，一个国家的富裕程度不在于货币的多寡，而在于经常不断地把货币变成各种能为自己带来利益的商品。他指出，"土地为财富之母，而劳动则为财富之父和能动的要素"，认识到了生产劳动是财富的源泉。

（二）　休谟的国际贸易机制说和国际贸易利益说

大卫·休谟(David Hume，1711—1776)是货币数量论的早期代表人物之一。他在 1752 年出版的《政治论丛》中从生产领域到流通领域论证了自由贸易的必要性，运用其建立的价格—铸币流动机制(price specie-flow mechanism)第一次对重商主义理论提出了挑战。他认为货币是商品和劳动的代表，是决定价格的手段，商品价格由流通中的货币数量决定。他运用古典货币数量论的分析方法，成功地解决了重商主义的贸易收支自动平衡趋势和利用外贸顺差积累金银政策主张之间的悖论。休谟认为，国际贸易为国内制造业的发展提供了动力，外国商品输入本国具有一种新鲜感，有利于营造竞争风气，提供效法的对象，由此提高本国产品质量。对外贸易一方面为本国出口过剩产品提供了条件，另一方面可以改善国内供给，为制造业进口原材料。休谟还探讨了政府管制市场的消极后果，认为自由贸易对所有

国家的长期经济增长具有显著的有利影响。

（三）　魁奈的贸易利益和自由贸易思想

弗朗索瓦·魁奈(Francois Quesnay，1694—1774)是法国古典政治经济学的主要代表人物，重农学派的创始人。魁奈大大超出了重商主义的认识眼界，区分了财富与货币、财富与财物的内涵，认为财富和财物都具有使用价值，但是财物没有出卖价值，财物必须具有出卖价值即交换价值才能成为财富，金银货币不是消费性财富，只是贸易的工具。他认为只有农业才是满足人们需要的财富来源。魁奈代表了新兴资产阶级要求经济自由和自由贸易的思想。他指出："必须维持商业

的完全自由，因为最完全、最确实、对国民和国家最有利的国内商业和对外贸易的政策，在于保持竞争的完全自由。"魁奈反对对进口商品征收关税，认为这样做一方面会提高进口商品价格，另一方面外国商品由于高关税而运到别国，使本国商品价格上涨，不利于法国经济发展。他反对垄断和保护关税政策，认为一切垄断、限制和政府干预都违反了"自然秩序"，只有自由竞争、自由贸易才符合"自然秩序"。

（四）布阿吉尔贝尔的自由贸易思想

布阿吉尔贝尔(Pierre Le Pesant de Boisguillebert，1646—1714)是法国古典政治经济学的创始人。他没有建立一个完整的经济理论体系，其重要理论观点都是在针对当时法国社会经济状况而发表的意见和建议中提出来的，主要思想在于力图揭示法国贫困的根源，并找到消除贫困、增加国民财富的政策措施。

布阿吉尔贝尔反对重商主义的经济观点，认为金银不是财富的唯一形态，而只是贸易的纽带，指出农产品是真正的财富，农业是财富的源泉。他反对对谷物输出的限制，主张取消出口关税，实现谷物自由贸易，拥护自由竞争和等价交换。

第二节　古典国际贸易理论的现代分析

本节用现代经济学方法对斯密的绝对优势理论和李嘉图的比较优势理论进行深入分析。

一、绝对优势理论

（一）绝对优势的衡量

在斯密理论中，一国对某种商品所具有的绝对优势可以用劳动生产率、生产的绝对成本来衡量。

1. 用劳动生产率来衡量

我们可以用生产产品的劳动生产率的高低来判断一国是否具有绝对优势。劳动生产率是指 1 单位劳动在单位时间内能生产出的产品数量，即人均产量。用公式表示则可写成：

$$产品A的劳动生产率 = \frac{产品A的产量}{生产产品A投入的劳动量}$$

如果某种产品劳动生产率越高，说明生产该种产品越具有绝对优势；反之，劳动生产率越低，生产该种产品越具有绝对劣势。

2．用生产的绝对成本来衡量

我们还可以用生产的绝对成本的高低来判断是否具有绝对优势。生产的绝对成本是指生产单位产品需要投入要素的数量。很明显，绝对成本与劳动生产率互为倒数关系。某种产品绝对成本越高，说明生产该种产品越具有绝对劣势；反之，绝对成本越低，生产该种产品越具有绝对优势。

（二） 绝对优势理论的数学分析

假设1：世界上只有A和B两个国家，且只生产X和Y两种产品。

1．在国际贸易前

假设2：A国和B国生产单位产品X和Y，耗费的劳动量如表2-1所示。

表2-1　A国和B国生产单位X产品和Y产品耗费的劳动量

	X产品	Y产品
A国	1	2
B国	2	1

其含义是，A国生产1单位X产品耗费1单位劳动，而生产1单位Y产品耗费2单位劳动；B国生产1单位X产品耗费2单位劳动，而生产1单位Y产品耗费1单位劳动。显然，A国生产X产品的成本绝对低于B国，故A国在X产品的生产上处于绝对优势；反之，A国生产Y产品的成本绝对高于B国，故A国在Y产品的生产上处于绝对劣势。同理，B国在X产品的生产上处于绝对劣势，而在Y产品的生产上处于绝对优势。

假设3：A国和B国对X产品和Y产品的需求量如表2-2所示。

表2-2　A国和B国对X产品和Y产品的需求量

	X产品	Y产品
A国	1	1
B国	1	1
合计	2	2

根据假设 2，满足上述需求量所需要的劳动量如表 2-3 所示。

表 2-3　贸易前 A 国和 B 国所需的劳动数量

	X 产品	Y 产品	
A 国	1	2	3
B 国	2	1	3
合计	3	3	6

假设 4：A 国和 B 国的劳动存量分别为 3，则两国国内的两种市场均同时分别达到均衡状态。

2．在国际贸易后

由于 A 国在 X 产品的生产上处于绝对优势，而 B 国在 Y 产品的生产上处于绝对优势，根据斯密的理论，假设 A 国和 B 国进行完全专业化的国际分工，即 A 国全部生产要素(劳动) 只生产 X 产品，不生产 Y 产品；B 国全部生产要素(劳动)只生产 Y 产品，而不生产 X 产品，则两国总产量如表 2-4 所示。

表 2-4　贸易后 A 国和 B 国的总产量

	X 产品	Y 产品
A 国	3	0
B 国	0	3
合计	3	3

与国际贸易前比较，X 产品和 Y 产品的总产量均增加 1 个单位。这增加的 1 个单位的 X 产品和 1 个单位的 Y 产品就是两国在劳动总量不变的条件下按地域进行国际分工后得到的总的实物利益。

假设 5：根据等量劳动相交换的原则，假设 A 国用 1 个单位的 X 产品与 B 国的 1 个单位 Y 产品相交换，则两国消费量如表 2-5 所示。

表 2-5　贸易后 A 国和 B 国对 X 产品和 Y 产品的消费量

	X 产品	Y 产品
A 国	1	2
B 国	2	1
合计	3	3

与国际贸易前比较，A 国可多消费 1 个单位的 X 产品，而 B 国可多消费 1 个单位的 Y 产品，这就是两国在劳动总量不变的条件下按地域进行国际分工和国际交换后各自得到的实物利益。由于两国的消费总量都得到增加，两国的社会福利也都得到提高。

为什么进行国际分工和国际贸易能够在两国劳动存量不变的条件下增加产品消费，提高社会福利呢？斯密认为是国际分工。

假设 6：将国际贸易后的商品消费量按国际贸易前的标准折成劳动需求量，如表 2-6 所示。

表 2-6　贸易后 A 国和 B 国的劳动需求量

	X 产品	Y 产品	合计
A 国	2	2	4
B 国	2	2	4
合计	4	4	8

与国际贸易前比较，两国在进行国际贸易后用 6 个单位的劳动生产出原来需要 8 个单位的劳动才能生产出的产品数量。这多出的 2 个单位劳动就是两国进行国际分工和国际交换后得到的总的劳动绝对利益。其中 A 国得到 1 个单位的劳动，这是因为 A 国用 1 个单位的劳动(1 单位 X 产品) 换回自己要用 2 个单位的劳动才能生产出的 1 单位 Y 产品；B 国也得到 1 个单位的劳动，这是因为 B 国用 1 个单位的劳动(1 单位 Y 产品) 换回自己要用 2 个单位的劳动才能生产出的 1 单位 X 产品。两国各得到的 1 个单位的劳动就是两国进行国际分工和国际交换后各自得到的劳动绝对利益。

假设 7：两国对两种产品的需求量仍保持在国际贸易前的水平，则生产两种产品时实际需要的劳动量如表 2-7 所示。

与国际贸易前比较，两国在进行国际分工后，用 4 个单位的劳动生产出原来需要 6 个电位的劳动才能生产出的产品数量。这省出的 2 个单位劳动就是两国进行国际分工和国际交换后得到的总的劳动绝对利益。其中 A 国节省 1 个单位的劳动，这是因为 A 国用 1 个单位的劳动(1 单位 X 产品) 换回自己要用 2 个单位的劳动才能生产出的 1 单位 Y 产品；B 国也节省 1 个单位的劳动，这是因为 B 国用 1 个单位的劳动(1 单位 Y 产品) 换回自己要用 2 个单位的劳动才能生产出的 1 单位 X 产品。两国各节省的 1 个单位的劳动就是两国进行国际分工和国际交换后各自得到的劳动绝对利益。

表 2-7　贸易后 A 国和 B 国的实际劳动需求量

	X 产品	Y 产品	合计
A 国	1	1	2
B 国	1	1	2
合计	2	2	4

　　总之，按照斯密的绝对优势理论，如果劳动存量固定且充分就业，通过国际分工和国际交换就能增加供给量和消费量，提高社会福利；从另一角度讲，如果劳动存量固定且供给量和消费量不变，社会福利不变，通过国际分工和国际交换就能节省劳动量。

　　对贸易利益的分配问题，斯密根据劳动价值论认为应该等量劳动相交换，但是，A 国和 B 国间为什么是 1 单位 X 产品换 1 单位 Y 产品，而不是 1.5 单位 X 产品换 1 单位 Y 产品呢？

　　斯密没有进行深入分析。

（三）绝对优势理论的图形分析

　　假设 1：世界上只有 A 和 B 两个国家，只生产 X 和 Y 两种产品，只使用劳动这一种生产要素，即建立一个 2×2×1 模型。

　　假设 2：劳动在一国国内各部门之间可以自由流动，但在两国之间不能自由流动。

　　假设 3：以劳动价值论为基础，且劳动充分就业。

　　假设 4：劳动在部门间转移时边际机会成本(marginal opportunity cost) 不变，无规模收益。

　　假设 5：自由贸易，且没有运输和其他交易成本。

　　假设 6：完全竞争市场。

　　在上述假设前提的基础上，根据上述假设数据，我们可以用图 2-1 分析该理论。

　　图 2-1 中的左图和右图分别代表 A 国和 B 国的基本情况。在国际贸易前，E 点和 E'点分别是 A 国和 B 国的国内均衡点，它们分别是两国边际机会成本不变的生产可能性曲线(production possibility curve，PPC) 和社会无差异曲线(community indifference curve，CIC) 的切点，且由于边际转换率(marginal rate of transformation，MRT) 等于边际替代率(marginal rate of substitution，MRS) ，所以符合实现帕累托最优(PARETO OPTIMALITY) 的条件。在国际贸易后，由于 A 国

国内的 X 的相对价格低于 B 国国内的 X 的相对价格，所以 A 国在 X 产品的生产上有绝对优势；反之 B 国在 Y 产品的生产上有绝对优势。

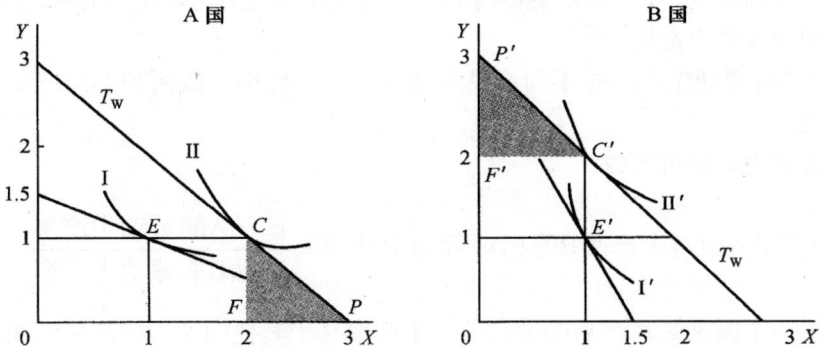

图 2-1　绝对优势理论图解

　　根据斯密的理论进行专业化的国际分工，则 A 国和 B 国的生产点分别为 P 点和 P'点。直线 T_w 代表 X 的国际价格，它应该大于 A 国国内封闭条件下的 X 的相对价格，同时小于 B 国国内封闭条件下 X 的价格。直线 T_w 分别与 A 国和 B 国的社会无差异曲线 Ⅱ 和 Ⅱ，切于 C 点和 C，点，则 C 点和 C，点分别代表 A 国和 B 国的消费点。A 国和 B 国的生产点和消费点之间的差额分别代表两国的进出口量。由于贸易三角形 PFC 和 P'F'C'是全等三角形，故国际市场也达到均衡状态。在国际贸易后，A 国和 B 国的社会福利分别从社会无差异曲线 Ⅰ 和 Ⅰ'上升到 Ⅱ 和 Ⅱ'。

　　斯密的绝对优势理论有一个必要的假设前提：参加国际贸易的国家必须至少有一种拥有绝对优势的产品，即与贸易对象国相比较，该产品的劳动成本绝对低、劳动生产率绝对高，才能以劳动生产率的绝对差异进入国际市场，获得绝对利益。按照斯密的理论，如果一国(发展中国家)在所有产品上与贸易对象国(发达国家)相比都处在劳动成本绝对高、劳动生产率绝对低的情况，即处在绝对劣势的地位，就不能进入国际市场，获得绝对利益。显然，斯密的理论与实践出现了背离。因为发展中国家与发达国家之间若存在贸易，则斯密不能解释；发展中国家与发达国家之间若不存在贸易，则与现实不符。这个难题是由李嘉图解决的。

二、比较优势理论

　　李嘉图认为，参加国际贸易的国家并不一定必须生产劳动成本绝对低的、有绝对优势的产品，而只要生产劳动成本相对低的、有相对优势的产品，然后相互交换，就可以获得相对利益。

(一) 比较优势的衡量

在李嘉图理论中，一国对某种商品所具有的比较优势可以用相对劳动生产率、生产的相对成本来衡量。

(1) 相对劳动生产率是不同产品劳动生产率的比率，或两种不同产品的人均产量之比。

用公式表示则可写成：

$$产品A相对于产品B的相对劳动生产率 = \frac{产品A的劳动生产率}{产品B的劳动生产率}$$

如果一个国家某种产品的相对劳动生产率高于其他国家同样产品的相对劳动生产率，该国在这一产品上就拥有比较优势；反之，则只有比较劣势。

(2) 所谓生产的相对成本，指的是一个产品的单位要素投入与另一产品单位要素投入的比率。用公式表示：

单位产品 A 的要素投入量

$$产品A相对于产品B的相对成本 = \frac{单位产品A的要素投入量}{单位产品B的要素投入量}$$

如果一国生产某种产品的相对成本低于别国生产同样产品的相对成本，该国就具有生产该产品的比较优势；反之，则只有比较劣势。

(二) 比较优势理论的数学分析

假设1：世界上只有 A 和 B 两个国家，且只生产 X 和 Y 两种产品。

1. 在国际贸易前

假设 2：A 国和 B 国生产单位 X 产品和 Y 产品耗费的劳动量如表 2-8 所示。

表 2-8　A 国和 B 国生产单位 X 产品和 Y 产品耗费的劳动量

	X 产品	Y 产品
A 国	6	4
B 国	1	2

其含义是，A 国生产 1 单位 X 产品耗费 6 单位劳动，而生产 1 单位 Y 产品耗

费 4 单位劳动。B 国生产 1 单位 X 产品耗费 1 单位劳动，而生产 1 单位 Y 产品耗费 2 单位劳动。显然，A 国生产 X 产品和 Y 产品的劳动成本都绝对高于 B 国，故 A 国在 X 产品和 Y 产品的生产上都处于绝对劣势；反之，B 国生产 X 产品和 Y 产品的劳动成本都绝对低于 A 国，故 B 国在 X 产品和 Y 产品的生产上都处于绝对优势。按照斯密的绝对优势理论，A 国和 B 国间互利的国际贸易不存在。但是，按李嘉图的比较优势理论，A 国和 B 国间互利的国际贸易仍存在。

从 A 国的角度分析：6/1＞4/2。与 B 国比较，A 国在生产 X 产品和 Y 产品上均处于绝对劣势，但生产 Y 产品的劣势相对小，故 A 国在 Y 产品上有相对优势，应出口 Y 产品。

从 B 国的角度分析，1/6＜2/4。与 A 国比较，B 国在生产 X 产品和 Y 产品上均处于绝对优势，但生产 X 产品的优势相对大，故 B 国在 X 产品上有相对优势，应出口 X 产品。

假设 3：A 国和 B 国对 X 产品和 Y 产品的需求量如表 2-9 所示。

表 2-9　A 国和 B 国对 X 产品和 Y 产品的需求量

	X 产品	Y 产品
A 国	1	1
B 国	1	1
合计	2	2

根据假设 2 在国际贸易前，满足上述需求量所需要的劳动量如表 2-10 所示。

表 2-10　贸易前 A 国和 B 国所需的劳动数量

	X 产品	Y 产品	合计
A 国	6	4	10
B 国	1	2	3
合计	7	6	13

假设 4：A 国和 B 国的劳动存量分别为 10 和 3；则两国国内的两种市场均同时分别达到均衡状态。

2. 在国际贸易后

假设 5：A 国和 B 国进行完全专业化国际分工后的总产量如表 2-11 所示。

表 2-11　贸易后 A 国和 B 国的总产量

	X 产品	Y 产品
A 国	0	2.5
B 国	3	0
合计	3	2.5

与国际贸易前比较，X 产品和 Y 产品的总产量分别增加 1 个单位和 0.5 个单位。这增加的 1 个单位的 x 产品和 0.5 个单位的 Y 产品就是两国在劳动总量不变的条件下按地域进行国际分工后得到的总的实物利益。

假设 6：A 国用 1 个单位的 Y 产品与 B 国的 1 个单位 X 产品相交换，则两国消费量如表 2-12 所示。

表 2-12　贸易后 A 国和 B 国对 x 产品和 Y 产品的消费量

	X 产品	Y 产品
A 国	1	1.5
B 国	2	1
合计	3	2.5

与国际贸易前比较，A 国可多消费 0.5 个单位的 Y 产品，而 B 国可多消费 1 个单位的 X 产品，这就是两国在劳动总量不变的条件下按地域进行国际分工和国际交换后各自得到的实物利益。由于两国的消费总量都得到增加，两国的社会福利也都得到提高。

假设 7：A 国和 B 国进行非完全专业化国际分工后的总产量如表 2-13 所示。

与国际贸易前比较，X 产品总产量增加 4/3 个单位。这增加的 4/3 个单位的 X 产品就是两国在劳动总量不变的条件下按地域进行国际分工后得到的总的实物利益。

表 2-13　贸易后 A 国和 B 国的总产量

	X 产品	Y 产品
A 国	1/3	2
B 国	3	0
合计	10/3	2

假设 8：假设 A 国仍然用 1 个单位的 Y 产品与 B 国的 1 个单位 X 产品相交换，则两国消费量如表 2-14 所示。

表 2-14　贸易后 A 国和 B 国对 X 产品和 Y 产品的消费量

	X 产品	Y 产品
A 国	4/3	1
B 国	2	1
合计	10/3	2

与国际贸易前比较，A 国可多消费 1/3 个单位的 X 产品，而 B 国可多消费 1 个单位的 X 产品，这就是两国在劳动总量不变的条件下按地域进行国际分工和国际交换后各自得到的实物利益。由于两国的消费总量都得到增加，两国的社会福利也都得到提高。

（三）　比较优势理论的图形分析

假设 1：世界上只有两个国家：A 国和 B 国，只生产 X 和 Y 两种产品，只使用劳动这一种生产要素，即建立一个 2×2×1 模型。

假设 2：劳动在一国国内各个部门之间可以自由流动；但在两国之间不能自由流动。

假设 3：当劳动从一个部门转移到另一个部门时，其边际机会成本不变。

假设 4：两国的经济资源都被充分利用。这意味着，在一国范围内，当经济资源从一个部门转向另一个部门时，其中一个部门资源的流入就是另外一个部门资源的流出。

假设 5：规模报酬不变，即生产函数为一次齐次函数。

假设 6：在两个国家之间，商品流出的价值与商品流入的价值相等。

假设 7：没有运输成本和其他交易成本。

设置上述假设的基本原则，是为了不影响问题的说明。一般而言，这些假设放松和撤除的过程，就是理论逐步接近实际的过程。根据上述假设数据，我们用图 2-2 来分析。

图 2-2 中的左图和右图分别代表 A 国和 B 国的基本情况。在国际贸易前，E 点和 E'点分别是 A 国和 B 国的国内均衡点。从图 2-2 可以看出，两国的成本比率（图 2-2 中实线的斜率）是不同的，A 国的每单位劳动投入量都无法比 B 国生产更多的产品(见表 2-8)，特别是生产 X 产品的能力大大低于 B 国。

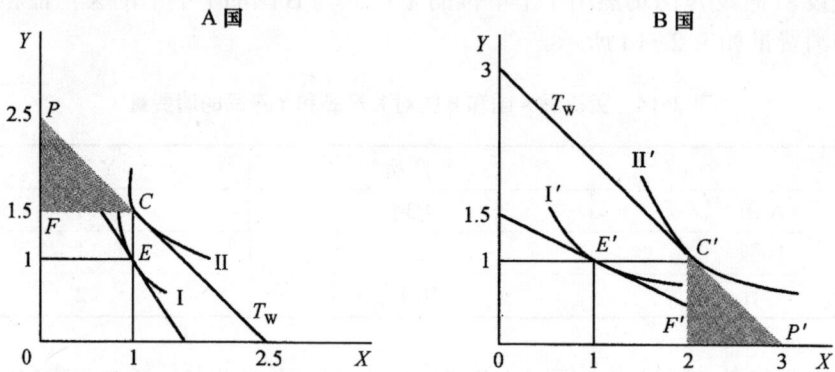

图 2-2　比较优势理论图解

即使 A 国生产 X 和 Y 产品的成本都比 B 国高，国际贸易也会提供新的机会。A 国在生产 X 产品和 Y 产品上均处于绝对劣势，但生产 Y 产品的劣势相对小，故 A 国在 Y 产品上有相对优势，应出口 Y 产品。B 国在 X 产品上有相对优势，应出口 X 产品。在国际贸易后，根据李嘉图的理论进行完全专业化国际分工，则 A 国和 B 国的生产点分别为 P 点和 P'点。直线 T_w 代表 X 的国际价格，它应该小于 A 国国内封闭条件下的 X 的相对价格，同时大于 B 国国内封闭条件下 X 的价格。直线 T_w 分别与 A 国和 B 国的社会无差异曲线 Ⅱ 和 Ⅱ'切于 C 点和 C'点，则 C 点和 C'点分别代表 A 国和 B 国的消费点。A 国和 B 国的生产点和消费点之间的差额分别代表两国的进出口量。由于贸易三角形 PFC 和 P'F'C'是全等三角形，故国际市场也达到均衡状态。在国际贸易后，A 国和 B 国的社会福利分别从社会无差异曲线 Ⅰ 和 Ⅰ'上升到 Ⅱ 和 Ⅱ'。

第三节　对古典国际贸易理论的实证分析

一、对古典国际贸易理论的验证

李嘉图比较优势理论简单地说明了在只有劳动力作为生产要素投入的前提下，由不同的劳动生产率差异所确定的比较优势如何影响和决定国际分工及国际贸易。

1951—1952 年，麦克杜格尔(MacDougall) 对李嘉图的贸易模型进行了第一次经验检验，他使用了 1937 年美、英两国 25 个产业的劳动生产率和出口数据。在麦克杜格尔的检验中，排除了美、英两国之间的贸易，因为两国不同产业之间的进口关税差异很大，会抵消两国劳动生产率的差别，而两国在第三市场(即世界其他地方) 上一般会面对同一关税水平。因此，将美、英两国间的贸易排除在外并不会对检验产生不良影响，况且两国间的相互贸易额还不到其贸易总额的 5%。

由于美国的工资率是英国的 2 倍，麦克杜格尔认为，生产效率在一些美国产业中如果能达到英国的 2 倍以上，则美国这些产业的生产成本将低于英国。美国的这些产业相对于英国具有比较优势，在第三市场上，美国能够以比英国更低廉的价格出售其商品。另一方面，当英国某些产业的生产率达到并超过美国生产率的 1/2 时，英国将拥有比较优势，这些产业的商品销售价格将低于美国同类产品的价格。

另外一个需要解决的问题是，为什么美国具有成本优势的产品没有从英国那里抢占到整个出口市场？麦克杜格尔回答说，这主要是因为产品差异，比如美国车便宜，世界其他地方的顾客仍可能喜欢英国车，因此英国车即使价格较高仍能继续出口。然而，当价格差异增大时，英国车出口量所占的比重很可能会下降，而美国车出口量将上升。同样的道理，美国也继续出口一些与英国相比具有成本劣势的商品。关于这一点，在重叠需求理论中将进行详细论述。

尽管李嘉图模型很大程度上被经验证明是正确的，但它不能解释劳动生产率和国家间比较优势的差别，也不能解释国际贸易对生产要素获利的影响。在对这两个重要问题的回答上，H-O 模型比李嘉图模型有所改进。

二、对古典国际贸易理论的评价

斯密绝对优势理论的积极意义在于：

(1) 第一次从生产领域阐述国际贸易的基本原因；

(2) 首次明确肯定国际贸易可以为参与双方带来经济利益，从而为各国之间开展自由贸易铲除了障碍，并有力促进了国际贸易理论和实践的发展；

(3) 斯密用其劳动价值论对国际贸易进行分析，从商品绝对成本差异的角度来讨论国际贸易的基础，提出了用经济学理论分析国际贸易的思路，从而为国际贸易古典理论的形成奠定了基础；

(4) 将劳动分工的概念扩大到国际范围，提出了国际分工和专业化生产能使资源得到更有效地利用，从而提高劳动生产率的规律；

(5) 提出各国利用各自的优势进行专业化生产，然后进行国际贸易，并使各国都能从贸易中获利，从而揭示了国际贸易及其收益产生的原因。

但是，绝对优势理论也存在不足：一是绝对优势理论是以机会成本不变为前提的，在大多数情况下，生产要素的部门间转移会引起机会成本的变化，并可能引起国际分工结构的变化和分工程度的变化，因而绝对优势理论需要进一步完善；二是没有解释一国在两种产品的生产上其成本均处于劣势地位时，能否进行国际分工和国际贸易的问题，如发展中国家与发达国家之间的贸易问题。斯密的绝对优势理论与重商主义理论相比，是一个显著的进步。

李嘉图的比较优势理论合理解释了绝对优势国家与绝对劣势国家之间的贸易现象，又是对斯密理论的重大发展。李嘉图的学说是自由贸易政策的理论基础，它不仅曾为废除《谷物法》、促进英国工业资本的发展起到过历史性的作用，而且还为经济相对落后国家通过对外贸易带动本国经济发展提供了重要的依据。但是，李嘉图的比较优势理论也存在一些不足之处：

(1) 比较优势理论是以资本和劳动在国际不能自由流动为前提条件的，它只是一种纯粹的物物交换理论，不能解释国际贸易的全部。

(2) 假设条件过于严格，比较优势理论与现实国际贸易的基本情况有相当大的距离。李嘉图为论证比较优势理论，只是在众多假设前提下进行了静态分析，如假设"机会成本不变"，即一国将一种资源(劳动力)不断地转移到另一种商品的生产时，机会成本始终是不变的。这个假设在理论和实际中都不成立。现实中机会成本的变化会引起一系列贸易行为、贸易结构的变化。另外，李嘉图虽然阐明一国如何通过成本比较选择进口和出口产品，但未能进一步说明一国怎样才能改变目前的国际贸易模式，即如何改变商品成本比率以获得更大的收益。而这正是广大发展中国家所关心的问题。

(3) 不能解释当今世界贸易的基本格局和各国的贸易政策倾向。按照李嘉图的比较优势理论，比较利益相差越大，发生贸易的可能性就越大，当今的国际贸易应该主要是在发达国家与发展中国家之间进行，而实际并非如此。

当今的国际贸易主要在发达国家之间进行。另外，按该理论，在自由贸易条件下，参加贸易的双方都可以获得贸易利益，所有贸易参加国都会积极实行自由贸易政策，而实际情况是各国都在不同程度地实行贸易保护主义政策。

第三章　新古典国际贸易理论

第一节　要素禀赋理论

一、要素禀赋理论的提出

要素禀赋理论的产生始于对斯密和李嘉图理论的质疑。在斯密和李嘉图的模型中，技术不同是各国在生产成本上产生差异的主要原因。可是到了 20 世纪初，各国尤其是欧美之间的交往已经很普遍，技术的传播已不是一件非常困难的事。许多产品在不同国家的生产技术已非常接近甚至相同，但为什么成本差异仍然很大？赫克歇尔认为，除了技术差异以外，一定有其他原因决定各国在不同产品上的比较优势，而其中最重要的是各国生产要素的禀赋不同和产品生产中使用的要素比例不同，从而形成了著名的要素禀赋理论(theory of factor endowment) ，又被称为要素比例学说(factor proportions theory) 。

要素禀赋理论由瑞典经济学家赫克歇尔(Eli Heckscher) 和俄林(Bertil Ohlin)师生两人共同提出。1919 年，赫克歇尔发表了题为《外贸对收入分配的影响》一文。在这篇被萨缪尔森称为"天才之作"的文章中，赫克歇尔提出了建立在相对资源禀赋情况和生产中要素比例基础上的比较优势理论，第一次阐述了要素禀赋理论的基本论点。这些论点当时并没有引起人们的注意。10 年以后，他的学生，另一位瑞典经济学家俄林在这篇文章的基础上做了进一步的研究，并在其博士毕业论文《区间贸易和国际贸易论》中，利用一般均衡分析，对其老师的理论做了清晰而全面的解释，使要素禀赋理论得以成型。鉴于其在国际贸易领域的贡献，俄林于 1977 年荣获诺贝尔经济学奖。后来，另一位诺贝尔经济学奖获得者保罗·萨缪尔森(Paul Samuelson) 进一步完善了俄林对于要素禀赋与国际贸易关系的论述，推导出证明要素禀赋理论十分精确的数学条件。无论在理论分析上还是在实际应用中，要素禀赋理论都取得了巨大成功，从 20 世纪上半叶到 70 年代末，无人能够动摇其在国际贸易理论中的优势地位。即使在新贸易理论出现之后，要素禀赋理论也依然重要。

最初，赫克歇尔与俄林采用传统分析方法——文字描述与逻辑推理来表述他们的理论思想。后来的经济学家将他们的思想放在新古典经济学框架之下，采用由新古典经济学所建立起来的等产量线、无差异曲线、生产可能性边界等，在两种或两种以上生产要素的框架下分析产品的生产成本，将赫克歇尔与俄林的理论发展成一个标准理论模型，并归纳成一个简洁的定理，所以赫克歇尔和俄林的要素禀赋理论又可简称为 H-O 定理、H-O 模型。自从要素禀赋理论提出以来，经济学家们就开始对其进行拓展。其中三个重要的理论拓展分别被称为斯托尔帕—萨缪尔森定理、要素价格均等化定理与雷布津斯基定理。这些定理在要素禀赋理论的基础上进一步分析了国际贸易的影响和后果。因此，有人将赫克歇尔与俄林的 H-O 模型称为狭义的要素禀赋理论，而将经过拓展的模型称为广义的要素禀赋理论，而狭义和广义的要素禀赋理论则被统称为新古典国际贸易理论。

二、与要素禀赋理论有关的概念

要素禀赋理论主要借助于要素密集度和要素丰裕度这两个概念，故清晰、准确地了解它们及相关术语的含义十分重要。

1. 生产要素和要素价格

生产要素(factor of production) 是指生产活动必须具备的主要因素或在生产中必须投入或使用的主要手段。俄林认为，生产商品需要不同的生产要素而不仅仅是劳动力，并据此提出三要素论。三要素论的主要论点是：劳动、土地和资本是一切社会生产不可或缺的要素。后来也有人把技术知识、经济信息当作生产要素。要素价格(factor price) 则是指生产要素的使用费用或报酬，例如土地的租金、劳动力的工资、资本的利息等。一种商品的价值是由生产该商品所需要的要素的报酬(即要素价格) 来决定的。

2. 要素密集度和要素密集型产品

要素密集度(factor intensity) 是指商品生产中所需要的各种要素之间的投入比例。各种商品由于属性不同，生产中所要求的要素比例也不同，比如农产品要求较多的土地，纺织品则要求较多的劳动力。根据商品生产中所要求的不同要素间的比例，可以把商品划分为不同类型的要素密集型产品。如果某种要素在某种特定商品的生产投入中所占比例最大，则称该商品为该要素密集型产品。例如生产小麦投入的土地占的比例最大，便称小麦为土地密集型产品(land-intensive product) ；生产纺织品劳动所占的比例最大，则称纺织品为劳动密集型产品(labor-intensive product) ；生产计算机资本所占的比例最大，于是称计算机为资本密集型产品(capital-intensive product) ，以此类推。

在通常的状况下，经济学家将产品划分为资源密集型、劳动密集型、资本密集型、技术密集型这四种基本类型。要素密集型是一个相对的概念。例如，如果计算机生产中投入的资本与劳动的比例高于纺织品生产中资本与劳动的比例，那么计算机就是资本密集型产品，纺织品就是劳动密集型产品。但是，计算机产业相对于飞机制造业来说，计算机又成为劳动密集型产品，而飞机则是资本密集型产品。当只有两种商品(X 和 Y)、两种要素(劳动和资本) 的情况下，如果 Y 商品生产中使用的资本 / 劳动比大于 X 商品生产中的资本 / 劳动比，则称 Y 商品为资本密集型产品，X 为劳动密集型产品。如果资本的相对价格下降，生产者为了减少其生产成本，必定会用资本来替代劳动。这样做的结果是两种商品都会变得更加资本密集化。如果在任何可能的相对要素价格下，生产 Y 的资本 / 劳动比均大于生产 X 的资本 / 劳动比，才可以明确地说 Y 是资本密集型产品。

3. 要素禀赋和要素丰裕度

要素禀赋(factor endowment) ，又称"资源禀赋"，是指一国所拥有的可用于生产商品和劳务的各种生产要素的总量，既包括自然存在的资源也包括可获得性资源(如技术和资本) 。

要素丰裕度(factor abundance) 是指一个国家某种生产要素与其他生产要素比较而言的充裕程度。要素丰裕度是一个相对的概念，与一国生产要素的绝对数量无关。衡量要素丰裕度有两种方法。

一种方法是用一国所拥有的生产要素(如资本和劳动) 的相对供给数量来衡量。假设有 A、B 两国，尽管 B 国拥有资本要素的绝对数量少于 A 国，但如果 B 国的可用总资本 TK_B 和可用总劳动 TL_B 的比率大于 A 国的可用总资本 TK_A 和可用总劳动 TL_A 的比率，即 $TK_B / TL_B > TK_A / TL_A$，则 B 国是资本相对丰裕的国家，而 A 国是劳动相对丰裕的国家。

另一种方法是以要素的相对价格来定义。如果 B 国资本要素价格(即利率 r_B)和劳动要素价格(即工资率 w_B) 之比小于 A 国利率 r_A 和工资率 w_A 之比，我们就说 B 国是资本相对丰裕的国家，而 A 国是劳动相对丰裕的国家。

在上述两种衡量方法中，相对价格法考虑了要素的供给和需求，相比来说较为科学。鲍恩(1987) 等人提供了 1966 年部分国家的数据，用三种生产要素的三个不同的相对量分析了各个国家的要素禀赋状况，如表 3-1 所示。

表 3-1 数据表明，不同角度的衡量，结果不一。美国是资本拥有量最多的国家，但是如果以资本劳动的比率衡量，加拿大的资本要素比美国更丰裕，如果以资本土地的比率来衡量，中国香港地区的资本丰裕度远远高于美国。因此，当我们说某国在要素禀赋上属于哪种类型时，必须注意看与谁比．如果我们只看表 3-1

中的资本劳动比，美国无论在资本存量，还是在劳动绝对数量上，都远远高于加拿大和中国香港地区。但与加拿大比，美国的人均资本存量低于对方，因此相对加拿大而言，美国属于劳动丰裕的国家。如果拿美国与中国香港地区比，则美国的人均资本存量高于中国香港地区的水平，因此美国与中国香港地区比，属于资本丰裕的国家。

表 3-1　部分国家（地区）的要素禀赋

国家(地区)	资本 / 劳动(每个劳动力比美元数)	资本 / 土地(每公顷土地比美元数)	劳动 / 土地(每公顷土地比劳动人数)
澳大利亚	7415.5	67.2	0.009
巴西	1151.6	42.8	0.038
加拿大	10583.1	198	0.019
日本	3358.5	5286.5	10574
中国香港	1368.5	90739.1	66.308
美国	10260.9	1058.6	0.103

三、要素禀赋理论的基本假设

要素禀赋理论，即 H-O 模型建立在一些简单的假设之上，这些假设使该理论显得相当严谨，主要有以下几条。

(1) 只有两个国家、两种商品、两种生产要素(劳动和资本) 。这一假设的目的是为了便于进行理论说明。实际上，将这一假设放到多个国家、多种产品、多种要素也不会影响要素禀赋理论的适用性。

(2) 两国的技术水平相同，即同种产品在不同国家有着相同的生产函数。这意味着假如两国要素价格相同，则两国在生产同一商品时就会使用相同数量的劳动和资本。例如，如果中国和日本厂商采用相同的生产技术，那么一定数量的人均资本在日本生产出某一产量的产品，同一资本劳动比也会在中国生产出同等数量的同种产品。但是，要素价格在不同国家通常是不同的，各国的生产者都会较多使用本国低廉的生产要素。

(3) 两种生产要素的供给是固定的、同质的，且都被充分利用。

(4) 在两个国家，产品要素密集度类型始终不变。这就是说无论相对要素价格如何改变，都不会发生生产要素密集度逆转现象。譬如，在中国 x 产品是劳动密集型产品，Y 产品是资本密集型产品，那么在日本也是如此。

（5）生产规模报酬不变。规模报酬不变表明，某种商品的资本和劳动使用量按照相同比例增加时，该产品产量也以同一比例增加，即单位生产成本不随着生产规模的增减而变化。

（6）不完全分工假设，即参与国际分工与贸易不会导致两国进行完全专业化生产。即使在自由贸易条件下，两国也仍然会同时生产两种产品。

（7）两国的消费偏好相同。若用社会无差异曲线反映，则两国的社会无差异曲线的位置和形状相同。

（8）商品和生产要素的市场都是完全竞争的。这是指市场上无人能够因购买或出售大量商品或生产要素而影响其市场价格。在完全竞争条件下，商品价格等于其生产成本，每个厂商获取平均利润，没有超额利润。

（9）生产要素只能在一国内部自由流动，在两国间不能自由流动。这表明：在一国内部，劳动和资本能够自由地从某些低收入地区／行业流向高收入地区／行业，直至同种要素在各地区／各行业的报酬都相同，这种流动才会停止；而在国家间却缺乏这种流动性，因而在没有贸易时，国际要素报酬差异始终存在。

（10）无运输费用：无关税或其他阻碍自由贸易的障碍。这意味着生产的专业化过程将持续到两国商品相对价格相等为止才会停止。如果存在着运输成本、关税，则当两国的价格差小于或等于每单位贸易商品的运输成本和关税时，两国的生产分工会停止。

（11）充分就业。两国的资源都得到充分利用，不存在过剩。

（12）贸易平衡。即每个国家的总进口等于其总出口。

四、要素禀赋理论的内容

（一）要素禀赋理论的推导

1. 商品价格的国际绝对差异是国际贸易产生的直接原因

各国之间为什么会彼此进行贸易呢？俄林认为，原因就在于同样的商品在各国之间的价格是不同的。在自由贸易的条件下，每一个国家都会进口比在国内生产更便宜的商品，而将自己价格低廉的商品拿到国际市场上去出售。只要两国之间存在价格差异，在没有运输费用等的前提下，把商品从价格低的国家运到价格高的国家出售就有利可图，这样必然就会有人在两国之间从事进口和出口的活动，国际贸易就是不可避免的了。

既然商品价格的国际绝对差异是两国之间进行贸易的直接基础，那么为什么两国之间会存在商品价格的绝对差异呢？这种商品价格的差异只是暂时现象还是长期存在的呢？这些问题需要进一步进行探讨。

2. 商品价格的国际绝对差异来自于商品成本的国际绝对差异

商品成本决定商品价格，同一种商品的价格在不同国家间的差异主要是成本的差异。这是 H-O 模型解释贸易发生原因的第一个条件。除此之外还必须有第二个条件，即各国不同的成本比例。

3. 两国国内商品成本比例不同是国际贸易发生的必要条件

表 3-2 是英国、美国在小麦和布上的单位成本比较。

表 3-2　两国两种商品不同比例的单位成本(单位：美元)

	小麦单位成本	布单位成本
英国	3	1
美国	1	2

从表 3-2 中我们看到，小麦和布的成本比例英国是 3∶1，美国是 1∶2。按照李嘉图比较优势理论，英国在布的生产上具有比较优势而美国在小麦的生产上具有比较优势，如果两国之间开展贸易，必然是英国出口布进口小麦，而美国进口布出口小麦，通过贸易两国都能获得利益。但是如果两国之间的成本比例是相同的(见表 3-3)，即一国两种商品的成本都按同一比例低于另一国，则两国只能发生暂时的贸易关系。

在表 3-3 中，美国生产小麦的单位成本是 1 美元，英国是 2 美元，美国生产布的单位成本是 2 美元，英国是 4 美元。在这种情况下开展贸易的话，只能是单方面地，美国向英国出口小麦和布两种商品，而英国则没有任何商品出口到美国，结果是美国纯粹的出超和英国纯粹的入招。俄林认为存汶种情况下，即使两国之间存在贸易，这种贸易也只能是暂时的，不可能长久进行下去，这是由于如果两国实行纸币制度，英国为了支付进口必然大量买进美元，这样外汇市场上美元的汇价就会上升．英镑的汇价就会下跌。美元汇价上升后用美元表示的英国商品的价格就会下降，英镑汇价下跌后以英镑表示的美国商品的价格就会上升。如果在正常情况下，两国货币汇率的变化会对它们之间的贸易状况进行调整，当两国进出口实现彼此平衡时汇率也就达到了稳定的状态。但在表 3-3 中就不同了，汇率变动的结果最终只能是使两国的商品价格变得完全相等，如当美元对英镑升值一倍时，两国的生产成本就一样了，这样两国之间就不可能再有贸易发生了。所以不同的成本比例是两国贸易的一个重要前提，这是要素禀赋理论的核心内容。

到现在为止，我们的分析实际上还属于比较优势理论的范畴，至于两国之间为什么会有不同的成本比例存在，李嘉图并没有就此进行继续探究，而俄林则在此基础上进一步进行了思考，他认为成本比例差异的原因就在于生产要素的不同价格比例。

表3-3　两国两种商品相同比例的单位成本（单位：美元）

	小麦单位成本	布单位成本
英国	2	4
美国	1	2

4. 生产要素的价格比例不同决定各国商品成本比例不同

为什么不同国家有不同的成本比例呢？俄林认为是因为各国国内的生产诸要素的价格比例不同。不同的商品是由不同的生产要素组合生产出来的。在每一国内，商品的成本比例反映了该国的生产诸要素的价格比例关系，也就是工资、地租、利息之间的比例关系。由于各国的生产要素价格不同，就产生了成本比例的不同。

假设生产每单位布需要 3 单位资本和 6 单位劳动，在技术上美国和中国是相同的。但是，中国每单位资本的价格是 6 美元，每单位劳动的价格是 1 美元，而美国单位资本的价格是 3 美元，单位劳动的价格是 5 美元，结果中国每单位布的成本(也即价格) 是 6×3+1×6，即 24 美元，而美国每单位布的成本是 3×3+5×6，即 39 美元。可见，各国生产同一产品的价格差异，在这里是由生产要素的价格差异造成的。

既然生产要素价格的差异是造成各国生产各种商品时成本比例差异的原因，那么为什么各国之间的要素价格会不同呢？我们知道，生产要素价格是由生产要素的供给和需求共同决定的，要探讨要素价格的差异就必须从要素的供给、需求状况着手。

5. 要素供给比例不同是决定要素价格比例不同的因素

各国在要素的供给方面是存在着巨大差异的，不同的国家所拥有的土地、劳动、资本以及企业家才能等各种生产要素的数量、质量和种类是各不相同的，这就构成了各国生产要素价格差异的基础。如果不考虑需求因素，各国生产要素的供给丰裕程度就决定了其要素的价格，一般来说，供给丰富的要素的价格要低些，而供给稀缺的要素的价格就会较高。

所以，各国的生产要素的禀赋程度不同决定了各国要素价格的差异，要素价格的差异又使各国的商品成本和价格不同，进而导致了国际贸易的产生，这就是要素禀赋理论的主要内容。这一点可以用大量的事实来验证，像澳大利亚、新西兰、阿根廷等国，土地资源丰富而资本、劳动要素较少，这就使得这些国家的地租较低而工资、利息较高,反映在贸易结构上,这些国家出口的多是较多使用土地而较少使用资本、劳动的产品,如小麦、羊毛、肉类等,而进口的多是大量使用资本、劳动的产品;像中国、印度等人口众多的国家,劳动密集型产品的出口就占较大比重;此外北欧各国出口森林制品、中东国家出口石油制品等也说明了这一道理。

图 3-1 为要素禀赋理论(H-O 模型)的简要推理过程。我们看到,俄林从商品价格的国际差异出发,分析了商品成本的国际差异,又从成本的国际差异进而探讨了各国不同的成本比例,由此又推导出各国生产要素的价格差异,最后将要素的价格差异归结到生产要素的供给和需求的不同,这样他的整个推理过程就形成了一个环环相扣的链条。在这一链条中,俄林认为最重要的一环就是要素的不同供给比例,即各国不同的资源赋予程度。但是,没有一个单一的环节是国际贸易的最终基础,各个环节之间的相互依赖关系决定了每一个国家的价格结构,而各个国家的价格结构决定了其在国际分工和国际贸易体系中的比较优势,同时这也就构成了国际分工和国际贸易的基础。

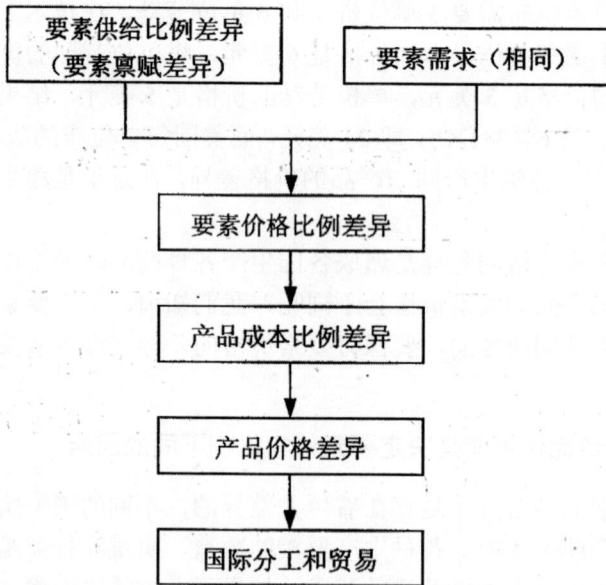

图 3-1 要素禀赋理论(H-O 模型)的推理过程

(二) 要素禀赋理论的核心内容

根据要素禀赋理论的假设和推导过程,我们可以得出以下结论,也就是要素禀赋理论的核心内容：一国应当大量生产并出口那些密集使用本国充裕的生产要素生产的商品，进口那些密集使用本国稀缺的生产要素生产的商品。简而言之，一个国家在国际分工中应该遵循"靠山吃山、靠水吃水"的原则，劳动相对丰裕的国家拥有生产劳动密集型产品的比较优势，应该出口劳动密集型商品，进口资本密集型商品；资本相对丰裕的国家拥有生产资本密集型产品的比较优势，应该出口资本密集型商品，进口劳动密集型商品。

第二节　要素禀赋理论的拓展

要素禀赋理论的问世，给关注国际贸易的经济学家以巨大的思想启迪，关于要素禀赋理论的研究成果纷纷出现。在所有对要素禀赋理论的拓展中，最有意义同时也是影响较大的，是与要素禀赋基本理论本身联系密切的三个定理。其中两个是关于商品价格变动与要素价格变动之间关系的定理，即托尔帕—萨缪尔森定理和要素价格均等化定理；另一个是关于要素禀赋变化及其影响的定理，即雷布津斯基定理。

一、斯托尔帕—萨缪尔森定理

假设：一个国家以两种生产要素(如土地和劳动) 生产两种商品(如小麦和布) ；这两种商品各自都不是另一种商品的投入品；竞争普遍存在；要素供给既定；两要素被充分利用；无论有无贸易，一种商品(小麦) 是土地密集型产品，而另一种商品(布) 则是劳动密集型产品；两种要素均可在一国部门间流动，而不能在国家间流动；对外贸易提高了该国小麦的价格，降低了布的价格。

斯托尔帕—萨缪尔森定理：在上述假设条件下，从没有贸易到自由贸易的转变毫无疑问地提高了价格上升产业(小麦) 所密集使用的要素(土地) 的价格，降低了价格下降产业(布) 所密集使用的要素(劳动) 的价格。

该理论是由美国经济学家沃尔夫冈·斯托尔帕(Wolfgang Stolper) 和保罗·萨缪尔森(Paul Samuelson) 在 1941 年合写的《保护主义与实际工资》一文中提出并论证的，所以被称为斯托尔帕—萨缪尔森定理(Stolper-Samuelson theory) ，简称S-S 定理。可以看出，斯托尔帕—萨缪尔森定理的假设引用了要素禀赋理论的全部假设条件，同时还假设两种商品都是最终产品。

对这一定理我们可作如下分析：当对外贸易提高了该国小麦的价格后，在利益动机的驱使下，人们必然会扩大小麦的产量，但是由于国内生产要素已经实现了充分的利用，所以要增加小麦的生产就必须同时减少布的生产，以便将原来生产布的要素转移到小麦的生产上来。根据假设，小麦是土地密集型产品而布是劳动密集型产品，这样每减少一单位布的生产就会富余出较多的劳动和较少的土地，每增加一单位小麦的生产则需要较多的土地和较少的劳动。在土地供给既定的条件下，随着生产转移过程的进行，地租必然会由于土地的供不应求而上涨。劳动的价格则会发生相反的变化，一开始，由于从布的生产中转移出大量的劳动力，而小麦的生产只能吸收其中的一部分，必然会造成另一部分劳动力的失业，从长期来看，这会促使劳动的价格即工资降低，因为失业者为了获得工作将会接受更低的工资。也就是说，当小麦的价格提高引起生产要素从布的生产向小麦的生产转移的过程中，为了适应要素供给总量不变的状况，必然会导致小麦所密集使用的土地的价格即地租上升，以及布所密集使用的劳动的价格即工资下降，也就是出现斯托尔帕和萨缪尔森所预言的结果。

由于要素价格就是要素所有者的报酬，因此斯托尔帕—萨缪尔森定理推导出了贸易带来的商品价格的变动和收入分配之间的关系：随着国际贸易的进行，本国商品价格会发生变化，这种变化将影响本国国内要素价格和收入分配；贸易总是有利于本国相对丰裕的生产要素所有者，不利于本国相对稀缺的生产要素所有者。

由于贸易在一国内部形成贸易的既得利益者和利益受损者，其国内更密集使用相对稀缺要素的产品行业作为受损者，总是希望通过关税等贸易保护措施提高进口产品的价格，从而减少竞争，提高本国同类产品价格和稀缺要素所有者的报酬。

斯托尔帕—萨缪尔森定理的结论表明，国际贸易虽然能提高整个国家的福利水平，但是并不对每一个人都有利，一部分人在收入增加的同时，另一部分人的收入却减少了。国际贸易会对一国要素收入分配格局产生实质影响，这也恰巧是为什么有人反对自由贸易的原因。

二、要素价格均等化定理

斯托尔帕—萨缪尔森定理的进一步发展，便是要素价格均等化定理。赫克歇尔与俄林不仅认为不同国家的不同要素禀赋是国际贸易产生的根本原因，而且进一步论述了国际贸易不仅会使各国产品的价格趋于均等，还会导致各国生产要素的相对价格和绝对价格趋于均等，由此提出了要素价格均等化定理。从逻辑上，该定理被看作要素禀赋理论的推论。美国经济学家保罗·萨缪尔森发展了这个观点，因此该定理又被称为赫克歇尔—俄林—萨缪尔森定理，简称 H-O-S 定理。

1. 要素价格均等化定理的逻辑推导

要素价格均等化的逻辑过程，可以借助一张简单的表格予以描述，见表 3-4。

表 3-4 要素价格均等化的过程

	A 国	B 国
生产要素禀赋状况	资本相对丰裕、劳动相对稀缺	劳动相对丰裕、资本相对稀缺
贸易前生产要素价格	资本相对便宜、劳动相对昂贵	劳动相对便宜、资本相对昂贵
两种产品 X 和 Y	X 是资本密集型产品	Y 是劳动密集型产品
贸易前两种产品价格	X 产品在 A 国相对便宜	Y 产品在 B 国相对便宜
贸易	出口 X 产品、进口 Y 产品	出口 Y 产品、进口 X 产品
贸易对商品价格的影响	X 产品的价格相对上升、Y 产品的价格相对下降	Y 产品的价格相对上升、X 产品的价格相对下降
	两国 X 产品及 Y 产品的价格达到一致	
贸易与两国生产结构	X 产品的产量增加、Y 产品的产量减少	Y 产品的产量增加、X 产品的产量减少
贸易与两国生产要素需求	资本密集型的 X 产品产量增加，导致资本需求增加快于劳动需求增加；劳动密集型的 Y 产品产量减少，导致资本量需求量减少较少，而劳动量需求减少较多。结果：资本需求量增加，劳动需求量减少	劳动密集型的 Y 产品产量增加，导致劳动需求增加较多，资本需求增加较少；资本密集型的 X 产品产量减少，导致资本需求量减少较多，而劳动量需求减少较少。结果：劳动需求量增加，资本需求量减少
贸易与两国要素价格	资本的价格相对上升，劳动的价格相对下降	劳动的价格相对上升，资本的价格相对下降
	在一定条件下，两国资本及劳动的价格达到一致	

贸易开始前，由于两国要素禀赋存在差异，因而两国的要素价格不一致。随着贸易发生，原来 A 国相对价格较低的 x 商品，由于对方国家的需求，其相对价格趋于上升。依据前面的分析，x 商品所密集使用的生产要素——资本的价格上涨，而劳动的价格下跌。于是，原来在 A 国比较廉价的资本现在变得不那么廉价

了，而原来在 A 国比较昂贵的劳动现在也因贸易变得不那么昂贵了。在 B 国，则出现相反的情况，原来比较昂贵的资本现在变得不太昂贵了，原来比较廉价的劳动现在也不那么廉价了。

随着贸易的开展，两国 X、Y 商品各自的相对价格差异会不断缩小，并最终达到均等。在这个过程中，两国各自的丰裕要素的价格不断上升，稀缺要素的价格不断下降。随着商品价格的拉平，两国要素价格也将达到均等。

2．俄林的观点

俄林认为，要素价格完全相同几乎是不可能的，要素价格均等只是一种趋势，其主要原因有以下几点：

(1) 影响市场价格的因素复杂多变，而不同地区的市场又存在差别，价格水平难以一致；

(2) 生产要素在国家间不能充分流动，即使在国内，生产要素从一个部门移向另一个部门，也不是充分便利的；

(3) 产业对几个要素的需求往往是"联合需求"，而且它们的结合不能任意改变，这种整体性和固定性的结合，影响了要素价格的均等；

(4) 集中的大规模生产必然使有些地区要素价格相对较高，而另一些地区要素价格相对较低，从而阻碍了生产要素价格的完全均等。

3．萨缪尔森的观点

萨缪尔森认为，国际贸易将使不同国家间生产要素相对价格和绝对价格均等化，这种均等化不是一种趋势，而是一种必然。

萨缪尔森认为，国际贸易会导致各种要素相对价格的完全均等化是由于在多种要素相对价格有差异的情况下，贸易仍将持续扩大和发展，而贸易的扩大和发展将会减少两国间要素价格的差异，直到两国国内各种商品的相对价格完全均等化为止，这时就意味着两国国内的要素相对价格也完全均等化了。

他还进一步论证了两国要素绝对价格的均等化问题。在要素的相对价格均等化、商品市场和要素市场存在着完全的自由竞争以及两国使用同样的技术等条件下，国际贸易将会导致要素的绝对价格完全均等化。当然，如果通过国际贸易导致要素的价格均等化了，那么两国商品的价格差异也将不复存在，国际贸易将会停止。但实际上只要两国间的要素禀赋差异没有发生根本改变，这种现象就只能是暂时的。因为随着国际贸易的终止，要素价格的差异又会重新产生，商品价格的差异也随之产生，国际贸易又将恢复。

需要指出的是，要素价格均化定理是在一系列的假设条件下推导出来的。观察一下现实世界，就会发现满足这些条件十分困难，甚至是不可能的。例如，各国并非使用同样的生产技术，各国间的运输费用和贸易壁垒也阻碍各国商品相对价格均等化。此外，许多企业处于不完全竞争市场上，其运作也不是规模报酬不变的，因此国际贸易并没有使各国的工资和利率实现相对的均等化。相同的生产要素，如具有同样技能的劳动者，在各个国家中并不能挣到同样的收入，而且差别可能是相当大的。导致这一现实状况的原因就在于要素价格均等化定理所依赖的一些假设在当今世界大多是不成立的。但是，这些并不能推翻要素价格均等化定理，因为如果没有国际贸易，这些国际差异要比现在大得多。所以说，要素价格均等化定理是适用的。国际贸易缩小了要素价格的国际差异，而不是将其完全消除，还是比较符合实际的。

三、雷布津斯基定理

要素禀赋理论建立在一国拥有的要素总量固定不变的基础上。但在现实中，各国的生产要素禀赋不是固定不变的，而是会随时间推移而发生变化的，这将带来什么样的后果呢？

塔德乌什·雷布津斯基(Tadeusz Rybczynski) 是英籍波兰经济学家，他于 1955 年在《要素禀赋与相对商品价格》中阐述了一国生产要素禀赋的变化对该国产出及国际贸易的影响，提出了雷布津斯基定理。该定理认为，在商品的相对价格保持不变的前提下，某种要素的增加会导致密集使用该要素的产品生产产量增加，而使密集使用其他生产要素的产品产量减少。

例如，一国资本的增加会使该国资本密集型产业的生产增加，同时会减少该国劳动密集型产业的生产。这是因为资本的增加使资本的成本降低，资本密集型产业使用资本的比例大，因而该国资本密集型产品成本降低的程度大于劳动密集型产品，资本密集型产品价格下降明显，同时利润的增加又使资本密集型产业生产扩张。此外，由于资本密集型产业生产的增加需要增量劳动要素的配合，因此劳动密集型产业不得不缩小生产规模，以便释放出一定的劳动转移到资本密集型产业。劳动密集型产业在释放出劳动的同时，还会释放出一定的资本，这部分资本也需要资本密集型产业来吸收。

雷布津斯基定理还认为，如果密集使用增加要素的产品属于这个国家的原有比较优势产品，随着这种要素供给量的增加，其产品的出口量也将随之增加。如果密集使用增加要素的产品不属于这个国家的原有比较优势产品，随着这种要素供给量的增加会逐步增强该国进口替代产品的生产能力，从而减少从国外进口竞争性产品；同时由于要素使用发生转移，在这种条件下该国原有比较优势产品的出口将会减少。

雷布津斯基定理在实践中的一个典例的例子就是"荷兰病"。荷兰病(the Dutch disease) 是指一国特别是中小国家经济的某一初级产品部门异常繁荣而导致其他部门衰落的现象。20 世纪 50 年代，已是制成品出口主要国家的荷兰发现大量石油和天然气。荷兰政府大力发展石油、天然气产业，该国劳动和资本转向资源出口部门，使荷兰资源出口剧增，国际收支出现顺差，经济显现繁荣景象。可是，蓬勃发展的天然气产业却严重打击了荷兰的农业和制造业，削弱了原有的出口行业，尤其是制造业的国际竞争力。到 20 世纪 80 年代初期，荷兰受到通货膨胀、制成品出口下降、收入增长率降低、失业率增加的困扰，国际上称之为"荷兰病"。

第三节　对新古典国际贸易理论的验证与评价

自从 20 世纪初赫克歇尔、俄林提出要素禀赋理论以来，在很长的一段时间里该理论逐渐为西方经济学界所普遍接受，并成为解释国际贸易产生原因的主要理论。由于要素禀赋理论所揭示的道理同人们的常识一致，许多西方学者对其深信不疑，一些学者试图通过经验数据对其进行检验，企图进一步从实证的角度证明这一理论的实用性和正确性。但是，实证检验的结果使得这一理论在第二次世界大战后遭遇到了重大挑战。里昂惕夫对要素禀赋理论所进行的检验，既是第一次也是最具代表性的一次。他的研究工作对要素禀赋理论的后续发展产生了重大影响，也成为第二次世界大战后新的国际贸易理论产生的一个契机。由于里昂惕夫的检验结果与要素禀赋理论并不相符，因而被称为里昂惕夫悖论或里昂惕夫之谜(Leontief Paradox)。

一、里昂惕夫之谜的提出

沃西里·里昂惕夫(Wassily Leontief，1906－1999) 是哈佛大学经济学教授，因为在投入产出学方面的杰出贡献获诺贝尔经济学奖。

里昂惕夫深信要素禀赋理论，并想通过美国的数据来检验要素禀赋理论的正确性。在第二次世界大战结束之初，人们普遍认为美国是个资本丰富而劳动力稀缺的国家，根据要素禀赋理论，里昂惕夫期望能够得出美国出口资本密集型产品、进口劳动密集型产品的结论。

里昂惕夫利用投入产出表来进行验证。1953 年，他对 1947 年美国 200 个行业进行了分析，把生产要素分为资本和劳动两种，然后选出具有代表性的一揽子出口品和一揽子进口替代品，计算出每百万美元的出口品和每百万美元的进口替代品所需国内资本和劳动量及其比例。所谓进口替代品是指可替代国外进口商品的本国产品。例如，由于生产上的不完全分工，美国不仅从西欧、日本进口汽车，本国也制造汽车供国人消费，美国本土产汽车即是其进口汽车的进口替代品。

里昂惕夫被迫使用美国进口替代品的数据，是因为美国进口的外国商品数据不全。即使这样，里昂惕夫仍能正确得出以下结论：如果要素禀赋理论成立，尽管美国进口替代品比美国实际进口产品更加资本密集(因为美国的资本比其他国家相对便宜)，但其密集程度仍应低于美国的出口商品。里昂惕夫的实证研究结果如表 3-5 所示。

表 3-5　每百万美元的美国出口品和进口替代品对国内资本和劳动力的需求

	1947 年		1951 年	
	出口品	进口替代品	出口品	进口替代品
资本(美元)	2550780	3091339	2256800	2303400
劳动(人／年)	181.31	170	173.91	167.81
人均资本量(美元)	14015	18184	12977	13726

根据表 3-5，在 1947 年，美国每生产 100 万美元的出口商品，使用资本 2 550 780 美元，劳动力约 182 个，即每个工人耗用的资本量为 14 015 美元。同时，美国每生产 100 万美元的进口替代品，则耗用 3 091 339 美元资本和 170 个劳动力，即每个工人耗用的资本量为 18 184 美元。这样，美国进口替代品与出口商品的人均资本量比值约为 1.30(18 184÷14 015)。里昂惕夫的计算结果令人震惊。美国进口替代品的资本密集程度竟然比美国出口商品的资本密集程度高约 30%，这意味着美国进口以资本密集型产品为主，出口以劳动密集型产品为主。其结果正好与要素禀赋理论的预测相反，这就是著名的里昂惕夫之谜。

里昂惕夫的惊人发现引起了经济学界的极大关注，一些人试图对要素禀赋理论进行重新评价，另一些人则怀疑里昂惕夫在数据的计算上存在问题。在这种情况下，里昂惕夫仍然对要素票赋理论深信不疑，为此，里昂惕夫在 1956 年又利用投入产出法对美国 1951 年的贸易结构进行第二次检验，结果发现美国进口替代品占有的资本仍高于美国出口商品约 6%(13 726÷12 977-1)，如把投入—产出系数中的资本替代也考虑在内，则高出 17.57%，里昂惕夫之谜仍然存在。

二、对里昂惕夫之谜的各种解释

"里昂惕夫之谜"的出现引起国际贸易理论界的很大震动。一些学者采用投入产出法又对其他一些国家进行验证，得出了互相矛盾的研究结果。

斯托尔帕和劳斯坎普(1961)对民主德国的研究表明，民主德国在出口资本密集型商品和进口劳动密集型商品，而民主德国与其东欧的主要贸易伙伴相比是资本相对丰裕的国家，因此该实证研究支持了 H-O 定理。建元正弘和市村真一(1959)对日本研究的结果表明，日本向欠发达国家出口资本密集型产品并进口劳动密集型商品，因为与这些贸易伙伴相比，日本被认为是资本相对丰裕的国家；同时在与美国的双边贸易中，日本出口劳动密集型商品并进口资本密集型商品，因为在一定的时期内，相对美国而言，日本是劳动力相对充裕的国家。这些结论都支持了 H-O 定理。

巴哈德瓦奇(1962) 发现，印度的贸易总体上正如人们所预料的，出口劳动密集型商品而进口资本密集型商品，可印度却向美国出口资本密集型商品，进口劳动密集型商品。沃尔(1961) ②的分析表明加拿大出口的产品为相对资本密集型，由于加拿大的大部分贸易是与美国进行的，而美国相对于加拿大是资本丰裕的国家，所得结论与 H-O 定理相悖。可见，里昂惕夫之谜有一定的普遍性。

里昂惕夫之谜产生后，有些学者致力于 H-O 定理的进一步检验，有些学者致力于破解该谜，有些学者认识到 H-O 定理的局限性，开始研究新的国际贸易理论，提出了许多有价值的观点。

1. 劳动效率的差异

这个观点最早由里昂惕夫本人提出。里昂惕夫认为，"谜"产生的根本原因是各国的劳动生产率不同，美国的劳动熟练程度或劳动效率比其他国家高。里昂惕夫认为，1947 年美国工人的劳动生产率大约是外国工人的 3 倍，运用同样数量的资本，美国工人的产出比较多；虽然从表面上看，美国资本丰富、劳动力短缺，但由于美国工人可以以一当三，经过换算以后，实际上美国劳动力相对丰富、资本相对短缺。但是，里昂惕夫本人对"谜"的解释非常笼统，仅停留在提出观点的层面，而且提出的劳动力系数"3"也完全是由其本人主观经验来确定的。一些实证研究也否定了里昂惕夫的观点。例如，美国经济学家克雷宁(1965) 经过验证，认为美国工人的劳动效率与欧洲工人相比，仅高出 20%—25%，不足以解释里昂惕夫之谜。里昂惕夫本人后来也否定了这种解释。

后来，美国经济学家基辛(1965) 对这个问题做了进一步的研究。他按技术熟练、复杂程度，将企业人员划分为 8 个等级，并以此为基础，将他们从事的劳动分为熟练劳动与非熟练劳动两大类。熟练劳动包括前 7 个等级，即科学家和工程师、技术员和制图员、其他专业人员、厂长和经理、机械工人和电工、熟练的手工操作工人、办事员和销售员等的劳动；非熟练劳动指第 8 个等级，即不熟练和半熟练工人的劳动。基辛(1966) 将这种分类应用到包括美国在内的 14 个国家和地区的 1962 年进出口情况的分析中，结果发现，美国出口产品所使用的熟练劳动占全部劳动的比重大约为 55%，比美国进口替代产品使用的熟练劳动占全部劳动的比重 43%要高，且与其他国家相比，美国所使用的熟练劳动比例最高。基辛据此推断，美国本质上是一个劳动力要素相对密集的国家，美国拥有大量技术熟练工人，这是它真正的优势所在，因此根据 H-O 理论，美国理应出口高技能劳动密集型产品，进口资本密集型产品。

2. 人力资本的差异

美国经济学家凯能(1965) 等将基辛的观点做了进一步发展，提出用人力资本的差异来解释"谜"的产生。他们认为，在国际贸易中使用的资本既包括物质资本(physical capital) ，也包括人力资本(human capital) 。所谓人力资本，是指所有能够提高劳动生产者技能的教育投资、工作培训、保健费用等开支，其作用是提高劳动者的技能，进而提高劳动生产率。里昂惕夫计量的资本只包括机器、设备、厂房等物资资本，而忽略了人力资本。由于劳动不可能是同质的，熟练劳动是投资的结果，也是资本支出的产物。美国出口产业相对于其进口替代产业，劳动力因为接受了更多的教育、培训投资，因而比国外劳动包含更多的人力资本。简单地用美国的资本和劳动人数或劳动时间来计算美国出口产品的资本劳动比率(K/L) ，可能没有反映美国人力资本和其他国家人力资本的区别。如果把前期投资形成的当期人力资本分离出来，再将其加到实物资本中，重新计算的结果是美国出口产品的 K/L 高于美国进口替代品的 K/L，从而很明显地得出美国出口资本密集型产品、进口劳动密集型产品这一结论。但这种解释的困难在于，人们很难准确地获得人力资本的真正价值以及相关的数据。

3. 要素密集度逆转

琼斯(1956) 认为要素密集度逆转可能是昂惕夫之谜出现的原因。要素密集度逆转(factor intensity reversal) 是指同一种产品在劳动丰裕的国家是劳动密集型产品，在资本丰裕的国家又是资本密集型产品的情形。当所生产产品的投入要素之间的替代弹性较大时，生产要素之间的价格变动就会影响商品的要素密集度。例如，x 商品属于劳动密集型商品，但是由于工资上涨，资本就会替代一部分劳动，随着替代比例逐渐提高，x 商品就有可能由原来的劳动密集型商品转变为资本密集型商品。由于每一个国家生产要素价格不同，就有可能出现这样的情况：资本丰裕而劳动稀缺的国家(如美国) 由于劳动力价格昂贵而资本便宜，往往会在劳动密集型商品(如玩具) 生产中使用更多的资本而非劳动，玩具在美国就变成了资本密集型商品；而在劳动密集型国家(其他国家) 由于劳动丰裕而资本相对稀缺，劳动力便宜而资本昂贵，玩具生产中仍然使用大量的劳动，属劳动密集型商品。这样一来，要素密集度就发生了逆转。一旦要素密集度发生逆转，一种商品究竟是劳动密集型商品还是资本密集型商品，就没有一个绝对的标准。

如果存在要素密集度逆转，美国的进口商品在国外来说是劳动密集型产品，但在美国就有可能是资本密集型产品。由于里昂惕夫在计算美国出口商品的资本劳动比率时，用的是美国的投入产出数据，对于美国的进口商品、用的是美国国内进口替代品的资本劳动比率，而不是美国进口商品的资本劳动比率，这就有可能导致出现美国进口资本密集型商品，出口劳动密集型商品的结论，从而使得美国要素禀赋与比较优势的联系发生颠倒。

生产要素密集度的逆转在现实世界里确实存在，问题是它出现的概率有多大。检验表明，在现实生活中，要素密集度逆转的发生概率极小。里昂惕夫(1964) 在对明纳斯(1963) 实证研究资料进行定量分析的基础上指出，要素密集度逆转的发生率只有1%。因此，用要素密集度逆转来解释里昂惕夫之谜虽然在理论上可行，但在实证上并无多大意义。

4. 贸易壁垒说

克拉维斯(1956)的研究发现，美国受贸易保护最严重的产业就是劳动密集型产业，这影响了美国的贸易模式，降低了美国进口替代品的劳动密集度。这对解释里昂惕夫之谜有一些帮助。

在要素禀赋理论中，贸易被假定是自由的。事实上，包括美国在内的绝大多数国家都或多或少对进口产品实行了限制措施，国际商品流通因受到限制，所以不完全符合要素禀赋理论揭示的规律。里昂惕夫在研究中如实地引用了原始的统计资料，没有剔除关税及其他贸易壁垒对美国贸易结构的影响。事实上，美国政府为了解决国内就业，会迫于工会的压力，在制定对外贸易政策时有严重保护本国劳动密集型产业的倾向，致使美国劳动密集型产品的进口关税和非关税壁垒比较高。这种对劳动密集型产品的进口限制，导致了里昂惕夫之谜。如果实行自由贸易或美国政府不实行这种限制的话，美国进口商品的劳动密集程度一定比实际高。鲍德温(1971) 的研究表明，如果美国进口商品不受限制的话，其进口商品的资本—劳动比率将比实际高5%。

另外，别的国家也可能对自己的资本密集型产业进行较高的保护，这样会使美国资本密集型产品的出口受到一定限制。因此，有人预测，如果美国及其贸易伙伴之间相互开展自由贸易，则美国会更多地进口劳动密集型商品，出口资本密集型商品，这样一来，里昂惕夫之谜就不存在了。这一研究可以说在部分程度上对里昂惕夫之谜做出了解释。

5. 自然资源说

美国经济学家瓦尼克(1963) 认为，里昂惕夫在计算时只考虑了劳动和资本两种生产要素，未考虑其他生产要素，如自然资源。事实上，一些商品既不是劳动密集型产品，也不是资本密集型产品，而是自然资源密集型产品。美国进口的许多商品属于自然资源密集型商品，在两要素模型中将其划分为资本或劳动密集型商品，显然是不正确的。

此外，各国自然资源禀赋不同，会直接影响到产品中的资本劳动比率。瓦尼克认为，美国进口商品中的 60%—70%是工业原料和初级产品，其中大部分是木材和矿产品，是美国相对稀缺的资源，美国国内生产这些商品是高度资本密集的，但在其他国家则是依赖大量劳动投入生产出来的，而里昂惕夫在分析时，是使用美国本土生产的进口替代品的数据来替代美国进口商品的数据，这就可能导致里昂惕夫之谜。

三、对里昂惕夫之谜的评价

综上所述，里昂惕夫对要素禀赋理论的验证，不仅开创了用投入产出法一类经验手段检验理论假说的先河，大大推动了国际贸易的实证研究，而且第一个指明该理论学说与事实相悖，从而促进了战后各种各样贸易理论和见解的涌现。可见，里昂惕夫之谜已成为第二次世界大战后国际贸易理论发展的基石。对该谜的种种解释也没有从根本上否定要素禀赋理论，而只是试图改变该学说的某些理论前提以适用实际情况。

四、对要素禀赋理论的评价

（一）积极方面

要素禀赋理论从生产要素禀赋的差异来解释国际贸易的原因，这对于古典贸易理论来讲是一大创新，它从以下几个方面推动了国际贸易理论的发展。

1．引入多种生产要素分析贸易

俄林抛弃了古典学派的单一要素论，将其理论建立在三要素论的基础上，认为劳动、资本和土地是一切社会生产中不可缺少的三个要素。这种不同种类生产要素组合起来进行生产的分析方法使国际贸易理论的分析更加符合现实。

2．排除了各国技术水平差异的假设

李嘉图的比较优势理论是建立在各国生产者在生产同一商品时具有不同劳动

生产率的基础上，而俄林认为国际贸易的根本原因是各国资源的赋予程度不同。和李嘉图相比，俄林不仅承认比较优势是国际贸易发生的基本原因，更重要的是找到了比较优势形成的源泉，即贸易双方要素禀赋的差异。

3. 采用一般均衡分析方法

俄林继承了瓦尔拉斯·卡塞尔的一般均衡理论，并开创性地把它运用到国际贸易理论的研究中来，强调国际贸易的原因和结果不是孤立和偶然的现象，而是存在于各国之间的各种商品与生产要素价格的相互依赖和作用的环节当中，将贸易理论向客观现实推进了一大步，也为国际贸易理论研究提供了一个新的方向和角度。

李嘉图和穆勒都假设两国交换是物物交换，而赫克歇尔和俄林是用等量产品不同货币价格(成本) 比较两国商品的价格比例，两国的交换是货币交换，用生产要素禀赋的差异寻求解释国际贸易产生的原因和国际贸易商品结构以及国际贸易对要素价格的影响，研究更深入、更全面了。

（二） 不足之处

当然，要素禀赋理论还存在许多不完善的地方，主要有以下几点。

1. 主要从供给方面进行研究，忽视了需求的作用

要素禀赋理论与古典学派的比较优势理论一样，也是从供给的角度来探讨国际贸易的原因，而忽略了需求在国际贸易中的重要性。国际贸易结构除了受到资源赋予状况影响，各国不同的需求偏好也是一个重要原因，如东南亚各国在稻米的生产上具有比较优势，产量很高，但当地人民喜食大米而很少出口，而美国的大米产量按国际标准衡量并不算高，但由于国民对大米没有特别偏好而成为主要的大米出口国。这就是需求影响贸易的明显实例。

2. 掩盖了国际分工和国际贸易发生的最重要原因

要素禀赋理论认为，生产要素禀赋的差异是决定国际分工和国际贸易的重要原因，这就忽视了社会生产力，尤其是科学技术对国际分工和国际贸易产生发展的决定性作用。事实上，自然禀赋条件只提供了国际分工和贸易产生的可能性，只有社会生产力的发展才是国际贸易产生的根本原因。

3. 是一种静态的理论，没有考虑发展问题

要素禀赋理论把各国的资源赋予程度看成是一个不变的量，从静态的角度出发来分析各国应当出口什么商品、进口什么商品，没有考虑到各国经济的发展变

化。实际上，各国的资源水平是一个不断变化的量，进而各国的比较优势也是会发生变化的，一开始出口劳动密集型商品的国家，可能会变成出口资本密集型商品的国家，要素禀赋理论对这一点没有进行分析。

第四章　当代国际贸易理论

第一节　国际贸易新要素理论

传统国际贸易理论仅仅把生产要素归结为土地、劳动和资本三种。随着现代国际经济的发展，西方经济学家赋予了生产要素新的内涵，并扩展了生产要素的外延，他们认为，生产要素不仅包括土地、劳动和资本，还包括技术、人力技能、研究与开发、信息、规模经济与管理等新型生产要素，从而形成了国际贸易新要素理论。同时，要素密集性的变换、要素的国际流动都使要素功能增加，使新要素理论更加充实。

一、新型生产要素

(一) 技术要素

传统经济学家通常把生产要素定义为生产过程的投入物，这样就把使用这些投入物的工艺规程或方式方法，即技术排除在生产要素之外。但是，技术作为生产过程中的知识、技巧和熟练程度的积累，不仅能够提高土地、劳动和资本要素的生产率，而且可以提高三者作为一个整体的全要素生产率，从而改变土地、劳动和资本在生产中的相对比例关系。从这个意义上说，技术也是一种独立的生产要素。

技术作为生产要素可以看成是相关的生产要素的数量增加。使单位产品成本下降或同样投入能有更多产出的技术实质上等于生产要素供应量的扩大。就技术使劳动力及其他生产要素的生产率提高的程度而言，可以把技术看作这些生产要素按照各自的生产率提高的比例而扩大的供应量。

和其他生产要素一样，技术也是可以流动的。但是，技术的流动又有其特殊性。一方面，由于技术往往依附于其他生产要素，这就使技术的流动难以独立进行，而且有时还会因此而影响其他要素的流动。另一方面，由于技术具有专门性，因此技术的流动不能像其他要素那样可以相对容易地进行重新配置和组合，而只能用于某种特定的生产过程中。同时，由于技术是一种可以取得专利权使用费、特许证费、特许权费及利润等报酬的生产要素，因而其流动的代价较高且过程较复杂。和其他生产要素一样，技术要素要越过国界是相当困难的，主要原因有技术的支付费用高昂、发明者或拥有者的保守、政府对技术的管制、技术运用的条件与环境等。

技术作为生产要素在现代经济活动中的地位越来越重要。要素生产率的提高或要素的节约、商品成本和价格的降低、产品质量效能的优化、生产经营水平的提高、产品国际市场竞争力的增强等无一不是依靠技术水平的提高。当今国际经济竞争说到底就是技术水平的竞争。

（二）人力技能要素

西方经济学家认为，各国劳动要素生产率的差异实质上就是人力技能的差异。因此，人力技能也是一种生产要素，而且是越来越重要的生产要素。主张人力技能理论的经济学家把劳动分为两大类：一类是简单劳动，即无须经过专门培训就可以胜任的非技术性的体力劳动；另一类是技能劳动，即必须经过专门培训形成一定的劳动技能才能胜任的劳动。要对劳动者进行专门培训，就必须进行投资，因此，体现在劳动者身上的、以劳动者的数量和质量表示的资本就是人力资本。由于人力资本投资持续时间不同、投资形式存在差别、投资领域不一致(亦即教育培训的具体内容和项目不同) 等原因，造成了劳动力质的差别，从而使人力资本作为一种特殊资本在生产过程中的效力不同。

人力资本的投资形式通常包括正规的学校教育，在职的岗位培训，合理的人员配置，必备的卫生与营养条件，休养生息的外部环境，以及与上述各项投资形式相关的其他投资形式。人力资本的投资和其他投资一样既需要时间也需要资源。人力资本投资的效果实际上就是人力资本效用发挥的程度。其估价方法主要有以下四种。

(1) 以收入报酬计算。这种方法是以工资差别反映各劳动者的人力资本的差异，计算不同类型劳动的工资差别，并以适当的贴现率将其折算为工资。比如美国经济学家凯能(1965) 就以 9%的贴现率将技能劳动超过非技能劳动的工资资本化，即把它作为实物资本的一部分，并和实物资本相加，得出资本总量，用以解决里昂惕夫之谜。

(2) 以所有的要素报酬为基础，运用要素收入数据计算人力资本、实物资本初初级劳动的报酬，衡量人力资本的效果。这实质上也是以收入报酬估价人力资本的方法。

(3) 以成本计算。这种方法把投在劳动者身上的全部教育、培训费用和所放弃的全部收益相加，得出人力资本的全部成本，用以衡量人力资本的效用及其差别。

(4) 用以生产出口或进口产品的不同劳动集团的重要性为基础计算的技能指数来衡量人力资本的价值。

人力资本论者如基辛、凯能等认为，技能禀赋或人力资本禀赋状况对国际贸易格局、流向、结构和利益等方面具有重要的影响。他们认为，资本充裕的国家往往同时也是人力资本充裕的国家，因此，这些国家的比较优势实际上在于人力资本的充裕，这是它们参与国际分工和国际贸易的基础。在贸易结构和流向上，这些国家往往是出口人力资本或人力技能要素密集的产品。他们在分析美国的情况时指出，美国最充裕的要素不是物质资本，而是人力资本，相对稀缺的是非熟练劳动，这就决定了美国贸易结构必然是以出口技能劳动密集型产品为主，比如最先进的通信设备、电子计算机等，而不再以传统的资本密集型产品为主，因此，用传统国际贸易理论的三要素论是无法说明当代国际贸易现实的。

(三) 研究与开发要素

格鲁勃、梅达、弗农及基辛等西方经济学家在注重技术要素作用的同时，进一步研究了推动技术进步的形式和途径及其与贸易的关系，提出了研究与开发要素论。所谓研究与开发要素(research and development，R&D) ，是指研制和开发某项产品所投入的费用。不同于生产过程的其他形式的要素投入。研究与开发要素是以投入到新产品中的与研究和开发活动有关的一系列指标来衡量的。在进行国别比较时，可以通过计算研究与开发费用占销售额的比重、从事研究与开发工作的各类科学家和工程技术人员占整个就业人员的比例以及研究与开发费用占一国国民生产总值或出口总额的比重等方法，来判断各国研究与开发要素在经济贸易活动中的重要性及其差别。

研究与开发要素对一国贸易结构的影响是显而易见的。一个国家越重视研究与开发要素的作用，其投入到研究与开发活动中的资金就越多，其生产产品的知识与技术密集度就越高，在国际市场竞争中的地位就越有利。

基辛(1967) 曾以美国在 10 个主要工业发达国家不同部门的出口总额中的比重代表美国的竞争能力，分析研究与开发要素与出口竞争力的关系。结果表明，从事研究与开发活动的高质量劳动力比重越大的部门，国际市场竞争能力就越强，出口比率就越高。这就证明了一个国家出口产品的国际竞争能力和该种产品的研究与开发要素密集度之间存在着很高的正相关关系。

格鲁勃、梅达和弗农(1967) 也进行了类似的研究。他们将美国的 19 个工业部门依研究与开发投资占销售额的比重和科学家、工程师占全部从业人员总数的比重，由低到高依次排列。他们发现，居于前列的交通运输工业、仪器仪表工业、化学工业和非电子机器制造工业等工业部门的销售额占美国制造业销售总额的39.1%，它们的出口额占美国工业制成品出口总额的 72%，它们的研究与开发投资额占美国研究与开发投资总额的 89.4%。据此，格鲁勃、梅达和弗农得出了美国工业中研究与开发投资相对较为集中，因而技术水平相对较高的工业部门同时也是美国的主要出口生产部门的结论。他们认为，美国正是由"研究与开发要素"的相对丰裕决定了其在科学技术以及高科技产业上的比较优势，生产并出口"研究与开发要素"密集程度相对较高的高科技产品，同时进口"研究与开发要素"密集程度相对较低的其他商品。美国的对外贸易结构和商品流向符合要素禀赋理论的基本要求。

（四）　信息要素

西方经济学家认为，在现代经济生活中，企业在需要土地、劳动和资本这些传统生产要素以外，更需要信息(information) 。信息已经成为当代经济活动中必不可少并且越来越重要的生产要素。

作为生产要素的信息是指来源于生产过程之外的并作用于生产过程的、能带来利益的一切信号的总称。信息要素是无形的、非物质的，它区别于传统生产要素，是生产要素观念上的大变革。随着现代社会的发展、市场在世界范围内的拓宽以及各种经贸活动的日益频繁，社会每时每刻都在产生着巨量的信息。这些信息都在不同的方面、不同的程度上影响着社会经济活动，影响着企业生产经营的决策和行为方式，甚至有时还决定着企业的命运。

一方面，信息是一种能够创造价值并能进行交换的无形资源，但是由于信息创造价值的能力难以用通常的方法衡量，其交换价值只能取决于信息市场的自然力量，另一方面，因为信息强烈的时效性，信息交换也常常带有神秘的性质。由于信息是一种能够创造价值的生产要素，因此，信息利用的状况能够影响一个国家的比较优势，从而改变一国在国际分工和国际贸易中的地位。

（五）　规模经济与管理

西方经济学家认为，规模经济可以影响一国的比较优势，因而也是国际贸易的重要基础。规模经济(economies of scale) 指由生产规模的扩大而产生的单个企业的生产效率的改进或生产成本的节约。依据规模经济的来源，人们把规模经济区分为内部规模经济与外部规模经济。

内部规模经济(internal ecomonies of scale) 是指单个厂商由自身生产规模的扩大所获得的生产成本的节约或生产效率的提高。

外部规模经济(external economies of scale) 则是指由于企业外部原因导致的

整个产业或整个区域的产量增加和规模扩大，使得该产业内或该区域内各个企业的平均生产成本下降所带来的收益增加。外部规模经济对单个厂商来说是外在的，即企业平均生产成本与单个厂商的生产规模无关，但与整个行业或地区的规模有关。在现实中，生产相同产品的或者提供相同服务的企业，如地处同一工业园区或出口加工区的工业企业，属于同一个金融贸易区的金融机构或贸易公司，它们因地理上的邻近性会给对方带来有益的影响。此外，一个地区公共部门(如运输、电信和电力部门) 的发展也会给该地区的单个企业带来成本的节约和生产效率的提高。

由于规模经济能够导致单位产品成本下降，因此，规模经济和资源禀赋一样也应该是国际贸易的基础。例如，假定甲乙两国资源禀赋状况相同，从而生产要素的相对价格也一样，两国技术水平、消费偏好也不存在差异。从传统国际贸易理论的观点来看，甲乙两国是不可能发生国际贸易的。但是，如果甲乙两国对某些产品的国内需求水平存在差别，比如甲国 A 产品国内需求规模大，乙国 B 产品国内需求规模大，在这种条件下，两国仍然可以发生贸易关系。由于甲国 A 产品国内需求旺盛，企业定会扩大生产规模，因而产品成本下降，以致它能够向乙国出口。同理，乙国向甲国出口 B 产品。可见，规模经济也能影响各国生产成本和比较优势，从而也影响着国际贸易格局和利益。

管理是指在一定的技术条件下组织、配置和调节各种生产要素之间的比例关系使之保持最优。管理既可以看成是生产函数的一个单独要素，也可以看成是劳动要素的特殊分类。但有一点是重要的，即管理是生产要素的补充而不是替代，它和其他生产要素之间不存在相互替代关系。

管理需求随企业生产规模扩大而增强。在现实经济活动中，管理通过相应的管理人员的工作而体现。西方经济学家认为，管理水平的差异导致了劳动生产率的差异。一般来说，经济水平落后的国家，管理要素都相对稀缺，其稀缺性表现在管理人员比重小和管理水平比较低等方面。哈比逊(1958) 曾指出，20 世纪 50 年代埃及的工厂在工艺技术上和美国工厂基本类似，但劳动生产率仅为美国的20%左右，其原因就在于埃及管理资源稀缺，管理方法落后。由于管理资源的丰缺影响到生产效率和生产成本，管理也就直接影响到一国的比较优势地位和对外贸易的各个环节。

二、要素密集性的变换

要素密集性变换，即第三章中提到的要素密集度逆转，是指同种商品在不同国家的要素密集性特征是不同的。例如，一种商品在一国是资本密集型商品，在另一国则是劳动密集型商品。

按照要素禀赋理论的观点，无论生产要素的价格比例实际如何，由于各种商品的生产函数相同，某种商品总是以某种要素密集型方式生产出来的，也就是说，商品的要素密集性特征在各国是一样的。但是，明纳斯(1963)、霍德(1967)及纳亚(1967)指出，由于各国事实上的生产技术、生产函数及要素价格存在差异，以价格表示的商品的生产要素密集性质就可能存在差异。明纳斯(1963)甚至认为，要素密集性变换广泛存在于现实世界。

西方经济学家认为，技术进步是导致生产商品的要素密集性特征发生变化的重要原因，一国要素密集性特征主要是由生产该种商品的技术条件决定的．因此，一国技术水平的变动将导致该国生产商品的要素密集性特征发生相应的变动。进一步说，技术水平的差异是要素密集性变换的重要原因。

技术进步对要素生产率的影响分为中性的技术进步和偏性的技术进步。这两种情况对要素密集性变换的影响是不同的。由于中性的技术进步对所有生产要素的作用相同，即可以把它看成是同比例地增加了全部生产要素的供应量或同等程度地节约了单位产出的各种生产要素的投入量，因此，中性的技术进步没有改变商品生产的要素密集性特征。但是，偏性的技术进步不同，由于它对各种生产要素的影响不同，因而改变了商品生产中原来的生产要素配置比例，导致了要素密集性特征的变化。具体地说，偏性的技术进步如果是劳动节约型，即技术进步偏向于劳动效率的提高，那么产品的劳动密集度将会降低或降低的速度和程度比其他要素高；偏性的技术进步如果是资本节约型，即技术进步偏向于资本效率的提高，那么产品的资本密集度将会降低或降低的速度和程度比其他要素高。上述要素密集度的降低可能只是量上的变化，也可能引起要素密集性质的变化。如果技术进步使产品中原来密集度就较低的那种要素的密集度进一步下降，或者使产品中原来密集度较高的那种要素的密集度下降但没有下降到低于其他要素密集度的程度，那么要素密集性质没有变化；如果技术进步使产品中原来密集度较高的那种生产要素的密集度下降到低于其他要素密集度的程度，那么要素密集性质就发生了根本的变化。由于技术进步因素的影响是经常的，产品的要素密集性特征的变化也具有普遍性。

由于生产函数、要素价格，特别是技术进步水平存在差异和经常变动，各国生产商品的要素配置比例以及要素密集性特征也会产生变化，这就相对改变了一国的各种生产要素的供求关系和要素禀赋状况，从而影响着该国对外贸易的各个环节。值得注意的是，一国要素禀赋状况会在一定程度上影响该国要素密集性变换的方向，这种影响是通过技术进步实现的。哈巴卡克(1962)指出，美国19世纪的技术发明主要集中于节约本国稀缺的劳动力方面，如能移动的零部件等；而英国则集中于节约本国稀缺的自然资源方面，如蒸汽机等。

三、要素的国际流动

传统贸易理论都是以要素在国家间缺乏流动为条件展开分析的。但是，这一假定显然简化了现实中错综复杂的国际贸易关系。第二次世界大战后，西方国际贸易理论详细地研究了生产要素流动及其与国际贸易的关系问题。

（一）劳动力要素的国际流动

劳动力流动是指劳动力在不同区域之间的位移。劳动力流动的历史差不多和人类历史一样漫长。劳动力国际流动的形式分短期和长期两种。短期流动是指那些在国外寻求职业所产生的劳动力流动，它主要表现为各国劳动力市场上外籍工人的数量变动。长期流动是指移居所产生的劳动力流动，它主要表现为各国移民数量的变动。

劳动力国际流动产生的原因主要在于经济方面。首先，劳动力流动的收益与成本比较是劳动力迁移的最直接原因。劳动力流动的直接收益表现为流动后实际收入的增加和生活环境及水平的改善。劳动力流动的成本是指为迁移而付出的全部代价，主要包括交通运输费用和其他货币支出，迁移期间的工资和其他收入损失，为迁移而付出的其他非货币支出或牺牲，如社会、历史、文化、语言等方面的不适应。如果劳动力流动的收益明显大于成本，就构成了劳动力流动的现实基础。其次，经济周期的变化是劳动力流动的重要促成因素。处在经济周期不同阶段的国家对劳动力的需求强度存在明显的差异。一国对劳动力需求强烈，实际工资率将上升，因而吸引国外劳动力流入；反之，将推动国内劳动力外流。

此外，劳动力禀赋状况是劳动力流动的深层原因。劳动力资源丰富的国家，实际工资率相对较低，将引起国内劳动力外流；反之，将吸引国外劳动力迁入。由于劳动力禀赋状况难以在短期内改变，因此形成了劳动力流动的基本走向，例如，地广人稀的中东国家是劳动力资源丰富的其他亚洲国家劳动力流入的集中地之一。当然，非经济因素如政治压力、民族传统、宗教信仰、自然灾害及战争等也会在不同程度上作用于劳动力的国际流动。

但是，劳动力的国际流动也存在着许多阻碍因素，如移居国政府的移民限额和苛刻的入境管制制度，原籍国政府的人才保护政策和出境限制等，这些因素使劳动力国际流动的方向、规模和速度受到人为管制。因此，现实的劳动力国际流动绝不是自由流动。

劳动力国际流动的最直接和最主要的后果是改变了相关国家劳动力要素的

供给数量即要素禀赋状况，从而给劳动力输出国和输入国带来不同的经济影响。从输出国来看，劳动力输出不仅表现为本国劳动力资源供给量的绝对减少，有时还会改变本国原有的劳动力构成和熟练程度。从输入国来看，劳动力的输入轻易地增加了本国劳动力资源的供给，而且常常能够提高劳动力整体的素质，因而有利于本国资源的合理配置和充分运用，强化了本国产品的比较优势地位。对于劳动力资源稀缺的国家来说，国外劳动力的迁入不仅使它们获得了意外的收获，而且从国外迁入的劳动力的技术水平和熟练程度往往较高，这更让劳动力输入国喜上加喜。

劳动力国际流动的另一个重要后果是劳动力要素价格趋于均等。如果政策或制度条件满足劳动力要素自由流动，那么在各国存在实际工资率差别的情况下，工资率低的国家的劳动力将向工资率高的国家移动，其结果是各国劳动力要素禀赋状况都向相反的方向改变，因此，各国工资率趋于一致，即劳动力要素价格趋于均等化。当然，现实中各种各样的阻碍劳动力自由移动的因素的存在，使各国劳动力要素价格完全均等成为不可能。

（二）资本要素的国际流动

经济学家认为，资本要素是一种极为活跃的生产要素，资本国际流动对国际经贸的影响在程度和范围上要远超劳动力国际流动的影响。

资本国际流动一般分为短期资本流动和长期资本流动。短期资本流动是指 1 年以内的借贷资本流动，它实际上属于影响各国货币量的国际资金融通。长期资本流动是指 1 年以上的资本流动，具体又包括两种形式：一种是借贷资本的流动，也称间接投资，主要是指股票、债券等金融活动；另一种是生产资本的流动，也称直接投资，主要是指投资设厂这类伴有经济权的资本流动。从现实的国际资本流动来看，长期资本流动由于更显著地起到了生产要素的国际流动的作用，因而对一国经济贸易的影响更大。而在长期资本流动中，直接投资由于集资本、技术和管理诸要素的国际流动于一身，对相关国家经济贸易的影响尤为突出，因而其地位越发重要。

按照西方经济学家的观点，资本要素的国际流动主要基于各国资本要素的禀赋状况。即使在要素禀赋理论中不存在生产要素的国际流动，资本要素也通过商品贸易这种间接流动方式改变着各国的要素禀赋状况。如果国际资本要素是自由流动的，那么其流动的最直接原因就是各国资本要素的禀赋状况。这是因为，各国资本要素的丰缺状况不同，各国资本要素价格也存在差异，或者说是各国资本收益也存在差异，而各国资本追求高收益的结果必然引起资本要素的国际流动。另外，由资本密集型商品与非资本密集型商品的相对价格比率所表示的贸易条件的变动也是促使资本流动的因素。

西方经济学家更注重对资本要素国际流动的后果的分析。他们认为，资本要素的国际流动最直接的后果是世界总产值和各国产值的增加。此外，国际资本流动对相关国家内部各利益集团的影响是不同的。对资本流出国来说，一方面，资本利率的国际差别的缩小意味着国内资本利率提高，使资本所有者得益，使资本使用者受损；另一方面，由于资本的收入相对增加而使劳动的收益相对减少，因而不利于劳动要素所有者。对资本流入国来说，一方面，外国资本的流入降低了资本所有者的收益而相对增加了资本使用者的收益；另一方面，由于资本的收入相对减少而劳动的收入相对增加，劳动要素所有者得利。

（三） 要素流动与商品贸易的替代关系和互补关系

传统国际贸易理论表明，商品贸易可以替代要素流动，并使要素价格趋于均等。现代生产要素流动理论则试图说明相反的问题，即要素流动替代了国际贸易。经济学家认为，要素的流动直接改变了各国要素赋予状况，从而使各国相同要素的价格和成本差异缩小，两国各自的进口竞争产品的产出增加，而出口产品产出下降，贸易量萎缩。这就是所谓的"反贸易偏向"。由此我们还可以看出，要素流动规模越大、国际贸易动机越弱，国际贸易量越少。

蒙代尔(1957) 曾经详细地阐述了资本流动替代商品贸易的过程。他认为，两国生产函数相同，资本流动便替代了商品贸易；如果资本流动起因于贸易障碍，那么资本流动本身没有什么特殊好处，只是起着替代贸易的作用；资本流动替代贸易的结果是缩小了贸易规模，即有反贸易偏向。但是，要素流动和商品贸易之间的相互替代不可能是完全的，这主要是因为，无论是要素流动还是商品贸易，总是存在着种种障碍，要素价格或商品价格都不可能真正达到一致。因此，两者依然有共同存在的基础。

另一方面，要素流动和商品贸易之间还有相互补充、不可替代的关系。这种关系的存在也使要素流动和商品贸易不能完全互相取代，而必须是并存、相得益彰的。从资本流动来看，如果资本是借贷资本，那么资本输入国进口能力将增加，资本输出国也开辟了新的产品销售市场和原料供应市场，贸易量就会扩大；如果资本是生产资本，那么资本输入国因而会获得先进的生产函数和更大的生产能力，如果这些资本使用在出口部门，贸易就会随之增加，事实上生产资本流动本身就是一种贸易行为。从劳动力流动来看，劳动力的国际流动往往意味着劳动力的更有效配置，使世界边际劳动生产率提高，产出增加。如果这些部门是出口部门，那么贸易就会随之增加。

此外，小岛清(1977) 基于与蒙代尔的不同假设条件，并根据日本 20 世纪 60

年代末对外直接投资的情况，提出"边际产业扩张论"，认为国际直接投资与国际贸易可以是互补关系。小岛清认为，国际直接投资并不是将资本作为一般生产要素分配到东道国的行业中去，而是有两个鲜明的特点：

(1) 国际直接投资不单是资本的流动，而是包括资本、技术、经营知识的总体转移，其核心不是货币资本的流动，而是机器、设备等生产资料及技术、管理、营销等技能的转移，因而在理论模型中可以不考虑投资母国与东道国间相对为数不多的货币资本的增减与转移，而只需把直接投资视为包括销售问题的先进生产函数的转移、移植，这就意味着投资母国与东道国之间存在不同的生产函数；

(2) 国际直接投资是资本、技术、管理知识的综合体，由投资国的特定产业部门的特定企业向东道国的同一产业部门的特定企业的转移，而不是作为流动性很高的一般货币资本流入东道国。基于以上观点，小岛清提出，如果要使对外直接投资促进一国贸易的发展，该国的对外直接投资应该从本国已经处于或即将处于比较劣势的产业依次进行。"边际产业"具有双重含义，对于投资国来说，它位于投资国比较优势顺序的底部，而对于东道国来说，则位于比较优势顺序的顶端。

小岛清认为，美国的海外企业大多分布在制造业部门，从事海外投资的企业多处于美国具有比较优势的行业或部门，多是拥有先进技术的大型企业，因此美国对外直接投资是贸易替代型的，一些行业对外直接投资的增加会减少这些行业产品的出口。与美国相反，日本对外直接投资行业是在本国已经处于比较劣势而在东道国正在形成比较优势或具有潜在比较优势的行业，对外直接投资以中小企业为主，所转让的技术也多为适用技术，比较符合当地的生产要素结构及水平。所以日本对外直接投资的增加会带来国际贸易量的扩大，是贸易创造型的。20世纪70年代，日本的海外直接投资产业顺序是从资源密集型产业为主，向劳动密集型产业为主，再向重化工业为主的产业结构转变。这一投资顺序的演进符合小岛清的边际产业扩张论。

第二节　产品生命周期理论

产品生命周期理论最早是由美国经济学家弗农提出来的，后经威尔斯等人不断予以发展和完善。该理论建立在技术差距理论基础上，是对技术差距理论进一步的扩展。作为对比较优势理论的动态发展，产品生命周期理论对发展中国家的对外贸易具有现实意义。

产品生命周期理论的出发点主要有以下两点。

一是现实中各国技术是有差异的。H-O定理假设各国都使用相同的生产技术，但在实践中，各国通常使用不同的技术；而且，由于技术的差异，技术可以作为一种生产要素，成为一国在贸易中的比较优势。

二是技术本身具有随时变动并在各地流动的特点，这使它不同于一般的生产要素。以前所讨论的贸易理论都是静态分析的，一旦各个国家确定了其在贸易中的比较优势，在把各国劳动、资本、自然资源等要素看作不变的情况下，各国的比较优势就固定不变，根据比较优势所确定的贸易模式也就不会变动。但在实践中，常常有一种现象，即进出口国在一定时期后位置会发生互换，即贸易模式发生了变化，这是因为此时贸易是建立在各国随时间推移而变化的技术水平基础上的。

技术动态变化使拥有不同技术的国家在生产某种产品上随时间变化先后具有优势，因此，理论上需要对 H-O 定理进行动态扩展。

一、技术差距理论

技术差距理论(Theory of technological gap) 是产品生命周期理论的基础，是以科学发明、技术创新的推广过程来解释国际贸易的发生和发展，由美国经济学家波斯纳(1961) 首先提出。

工业化国家之间的工业品贸易，有很大一部分实际上是以技术差距的存在为基础进行的。技术差距理论是把技术作为独立于劳动和资本的第三种生产要素，探讨技术差距或技术变动对国际贸易的影响。由于技术变动包含了时间因素，因此技术差距理论被看成是对 H-O 定理的动态扩展。

技术实际上是一种生产要素，并且实际的科技水平一直在提高，但是各个国家的发展水平不一样。新产品总是在工业发达国家最早产生，然后进入世界市场。这时其他国家虽然想对新产品进行模仿，但由于同先进国家之间存在着技术差距，需要经过一段时间的努力才能实现，因而先进国家可以凭技术上的比较优势在一段时间内垄断这一产品的国际市场，在国际贸易中获得比较利益。但是随着新技术向国外转移，其他国家开始模仿生产并不断加以扩大，创新国的比较优势逐渐丧失，出口下降，以致可能从其他国家进口该产品。

技术差距理论通过引入模仿滞后(imitation lag) 的概念来解释国家之间发生贸易的可能性。在创新国(innovation country) 和模仿国(imitation country) 的两国模型中(见图 4-1) ，创新国在一种新产品成功推出后，在模仿国掌握该产品技术之前，具有技术领先优势，可以向模仿国出口该产品。随着专利权的转让、技术合作、对外投资或国际贸易的发展，创新国的领先技术流传到国外，模仿国开始利用自己的低劳动成本优势，自行生产这种商品并减少进口。创新国逐渐失去该产品的出口市场，因技术差距而产生的国际贸易量逐渐缩小。最终该技术被模仿国完全掌握，两国间技术差距消失，以技术差距为基础的贸易也随之消失。

这里有必要向大家解释一下模仿时滞及其相关概念。

需求时滞(demand lag)指创新国出现新产品后，其他国家消费者从没有产生需求到逐步认识到新产品的价值而开始进口的时间间隔。

模仿时滞(imitation lag)指从创新国制造出新产品到模仿国能完全仿制这种产品的时间间隔。模仿时滞后由反应时滞后和掌握时滞构成。

反应时滞(response lag)指从创新国生产到模仿国决定自行生产的时间间隔。

掌握时滞(mastery lag)指模仿国从开始生产到达到创新国的同一技术水平并停止进口的时间间隔。

图 4-1 中，横轴表示时间，纵轴上方表示创新国生产和出口数量，下方表示模仿国生产和出口数量。t_0 为创新国开始生产的时间，t_1 为模仿国开始进口的时间，t_2 为模仿国开始生产的时间，t_3 为模仿国开始出口的时间，$t_0 \sim t_1$ 为需求滞后，$t_0 \sim t_2$ 为反应滞后，$t_2 \sim t_3$ 为掌握滞后，$t_0 \sim t_3$ 为模仿滞后。

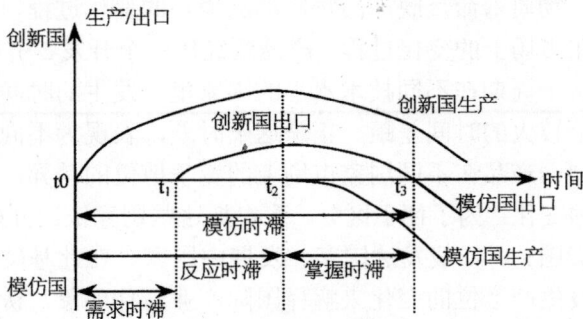

图 4-1　技术差距与模仿时滞

胡佛鲍尔(1966)用模仿时滞和市场规模来解释一个国家在合成材料出口市场的份额。胡佛鲍尔按照各国的模仿时滞对国家进行排序时发现，模仿时滞短的国家最先引进新合成材料技术开始生产，并向模仿时滞长的国家出口；随着技术的传播，模仿时滞长的国家也逐步开始生产这种合成材料，并逐步取代模仿时滞短的国家的出口地位。这些对技术差距理论的经验研究，支持了技术差距理论的观点，即技术是解释国家间贸易模式的最重要因素。

技术差距理论论述了技术差异如何作为贸易开展的基础，解释了贸易中存在的现象，但是，它本身也有缺点——它并不能确定技术差距的大小，也没有给出技术差距产生与随时间推移而消失的原因。

二、产品生命周期理论

产品生命周期(product life cycle) 本身是市场营销术语。第二次世界大战后，世界经济形势发生了深刻变化，世界贸易增长速度加快，竞争的多元化与激烈化促使工业发达国家为保持市场优势而着手于对新产品开发销售趋势和销售规律进行研究。1957 年，一名为美国全球顶尖咨询管理公司博思艾伦(Booz Allen Hamilton Co.) 工作的经理琼斯，通过对公司 300 多家客户资料的分析，提出大多数产品都具有生命周期现象，依产品进入市场后不同时期销售的变化，产品的生命周期可分为导入期、成长期、成熟期、饱和期和衰退期。

1966 年，美国哈佛大学教授弗农(R. Vernon) 在其《产品周期中的国际投资和国际贸易》一文中，以美国对外直接投资为研究对象，首次提出了产品生命周期理论(product life cycle theory) 。

弗农认为，产品生命周期指产品的市场寿命或经济寿命，即一种新产品从开始进入市场到被市场淘汰的全过程。产品的市场寿命是相对于产品的物质寿命或使用寿命而言的。物质寿命反映产品物质形态消耗的变化过程，市场寿命则反映产品的经济价值在市场上的变化过程。产品要经历一个开发、引进、成长、成熟、衰退的周期，而这个周期在不同技术水平的国家里，发生的时间和过程是不一样的，期间存在一个较大的时间差距。正是这一时差，表现为不同国家在技术上的差距，它反映了同一产品在不同国家市场上的竞争地位的差异，从而决定了国际贸易和国际投资的变化。为了便于区分，费农把这些国家依次分成创新国(一般为最发达国家，如美国) 、一般发达国家、发展中国家。在此基础上，弗农以产品生命周期中各阶段生产区位的变化来解释国际产业转移现象，认为美国企业对外投资活动与产品生命周期有关，企业的对外直接投资是企业在产品生命周期运动中，由于生产条件和竞争条件变动而做出的决策。弗农把产品生命周期分为产品创新阶段、产品成熟阶段、产品标准化阶段。每一阶段都有许多不同的特点，这些特点可以从技术特性、产品要素特性、产品成本特性、进出口特性、生产地特性和产品价格特性进行考察。

1. 产品创新阶段

产品创新阶段(the phase of introduction) 也称创始阶段或新产品阶段。这一阶段的特点是：从技术特性看，创新国企业发明并垄断着制造新产品的技术，但技术尚需改进，工艺流程尚未定型；从生产地特性看，由于新产品的设计和设计的改进要求靠近市场和供应者，因此新产品生产地确定在创新国；从产品要素特性看，这一阶段的产品设计尚需逐步改进，工艺流程尚未定型，需要科学家、工程师和其他技术高度熟练的工人的大量劳动，因此产品是技术密集型的；从成本特性看，由于这时没有竞争者，所以成本对于企业来说不是最重要的问题，成本差异对企业生产区位选择的影响不大；从产品的价格特性看，这一阶段，生产厂商数目很少，产品没有相近的替代品，因此产品价格比较高；从产品的进出口特性看，制造新产品的企业垄断着世界市场，国外的富有者和在创新国的外国人开始购买这种产品，出口量从涓涓细流开始。

2．产品成熟阶段

产品成熟阶段(the phase of maturation) 的特点是：从技术特性看，生产技术已经定型，且到达优势极限，由于出口增大，技术诀窍扩散到国外，仿制开始，创新国技术垄断的优势开始丧失；从生产地特性看，创新国从事新产品制造的公司开始在东道国设立子公司进行生产；从产品要素特性看，由于产品大致已定型，转入正常生产，这时只需扩大生产规模，使用半熟练劳动力即可，因此生产的产品由技术密集型转变为资本密集型；从价格特性看，由于这一阶段是产品销量增长时期，产品有了广泛的市场，参加竞争的厂商数量较多，消费需求的价格弹性加大，厂商只有降低价格才能扩大自己的销路；从产品成本特性看，随着出口增加及技术的扩散，其他发达国家也开始制造创新国企业制造的新产品，由于其他发达国家不需支付国际运费和缴纳关税，也不需要像创新国在创始阶段花费大量的科技发明费用，因而成本要比创新国的进口产品低；从进出口特性看，东道国的厂商在本国生产新产品的成本虽然能够和创新国进口货相竞争，但在第三国的市场上就不一定能和创新国企业的产品竞争，因为这些厂商和创新国企业一样要支付国际运费和关税，而在开始生产时，却无法获得创新国企业已获得的规模经济效益。因此，在成熟阶段，创新国虽然可能对东道国的出口有所下降，但对其他绝大多数市场的出口仍可继续，当然出口增长率要减慢。

3．产品标准化阶段

产品标准化阶段(the phase of standardization) 的特点是：从技术特性看，产品已完全标准化，不仅一般发达国家已掌握产品生产技术，就是一些发展中国家也开始掌握这种产品技术；从产品生产地的特性看，产品生产地已逐渐开始向一般发达国家，甚至发展中国家转移，范围在不断扩大；从产品要素特性看，由于劳动熟练程度已经不是重要因素(产品标准化造成的) ，因而产品更具有资本密集型的特点；从成本特性上看，由于其他国家的厂商产量不断增加，生产经验不断积累，加之工资水平也低，所以产品成本开始下降；从产品进出口特性看，其他国家的产品开始在一些第三国市场上和创新国产品竞争，并逐渐替代了创新国而占领了这些市场，当这些国家成本下降的程度抵补了向创新国出口所需的运费和关税外，还能与创新国的产品在创新国市场上竞争，而创新国对该产品开始从出口转变为进口。

三、制成品生命周期理论

在弗农的产品生命周期理论基础上，赫希(1967)、威尔斯(1968)等人进一步分析了制成品国际贸易流向，认为新产品的创新一般首先发生在美国。这是因为：美国较高的单位劳动力成本引起了对复杂技术设备的需求；美国较高的收入水平决定了其对新产品的需求强度大于其他国家；美国高水平的技术、强大的研发能力和丰裕的资本使其在新产品开发与生产上占据优势地位。如图4-2所示，美国首先推出新产品。这样，工业制成品贸易的周期性运动便开始了。

第一阶段，导入期。产品处于研发、试制、试销阶段。发明国美国的个别厂家垄断了新产品的专利和生产，生产技术尚不确定，产量较少，没有规模经济效益，成本很高，消费量也很少，且局限于美国国内，用于满足美国本土高收入阶层的特殊需求。此时新产品为知识和技术密集型产品。

第二阶段，成长期。经过一段时间以后，新产品的生产技术确定并趋于成熟，国内消费者普遍接受新产品。尽管新产品的生产技术仍为美国所垄断，但由于产品需求量加大，个别厂家的垄断被打破，美国国内开始出现竞争，生产规模随之扩大。此时，产品为技术和资本密集型。在这个阶段，美国生产全部的新产品，但随着收入水平相近的欧洲国家开始模仿消费新产品和美国国内供给能力的增强，美国开始向欧洲国家出口。由于新技术尚未扩散到国外，创新国美国仍然保持其比较优势，不但拥有国内市场，而且打开了国际市场。

第三阶段，成熟期。国际市场打开之后，经过一段时间的发展，生产技术已成熟，创新国美国的新产品产量达到最高点。随着美国生产技术的扩散，欧洲开始模仿生产新产品，生产技术差距在美国和欧洲国家之间逐步缩小，欧洲不断扩大新产品的自给能力，国际市场竞争加剧。美国开始对外直接投资，以增强竞争力，同时向发展中国家出口新产品。

第四阶段，标准化阶段。产品生产完全定型，此时研究与开发要素已不重要，产品变成资本密集型，经营管理水平和销售技巧成为比较优势的重要条件，一般的发达工业国都有比较优势。创新国美国在新产品生产中的技术优势完全丧失，成为产品的净进口国，欧洲国家则成为新产品的供给者和新的出口者，发展中国家的新产品需求市场开始为欧洲国家所控制。同时，发展中国家开始仿制新产品，在高成本状态下开始自给。

第五阶段，衰退期。此时由于更先进的替代产品出现，产品进入销售下降期。

由于产品的生产已经完全标准化，资本要素已不甚重要，低工资的非熟练劳动成为比较优势的重要条件，产品变成劳动密集型。因此，欧洲国家的竞争地位削弱了，有一定工业化基础的发展中国家则凭借资源和劳动力优势，不断降低成本，扩大生产规模，并逐渐成为产品的净出口者。到此为止，制成品贸易完成了一个周期。

事实上，在第二、第三阶段时，美国又开始其他新产品的创新和生产了。也就是说，一个新的周期早已开始了。因此，制成品贸易表现为一种周期性运动。

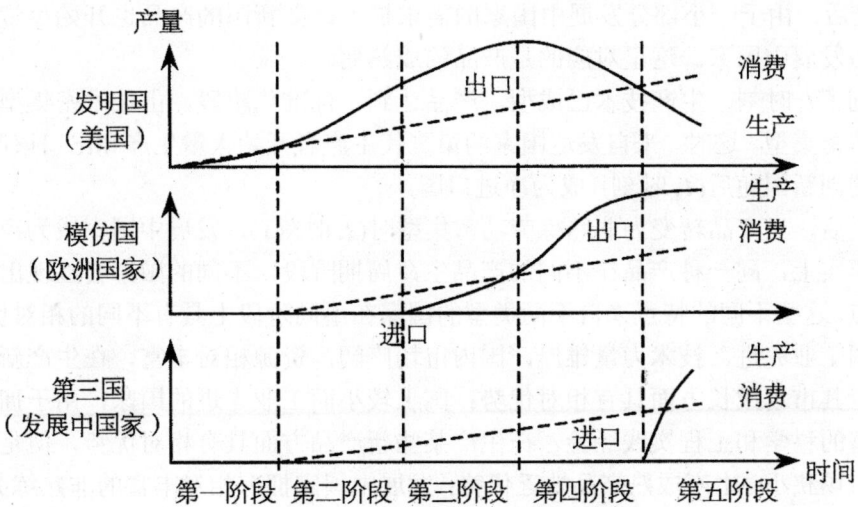

图 4-2 制成品国际贸易的五个阶段

制成品贸易周期与各国贸易地位演变我们还可以通过图 4-3 看出来。

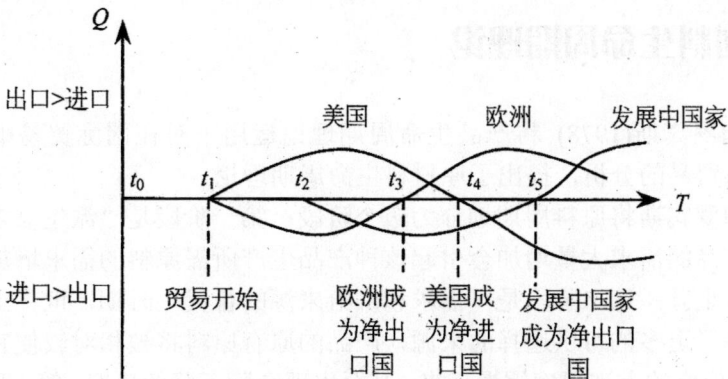

图 4-3 制成品贸易周期与各国贸易地位演变

在初始时刻 t_0，新产品刚刚由创新国(少数先进国家) 研制开发出来。在初始阶段，即导入期，由于产品的技术尚未成型，生产规模较小，消费仅局限于国内市场。

到了 t_1 时刻，即进入成长期，开始有来自创新国外的需求，于是创新国开始进行出口。由于产品的品质和价格较高，进口国主要是一些收入水平与创新国较接近的其他发达国家。随着时间的推移，进口国逐渐掌握了生产技术，能够在国内进行生产，并逐渐替代一部分进口品，于是进口开始下降。到了某一阶段(t_2 时刻) 之后，由于一小部分发展中国家的需求扩大，创新国的产品也开始少量出口到一些发展中国家。这里对应的是产品的成熟期。

到了 t_3 时刻，生产技术已成型，产品达到了标准化阶段，由技术密集型转化为资本密集型。这时，来自发达国家的第二代生产者开始大量生产和出口该产品，原来的创新国随后(t_4 时刻) 成为净进口国。

最后，当产品转变为非熟练劳动密集型时(t_5 时刻) ，发展中国家成为净出口国。事实上，同一种产品在不同的产品生命周期阶段，不同的国家会显现出不同的特点，这些不同的特点来自不同类型的国家在不同阶段上具有不同的相对优势。创新国工业先进，技术力量雄厚，国内市场广阔，资源相对丰富，在生产新产品和培育其市场成长方面具有相对优势；国土较小而工业先进的国家，由于拥有相对丰富的科学和工程实践经验，在生产某些新产品方面具有相对优势，但是由于国内市场狭小，生产成熟产品缺乏优势；发展中国家拥有相对丰富的非熟练劳动，弥补了相对缺乏的资本存量的不足，因此生产标准化产品具有相对优势。相对于今天各国来说，各自都有自身优势，只要适当运用其优势，就可以获得动态的贸易效益。

四、原材料生命周期理论

梅基和罗宾斯(1978) 将产品生命周期理论运用于对在国际贸易中占有重要地位的原料贸易的分析，提出了原材料生命周期理论。

梅基和罗宾斯将原料周期划分为三个阶段：第一阶段是"派生需求上涨"时期，某种产品的需求大量增加会引起该种产品生产所需原料的需求增加，原料价格将大幅度上升；第二阶段是"需求和供给来源的替代"时期，世界上天然原料的供给开辟了更多的可供选择的来源，产品的原有原料将被相对较便宜的替代品取代，原料价格的上涨幅度缓慢下来，甚至出现实际下降的情况；第三阶段是"人工合成和研究与开发"时期，研究与开发最终引致人工代用品的发展，或者出现节约使用原料的重要方法，原料进入生命末期。

从原料贸易的流向来看，它呈现出与工业制成品贸易流向正好相反的过程特征。在第一阶段，少数具有自然优势的发展中国家是世界原料的主要供给者，而发达国家则是主要进口者。在第二阶段，其他发展中国家加速开发原料生产，利用自己的劳动力优势逐渐取代原有的少数原料出口优势国家，成为国际市场原料的主要出口者。在第三阶段，发达国家的技术进步优势开始作用于原料，出现了合成原料，原料供应的优势从发展中国家转向了发达国家。这些发达国家还开始出口合成原料。

通过对原料贸易周期的分析，梅基还得出了以下一些重要结论。

第一，在原料贸易初期，发展中国家因为拥有对发达国家来说非常重要的原料而居主导地位，但在原料贸易末期，发达国家逐渐成为原料市场的控制者。

第二，技术突破既决定了在原料生命周期之初对天然原料需求的剧增，也决定了在其生命的晚期对天然原料需求的下降。

第三，全世界天然原料供给的最终耗竭并不意味着它的供应全部断绝。

第四，原料的贸易条件在原料周期的第一阶段随着需求的增加而改善，但在生命周期的后期，天然原料的贸易却随着人工合成原料和其他代用品的投产而下降。

第五，在处于导致原料贸易中断的非常时期，对原料的替代的研究和开发具有特别重要的意义。因此，技术进步是对天然原料贸易的一种替代。

近百年来，橡胶、锡、工业钻石等世界主要初级原料的国际贸易模式及其演变过程基本上验证了原材料生命周期理论的正确性。但是，梅基也认为原料贸易周期说不能一概而论，对不同原料应具体分析。

第三节　国家竞争优势理论

国家竞争优势理论是由美国哈佛大学商学院教授迈克尔·波特(Michel E. Porter) 于 1990 年在他的《国家竞争优势》一书中提出的。该理论在 H-O 理论与产品生命周期理论的基础上，试图赋予国家的作用以新的生命力，提出国家具有"竞争优势"的观点。该理论既是基于国家的理论，试图解释一国如何才能造就并保持可持续的相对优势，同时它也是基于公司的理论，从企业参与国际竞争这个微观角度来解释国际贸易现象，正好弥补了比较优势理论的不足。

第二次世界大战后，世界经济中出现的产业全球化和企业国际化的现象，导致一些人认为企业的国际竞争已不具有国家的意义，跨国企业已成为超越国家的组织。但波特并不认同这种观点，他认为：经济发展的事实是，几十年来在某些特定的产业或行业中，竞争优胜者一直集中在少数国家并保持至今；不能离开国家谈论产业竞争力的原因在于，竞争优势通过高度的当地化过程是可以创造出来并保持下去的，国民经济结构、价值观念、文化传统、制度安排、历史遗产等种种差别都对竞争力有深刻的影响；竞争全球化并没有改变产业母国的重要作用，国家仍然是支撑企业和产业进行国际竞争的基础。20 世纪 80 年代美国的一些传统支柱产业，如汽车制造业的竞争力被日本和西欧国家超过，一些新兴产业也受到这些国家的强有力竞争。如何提高国际竞争力是当时美国学术界、企业界和政府有关部门急需解决的一个问题。同时，经济全球化进程的加快使国际竞争日趋激烈，获取企业、产业乃至国家的竞争优势已成为一个现实的迫切需求。

波特的国家竞争优势理论内容十分丰富，既有国家获取整体竞争优势的因素分析，也有产业参与国际竞争的阶段分析，以及企业具有的创新机制分析。

一、 "钻石" 理论

波特认为，财富是由生产率支配的，或者取决于由每天的工作、每一美元的所投资本以及每一单位所投入的一国物质资源所创造的价值。生产率根植于一国和地区的竞争环境，而竞争环境则产生于某一框架，这一框架在结构上如同一枚由四个基本面构成的钻石，因而通常被称为"钻石"模型或"钻石"理论(见图 4-4)。"钻石"理论认为，生产要素、需求因素、相关和支持产业、国内竞争状态所构成的不同组合是一国在国际贸易中取得成功的关键决定因素。激烈的国内竞争对国际竞争的成功具有特别重要的意义，可助国家获取整体竞争优势。

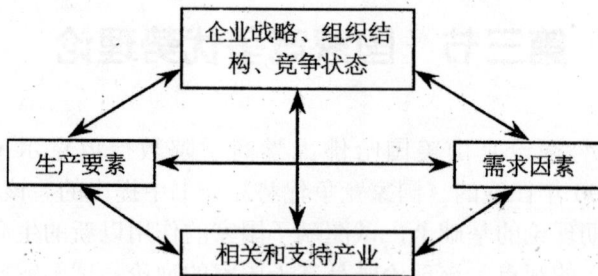

图 4-4　国家竞争优势的决定因素

（一）生产要素

波特把生产要素分为基本要素(basic factors) 和高级要素(advanced factors)

两类。基本要素包括自然资源、气候、地理位置、非熟练劳动力、资本等一国先天拥有或不需太大代价便能得到的要素；高级要素包括现代化电信网络、高科技人才、高精尖技术等需要通过长期投资和后天开发才能创造出来的要素。对于国家竞争优势的形成而言，后者更为重要。基本要素有优势的国家如果过于依赖基本要素，反而会使国家竞争力下降，真正能够提高竞争力的是经过创造、升级或专业化了的高级要素。在特定条件下，一国某些基本要素上的劣势反而可能刺激创新，使企业在可见的瓶颈、明显的威胁面前为提高自己的竞争地位而奋发努力，最终使国家在高级要素上更具竞争力，从而创造出动态竞争优势。例如，日本常常强调自己是"没有资源的狭窄岛国"，其创造的准时制生产技术却最有效地利用了昂贵的空间。但是，将要素劣势转化为优势需要具备一定的条件：一是要对要素劣势有所认知，这样才能想办法去改变这种劣势；二是要素劣势刺激创新要有一定限度，不可各方面都处于劣势，否则会被淘汰；三是企业必须要有创新所必要的技能和竞争压力，如果没有这种压力，企业就可能安于劣势，而不会将这种劣势变成激励创新的动力；四是企业要面对相对有利的市场需求、国家政策及相关产业环境。

（二）　需求因素

一般企业的投资、生产和市场营销首先是从本国需求来考虑的，企业从本国需求出发建立起来的生产方式、组织结构和营销策略是否有利于企业进行国际竞争，是企业是否具有国际竞争力的重要影响因素。

所谓有利于国际竞争的需求，取决于本国需求与别国需求的比较。

(1) 需求特征的比较，这包括以下几个方面：

1) 本国需求是否比别国需求更具有全球性；

2) 本国需求是否具有超前性，具有超前性的需求会使为之服务的企业能相应走在其他同行企业的前面；

3) 本国需求是否最挑剔，往往最挑剔的购买者会迫使当地企业在产品质量和服务方面具有较高的竞争力。

(2) 需求规模和需求拉动方式的比较。本国对某一产品的需求规模大有利于提高本国该产品的国际竞争力。而在需求拉动方式中，消费偏好是很重要的，一国国民普遍特殊的消费偏好容易激发企业的创新动力。

(3) 需求国际化的比较，一国的需求方式会随着本国人员在国际上的流动而传播到国外，反过来本国人员在异国接受的消费习惯也会被带回国并传播开来。

因此，一国对外开放程度越高，其产品就越容易适应国际竞争。

（三）相关和支持产业

对一国某一行业国际竞争力有重要影响的另一因素是该国该行业的上游产业及其相关行业的国际竞争力。相关和支持产业的水平之所以对某一行业的竞争优势有重要影响，其原因有：有可能发挥群体优势；可能产生对互补产品的需求拉动；可能构成有利的外在经济和信息环境。显然，是否具有发达而完善的相关产业，不仅关系到主导产业能否降低产品成本、提高产品质量，从而建立起自己的优势，更重要的是，它们与主导产业在地域范围上的邻近，将使企业互相间频繁而迅速地传递产品信息、交流创新思路成为可能，从而极大地促进企业的技术升级，形成良性互动的既竞争又合作的环境。

（四）企业战略、组织结构、竞争状态

良好的企业管理体制的选择不仅与企业的内部条件和所处产业的性质有关，也取决于企业面临的外部环境。因此，各种竞争优势能否被恰当地匹配在企业中，很大程度上取决于国家环境的影响。国家环境对人才流向、企业战略、企业组织结构形成的影响都决定了该行业是否具有竞争力。

波特强调，强大的本国竞争对手是企业竞争优势产生并得以长久保持的最强有力的刺激。正因为国内竞争对手的存在，会直接削弱企业相对于国外竞争对手所可能享有的一些优势，从而促使企业努力去苦练内功，争取更为持久、更为独特的优势地位；也正是因为国内激烈的竞争，迫使企业向外部扩张，力求达到国际水平，占领国际市场。

除了上述四个基本因素外，波特认为，一国所面临的机遇和政府所起的作用对国家整体竞争优势的形成也具有辅助作用。他主张，政府应当在经济发展中起催化和激发企业创造力的作用。政府政策和行为成功的要旨在于为企业创造一个宽松、公平的竞争环境。

二、"优势产业阶段"理论

任何国家在其发展过程中，产业的国际竞争都会表现出不同的形式和特点，因而产业国际竞争的过程会经历具有不同特征的发展阶段。波特的竞争优势理论特别重视各国生产力的动态变化，强调主观努力在赢得优势地位中所起的重要作用。他将一国优势产业参与国际竞争的过程分为四个依次递进的阶段。

（一）要素驱动阶段

要素驱动(factor-driven) 阶段的竞争优势主要取决于一国在生产要素上拥有的优势，即是否拥有廉价的劳动力和丰富的资源。这种表述与传统的比较优势理论的表述是一致的，表明比较优势蕴涵在竞争优势之中。在这一阶段，企业参与国际竞争的方式，只能依靠较低的价格取胜。所以，参与国际竞争的产业对世界经济周期和汇率十分敏感，因为这会直接影响产品的需求和相对价格。虽然拥有丰富的自然资源可以在一段时间内维持较高的人均收入，但要素推动的经济缺乏生产力持续增长的基础。

按波特的标准，几乎所有的发展中国家都处于这一阶段，某些资源特别丰富的发达国家，如加拿大、澳大利亚也处于这一阶段。

（二）投资驱动阶段

投资驱动(investment-driven) 阶段的竞争优势主要取决于资本要素，大量投资可更新生产设备，扩大生产规模，增强产品的竞争能力。在这一阶段，企业仍然在相对标准化的、价格敏感的市场中进行竞争。但随着就业的大量增加、工资及要素成本的大幅度提高，一些价格敏感的产业开始失去竞争优势。因此，政府能否制定并实施适当的政策是很重要的。政府可以引导稀缺的资本投入特定的产业，增强企业承担风险的能力，为企业提供短期保护以鼓励本国企业进入该产业，建设有效规模的公共设施，刺激和鼓励获取外国技术，以及鼓励出口等。

按波特的标准，只有少数发展中国家进入这一阶段。第二次世界大战后，日本和韩国成功地进入这一阶段。

（三）创新驱动阶段

创新驱动(innovation-driven) 阶段的竞争优势主要来源于产业中整个价值链的创新。在这一阶段，不是说不需要要素和投资，而是要利用知识、技术、企业组织制度和商业模式等创新要素对现有的资源、劳动力、资本等进行重新组合，以创新的知识和技术改造它们，对它们进行科学的管理，以此促进生产力水平的提升。生产力的创新驱动可以相对节省物质资源、环境资源之类的物质投入，但不能节省资金投入。创新驱动本身需要足够的投入来驱动创新，因此国家会特别注重并投资于高新技术产品的研究与开发，并把将科技成果转化为商品作为努力的目标。这一阶段，民族企业能在广泛领域成功地进行竞争，并实现不断的技术升级。一国进入创新驱动阶段的一个显著特点是高水平的服务业占据越来越高的国际地位，这是该国产业竞争优势不断增强的反映。高级服务业所需的人力资源及其他要素也发展起来，不仅服务的国内需求随着收入和生活水平的提高而大大增强，而且随着该国服务业进入国际市场，该国的国际竞争力也大大增强。另一方面，在该阶段，政府直接干预程度降低，并转为鼓励创造更多的高级要素，改善国内需求质量，刺激新产业的形成，以及保持国内竞争等。

按波特的标准，英国在 19 世纪上半叶就进入了创新驱动阶段，美国、德国、瑞典在 20 世纪上半叶也进入这一阶段，随后日本、意大利在 20 世纪 70 年代进入这一阶段。

（四） 财富驱动阶段

在财富驱动(wealth-driven) 阶段，产业的创新、竞争意识和竞争能力都会出现明显下降的现象，经济发展缺乏强有力的推动，企业开始失去国际竞争优势。企业更注重保持地位而不是进一步增强竞争力，产业投资的动机下降，投资者的目标从资本积累转变为资本保值，有实力的企业试图通过对政府施加影响，以达到保护企业的目的。长期的产业投资不足是财富驱动阶段的突出表现。进入财富驱动阶段的国家，一方面是"富裕的"，一些资金雄厚的企业和富人享受着成功产业和过去的投资所积累的成果；另一方面又是"衰落的"，许多企业受到各种困扰，失业和潜在失业严重，平均生活水平下降。这就提醒人们要居安思危，通过促进产业结构的进一步升级来提高价值链的增值水平，避免被淘汰的厄运。按波特的标准，英国已经进入这一阶段。

进入 21 世纪后，中国已处于投资驱动阶段。随着中国人口红利的消失，中国在劳动力等生产要素上拥有的比较优势已经减弱，投资驱动是拉动中国经济最为重要和最为直接的方式。2009 年固定资产投资对中国经济增长的贡献率接近90%，达到了最高峰。2013 年投资对中国经济增长的贡献率也达到了 50.4%。一方面，中国有大量投资主要集中于传统制造业、房地产、基础设施建设等领域，而只有少量投资投向自主创新、技术改造和升级，因此中国的产业结构升级缓慢，在产业链低端环节形成"生产过剩"的趋势。另一方面，中国的大量资本流向资本市场、房地产等领域，挤占了大量本该投向实体产业的社会财富，这种通过套利获取短期收益的行为助长了过度投机，使经济陷入"泡沫化"。这表明，我国仍未摆脱投资驱动阶段，想要进入创新驱动阶段却受到各种制约，甚至有可能落入"财富驱动"的陷阱。因此，为了提升我国的国际竞争力，政府应采取有效措施，鼓励创新，使我国经济尽快向创新驱动阶段过渡，改变我国产品附加值低、销售价格低、对国外相关产业冲击大、容易受到贸易制裁的现状。目前国内企业创新的动力不足，主要原因就是国内的知识产权保护不力，假冒、模仿产品盛行，创新产品的潜在收益难以实现。国家已经认识到这一点，正在采取相关措施，加大力度打击假冒伪劣以保护创新和知识产权，同时在税收等方面对创新企业给予大力支持。如果中国在企业层面形成大范围的创新文化和环境，中国的产业升级就能得到推动，从而使中国的高附加值产业也具有国际竞争优势。

三、创新机制理论

波特认为，在国际贸易中，出口成本低的国家、有大量顺差的国家以及在贸易总额中比重不断上升的国家，都不一定有很强的持久的竞争力。一个国家的竞争优势，是企业、行业的竞争优势，也是该国生产力发展水平上的优势，只有那些生产力发展占有优势的国家才会拥有真正强有力竞争力。因此，一国兴衰的根本在于是否能在国际市场竞争中取得优势地位，而国家竞争优势取得的关键又在于国家能否使主导产业具有优势，企业具有适宜的创新机制和充分的创新能力。创新机制可以从微观、中观和宏观三个层面来阐述。

（一）微观竞争机制

国家竞争优势的基础是其企业内部的活力。企业不思创新就无法提高生产效率，生产效率低下就无法建立优势产业，从而国家就难以树立整体竞争优势。企业活动的目标在于使其最终产品的价值增值，而增值要通过研究、开发、生产、销售、服务等诸多环节才能逐步实现。这种产品价值在各环节上首尾相贯的联系，就构成了产品的价值链。

价值链有三个含义：

(1) 企业各项活动之间都有密切联系，如原料供应的计划性、及时性和协调一致性与企业的生产制造有着密切联系；

(2) 每项活动都能给企业带来有形或无形的价值，例如服务这条价值链，如果密切注意顾客所需或做好售后服务，就可以提高企业信誉，从而带来无形价值；

(3) 不仅包括企业内部各链式活动，更重要的是，还包括企业外部活动，如与供应商之间的关系以及与顾客之间的联系。

（二）中观竞争机制

中观层次的分析由企业转向产业、区域等范畴。从产业上看，个别企业价值链的顺利增值，不仅取决于企业的内部要素，而且有赖于企业的前向、后向和旁侧关联产业的辅助与支持。从区域上看，各企业为寻求满意利润和长期发展，往往在制定区域战略时，把企业的研究开发部门设置在交通方便、信息灵通的大城市，而将生产部门转移到劳动力成本低廉的地区，利用价值链的空间差，达到降低生产成本、提高竞争力的目的。

（三） 宏观竞争机制

波特认为，一国的国内经济环境对企业开发其自身的竞争能力有很大影响，其中影响最大、最直接的因素就是生产要素、需求因素、相关和支持产业以及企业战略、组织结构、竞争状态。在一国的许多行业中，最有可能在国际竞争中取胜的是那些国内"四要素"环境对其特别有利的行业，因此"四要素"环境是产业国际竞争力的最重要来源，如前所述。

第四节　产业内贸易与新贸易理论

一、产业内贸易的概念

国际贸易从产品内容上看，大致可分为两种基本类型：产业间贸易(inter-industry trade) 和产业内贸易(intra-industry trade) 。

产业间贸易是指一国进口和出口属于不同产业部门生产的产品，如出口初级产品，进口制成品；出口自行车，进口计算机等。

产业内贸易也称部门内贸易，即一国既出口同时又进口某种相同类型产品。所谓相同类型的产品，是指按国际商品标准分类法统计时，至少前三位数都相同的产品，也就是至少属于同类、同章、同组的商品，既出现在一国的进口项目中，又出现在其出口项目中。比如日本向美国出口轿车，同时又从美国进口轿车；中国向韩国出口某种品牌的衬衣，同时又从韩国进口某种 T 恤衫。

二、产业内贸易的分类

（一） 水平型产业内贸易和垂直型产业内贸易

根据贸易是发生在不同生产阶段之间还是发生在同一生产过程的不同阶段之间，产业内贸易可以分为水平型产业内贸易和垂直型产业内贸易。水平型产业内贸易不包括中间产品的贸易，而垂直型产业内贸易包括中间产品的贸易。

（二）同质产品的产业内贸易和差异产品的产业内贸易

产业内贸易还可分为同质产品的产业内贸易和差异产品的产业内贸易两大类。

1. 同质产品的产业内贸易

同质产品(homogeneous products) 是指：产品可以完全相互替代；生产区位不同；制造时间不同。

同质产品的产业内贸易大体包括以下几种情况。

(1) 大宗原材料的国际贸易。例如水泥、黄沙和砖瓦等，这些产品的运输成本占整个产品成本的比重非常大，从而使这些产品的贸易半径比较小。产品的消费者会从最近的原料生产点来获得这些产品，而自然资源的可得性决定了这些产品生产的区位。因此会出现一个国家同时进口和出口这些产品的情况。例如中国在其边境贸易中，在北部边境向某邻国出口某一产品，在南部边境从另一邻国进口这一产品，而不必花费非常大的成本在国内将此产品从北部运到南部。于是便出现了同质产品的产业内贸易。

(2) 转口贸易和再出口贸易。一些国家和地区，例如中国香港和新加坡，进行着大量的转口贸易和再出口贸易。在这些贸易活动中，商品的基本形式没有发生变化，只是通过提供仓储、运输等服务来实现商品的增值，成为同质产品产业内贸易的一种形式。

(3) 产量的季节性差别导致的国际贸易。一国供给和需求的不一致及其自然灾害可能会引起一个国家进口一些其他时候出口的产品。如一个南半球的国家可能在它的农产品收获之前从北半球国家进口，而在收获之后向该北半球国家出口。

(4) 由于合作生产和特殊的技术条件，国家间进行一些完全同质的服务的国际贸易。如在金融全球化和服务贸易自由化中，金融部门经常同时"进口"与"出口"。

此外，还可能会由于政府干预造成国内价格扭曲，而作为以实现利润最大化为目标的企业便从事同时进口和出口同质产品的活动。

2. 差异产品的产业内贸易

差异产品(differentiated products) 又叫异质产品，是指产品间具有差别性特征。产品差别可具体表现在同类产品的质量性能差别，规格型号差别，使用材料差别，色彩及商标牌号差别，包装装潢差别，广告、售前、售后服务差别，企业形象与企业信誉差别等方面，如中国国产的红旗牌轿车与丰田、大众、沃尔沃、雷诺牌轿车是不完全一样的。差异产品又可分为垂直差异产品和水平差异产品。

垂直差异产品是指仅仅在质量上存在差异的产品。水平差异产品则指有着同样质量，但特征(characteristic) 或特质(feature) 不同的产品。比如，同为三星品牌的手机，卖价四五千元的 Galaxy S4 与只卖几百元的 S6102 即为垂直差异产品。同样质量的电视机，如在款式和外观色彩上有不同即为水平差异产品。实际上，差异产品往往既表现出垂直差异的特点，又表现出水平差异的性质。

(三) 通过外部市场的产业内贸易和通过内部市场的产业内贸易

根据贸易中不同的市场途径，产业内贸易可分为通过外部市场的产业内贸易和通过内部市场的产业内贸易。

通过外部市场的产业内贸易是通常意义上的产业内贸易。这种贸易是指在没有跨国公司直接投资的条件下，通过外部市场在各个独立的企业间进行的产业内贸易。这种形式的产业内贸易可分为两种情况。一种是南北贸易即发达国家和发展中国家之间的贸易。它反映了生产要素构成相异的产品间所进行的产业内贸易，往往表现为发展中国家生产和出口劳动密集型产品，而发达国家则是生产和出口技术、资本密集型产品。这类贸易占总体产业内贸易的比重为 30%～40%。另一种是在发达国家之间进行的贸易，反映的是生产要素禀赋程度相似，生产结构相应比较接近的产品间的产业内贸易。该类贸易占总体产业内贸易的比重为 60%～70%。此种产业内贸易主要是由于规模经济效应、产品的异质性以及发达国家在高水平收入条件下的消费需求偏好相似所造成的。

通过内部市场的产业内贸易是由于跨国公司的迅速发展，推动了产业内贸易在跨国公司内部展开，形成了公司内产业内贸易所导致的。跨国公司通过其内部市场进行产业内贸易有许多优势：①跨国公司的所有权优势使得其在系列产品和异质产品的生产和销售方面更具有垄断优势，这种垄断优势有利于形成更多的品牌，开发更多的新产品，最终导致要素构成相似的产品在公司内的产业内贸易大大增加；②跨国公司使外部市场内部化，相对外部市场的不确定性，稳定的公司内部市场更容易实现库存控制和交易成本的降低；③跨国公司通过公司内部产业内贸易可以实现垂直一体化的规模经济；④接受跨国公司投资的东道国在生产成本方面对跨国公司有区位优势的吸引力时，跨国公司就能更好地利用世界各个区位在生产要素方面的特定优势，按其全球经营战略安排最佳生产点，使要素构成相异的产品的产业内贸易和垂直一体化进一步发展。

内部市场的产业内贸易的特点有：①一般来说，跨国公司的母公司与子公司及子公司之间距离越近，公司内的产业内贸易量就越大，反之就越小；②公司内的产业内贸易商品主要是中间产品，即中间产品占了很大比重；③公司内的产业内贸易有的是为了规避和减轻关税、所得税等税负而进行的,跨国公司会为此在贸易过程中实行调拨价格或者叫作转移定价,这种价格可能远远低于也可能远远高于世界市场价格;④研发密集型产品通过内部市场的产业内贸易比重较高,一般占其贸易总额的 50%以上。

三、产业内贸易的测量

由于产业内贸易是同类产品的贸易,因此对同类产品的界定就显得十分重要。如果同类产品的"类"界定得较为宽泛,则产业内贸易规模较大,产业内贸易占总贸易的比重较高;相反,如果同类产品的"类"定义得较狭窄,则产业内贸易规模会变小,产业内贸易占总贸易的比重就相应较低。一般我们用产业内贸易指数(index of intra-industry trade) 来测量一国或地区一个产业的产业内贸易程度。

在计算产业内贸易指数时,同类产品是按联合国的国际贸易标准分类(SITC)的三位数来划分的,该标准将国际贸易中的商品分为 10 大类(section),大类以下分为 63 个部(division),部以下又分为 233 个组(group),组以下又分为 786 个小组(subgroup),小组以下又分为 1924 个项目(item)。三位数的划分即是在 SITC 中为同一"组"的产品就是同类产品。但也有人采用较为宽松的划分标准,即以同一"部"的产品作为同类产品。表 4-1 为国际贸易标准分类示例。

表 4-1 国际贸易标准分类示例

节	项目
8	各种制成品
	⋯
85	鞋类
851	鞋
	⋯
851.01	鞋底的外层和鞋帮是橡胶或者人造塑料材料的鞋
851.02	鞋底的外层和鞋帮是皮革或者复合皮革的鞋

从某一产业的角度分析,产业内贸易指数的计算公式为

$$A_i = 1 - \frac{|X_i - M_i|}{X_i + M_i} \quad (4-1)$$

式 4-1 中 X_i 指一国或地区 i 产品的出口额, M_i 指该国或地区 i 产品的进口

额。A_i 代表该国 i 产品的产业内贸易指数，A_i 在 0—1 变动：A_i 越接近 1，说明产业内贸易的程度越高；A_i 越接近 0，则意味着产业内贸易的程度越低。

从一个国家的角度来看，产业内贸易指数由该国各种产品的产业内贸易指数加权求得，表示一国产业内贸易在对外贸易总额中的比重。其计算公式为

$$A_i = 1 - \frac{\sum_{i=1}^{n} |X_i - M_i|}{\sum_{i=1}^{n} X_i + \sum_{i=1}^{n} M_i} \quad (4\text{-}2)$$

式 4-2 中 A 表示某国所有产品综合产业内贸易指数，n 表示该国产品的种类，其他字符的含义与式 4-1 相同。

有人运用产业内贸易指数对发达工业国的产业内贸易指数进行了测算，发现自 20 世纪 50 年代以来，所有发达国家的产业内贸易指数不断上升，特别是 20 世纪 60 年代以后，这些国家一半以上的贸易量都来自产业内贸易。在现实生活中，比较优势和规模经济、产品差异并存，因而世界各国之间也是产业间贸易和产业内贸易并存，一种贸易模式不可能完全取代另一种。世界上没有两个要素禀赋完全一致的国家，所以比较优势还是在不同程度上起作用，但随着全球经济一体化以及人们对于产品特性的要求越来越高，产业内贸易也越来越重要。

四、产业内贸易理论模型

（一）垂直差异产品的产业内贸易

产业内贸易现象的出现，对传统的国际贸易理论，尤其是要素禀赋理论即 H-O 模型提出了挑战。但是，通过对 H-O 模型的假定做些调整，将产品特性或差异与劳动和资本等要素的不同组合之间建立一种联系，就能使 H-O 模型具有更广泛的解释力。这成为对垂直差异产品的产业内贸易的一种理论解释。为区别于前述的 H-O 模型，我们将其称为新 H-O 模型。

新 H-O 模型是以尽可能符合 H-O 理论的假设来解释产业内贸易，最早是由法尔维(1981) 就垂直差异产品的产业内贸易进行研究而提出相关观点，后来进一步体现在法尔维和基尔茨考斯基(1987) 提出的模型中。

法尔维(1981) 认为，如果许多不同厂商生产质量不同的产品品种，即这些产品间存在着垂直差异，且这些产品品种都没有规模效应，那么垂直型产业内贸易就可能发生。垂直型产业内贸易与经典的以要素禀赋为基础的产业间贸易有相似

之处，资本相对充裕的国家出口质量高的产品，劳动力相对充裕的国家出口质量低的产品。

法尔维和基尔茨考斯基(1987) 认为，即使不存在不完全竞争和收益递增，垂直型产业内贸易也会存在。在供给方面，假设有两个国家 x 和 Y，国家 x 劳动力丰裕而国家 Y 资本丰裕，每一个国家只有两个产业部门 A 和 B，其中 A 部门生产一个同质性产品，B 部门生产同种商品中不同质量的产品，即 B 部门内的产品间存在垂直差异。每个部门都雇佣劳动力。资本的使用随着 B 部门产品质量的不同而有所不同，高质量的产品体现了相对较高的资本劳动比率。技术(劳动生产率)在两国之间的差距使得它们之间的贸易不会引致各国工资均等化，资本的租金也不会相等。因此，工资相对较低的国家 x 在生产低质量产品上有比较优势，工资相对较高的国家 Y 在生产高质量产品上有比较优势(在国家 Y，资本的价格相对较低) 。在需求方面，假设两国消费者有相同的偏好，在相对价格一定的情况下，对不同质量产品的需求视消费者的收入而定：收入越高就越倾向于消费更高质量的产品。由于分配不均，每一个国家都既有低收入的消费者，也有高收入的消费者，所以，每个国家对 B 部门两种不同质量的产品有需求。那么，在典型的、没有运输成本的自由贸易条件下，必定存在 B 部门内的国际贸易，国家 Y 出口质量较高的产品品种到国家 x，并从国家 x 进口质量较低的产品品种，即出现了同一产业内部垂直差异产品间的国际贸易。

(二) 水平差异产品的产业内贸易

1978 年，克鲁格曼(Krugman) 在其博士论文中首次将迪克西特和斯蒂格利茨共同提出的将水平差异产品和内部规模经济考虑在内的垄断竞争模型推广到开放条件下，从理论上证明了规模经济和产品的水平差异是国际贸易中产业内贸易的原因。由于该模型是在张伯伦垄断竞争理论基础上创立的，所以被称为垄断竞争贸易模型，又称新张伯伦模型。

张伯伦认为，垄断与竞争力量的混合来源于产品的差别性。只要有任何一种明显的标准使一个销售者的产品或劳务能与其他销售者的区别开来，这类产品就是有差别的。只要有差别存在，不管这种差别是多么小，购买者与销售者之间的交易就不是随机的，而是凭他们的喜好而有所选择。

差别可以是具体的，也可能是想象中的。具体的差别来源于产品本身物质的或法律上的特点，还来源于进行销售的不同条件。前者包括产品的品质、设计、颜色、式样、包装等特点，还包括专利、商标和商店名称；后者包括，例如在零售交易中，销售者的地点、工作效率、经营方式、公平交易的信誉、店员对顾客的态度等。后者即销售条件还包括信贷条件、交货的及时性和可靠性等。张伯伦认为，在购买者看来，以上各种情况下的产品都或多或少地有些不同。

张伯伦认为，产品差别是造成垄断的一个决定性的因素，有差别则垄断发生，差别程度越大，垄断程度也越大。一种产品具有差别，就可以说企业对他自身的产品拥有绝对的垄断，但是却要或多或少地遭受不完全替代品的竞争。这样，每个企业都是垄断者，同时也是竞争者，因此张伯伦称他们是"垄断的竞争者"，即每个企业都有一定的垄断权，内部规模收益递增，同时生产差别化产品(产品间可以替代但不完全替代) 的各个企业之间争夺市场，竞争的结果是垄断利润消失，各个企业仅获得正常利润。

克鲁格曼的新张伯伦模型运作机制如下：假设两个国家(本国和外国) ，两个产业(制造业和农业) ，本国在制造业上具有比较优势，外国在农业上具有比较优势。在完全竞争的市场结构下，本国出口制成品，进口农产品；外国出口农产品.进口制成品，两国间的贸易模式为产业间贸易，产业内贸易不会发生。现把垄断竞争引入制造业，但仍保持农业的完全竞争市场结构，即本国仍是农产品的进口国。由于规模经济的存在，制造业内的所有厂商都要尽可能扩大规模，以达到本产业所允许的最大规模，否则厂商会被淘汰。因而厂商只能选择生产一种或几种风格或式样的产品。同理，任何一个国家也无法生产所有种类的产品。所以国内外厂商同时生产产品，只是两个国家的产品在花色、特性上有差别。从需求上看，在产品基本功能相同的前提下，消费者倾向于多样化的选择。当本国产品无法满足消费者多样化要求时，就需要从国外进口产品，从而在制造业内部出现了贸易，即产业内贸易。在产业内贸易的情况下，虽然消费者消费制成品的总数量与原来完全竞争市场结构下的情况相等，但由于制成品品种的增加，消费者得到的总效用仍然增加了。因此，对于进行贸易的两个国家来讲，由于开展了制造业内产品不同品种间的国际贸易，在生产没有受到损失的条件下(一国的厂商数目和实际工资都没有变化) ，双方都从中受益了。

总体来讲，新张伯伦模型揭示了在存在内部规模经济和产品水平差异的条件下，即使在两个生产相同产品的国家之间也能开展国际贸易——产业内贸易，并且这种贸易会提高两个国家总体福利水平。

（三） 同质产品的产业内贸易——相互倾销模型

为解释标准化产品即同质产品的产业内贸易现象，布兰德和克鲁格曼(1983)构造了一个"相互倾销模型"。该模型认为，寡头垄断厂商为实现企业利润最大化，将增加的产量以低于本国市场的价格销往国外。从表面上看，在国外市场上产品的销售价格是降低了，但是从全部产品所获利润最大化的角度来看，如果这种销售不影响该产品在本国的售价，那么厂商所获得的总利润水平就能提高。同理，其他国家的厂商也会采取同样的策略，将增加的产量销往对方国家市场。具体来说，寡头垄断厂商如果扩大产量，且在国内市场销售，就会造成产品价格的下降，从而引起厂商利润的下降。但如果寡头垄断厂商将扩大生产的产品销售到国外市场，在市场分割的情况下，即使产品在国外市场的售价低于在国内的售价，国内市场的利润也不会下降。由此，寡头垄断厂商在国际贸易中既获得了规模经济带来的利益，又享受了超额利润。这样，在不完全竞争市场结构中，拥有垄断厂商的国家之间即使在产品技术等各方面没有差异，也会产生产业内贸易。

由此可以看出，在相互倾销模型中，各国开展对外贸易的原因只在于垄断或寡头垄断企业的市场销售战略。国际贸易的结构既不受要素禀赋、产品成本差别的限制，也不受生产者和消费者对差异产品追求的限制。同时，相互倾销基础上国际贸易的利益来自于各国企业通过倾销所获得的垄断利润和在本国市场上销售价格保持不变情况下所获得的垄断利润的和。为说明这一点，我们假设：A 国的垄断厂商甲生产和销售汽车 10 万辆，单价为 2 万美元，如果其增加了生产量 1 000 辆，并在国内市场销售，则为使市场吸纳增加的供应量，企业必须将产品的市场价格降低。这是因为寡头垄断企业面临的是一条向下倾斜的需求曲线。假如降价 200 美元，即每辆车售价 J.98 万美元。在此情况下，该企业因增加生产和销售 1 000 辆汽车额外获得 1 980 万美元。但是，当企业降低其商品售价时，不仅要降低新增产品的价格，还要将原有 10 万辆汽车的价格降低到与新增产品价格相同的水平，即从 2 万美元降至 1.98 万美元，10 万辆汽车因降价减少收入 2 000 万美元。结果是企业增加生产后，其总收入还减少了 20 万美元。这显然是有悖于企业增加生产和销售的初衷。对此，企业的决策是将产品以低于本国市场的价格倾销到国外，而国内市场产品售价不变。此时即使该汽车在国外市场上的售价相对较低，也不致引起企业整体销售收入和利润的大幅下降。

总体来说，相互倾销模型认为：即使各国生产的商品之间不存在任何差异，垄断或寡头垄断企业仍然可以开展各国之间的贸易；现代国际贸易的原因之一是不完全竞争企业的市场战略，在这种市场战略下，贸易的结构仅仅是由于各国企业对利润最大限度的追求；贸易是扩大竞争的一种方式，不完全竞争的企业可以通过贸易向别国的国内市场倾销以扩大销售，即使存在运输成本，也会存在双向贸易，并由两国间需求弹性的预期差异决定贸易量。

五、新贸易理论

新贸易理论是指 20 世纪 80 年代初以来，以克鲁格曼为代表的一批经济学家提出的一系列关于国际贸易的原因、国际分工的决定因素、贸易保护主义的效果以及最优贸易政策的思想和观点。

(一) 新贸易理论的产生

古典和新古典贸易理论(统称为传统贸易理论) 认为，国家间技术、要素禀赋或需求的差异是国际贸易产生的动因，都假设了市场完全竞争、同类产品同质和规模报酬不变。在这些前提下，贸易应该在有一定技术差异或要素禀赋差异的国家之间发生，即发达国家和发展中国家之间进行，这与20世纪上半叶之前的国际贸易模式及格局是相一致的。

第二次世界大战后，随着科学技术的进步和生产力的不断发展，以及国际政治经济形势的相对稳定，国际贸易的规模越来越大，国际贸易的流动特征发生了很大改变：经济发展水平相似的发达国家之间的贸易比重大大提高，占世界贸易总额的比重高达70%以上；同类产品之间的贸易量迅速增加，产业内贸易成为国际贸易的主要形式。显然，传统贸易理论在对这一现象的解释上显得苍白无力。

在新产业组织理论发展的促进下，20世纪70年代末到80年代，以克鲁格曼为代表的学者们，通过将偏好、规模经济、不完全竞争、技术变化和厂商博弈等概念引入贸易理论，论证了即使在缺少偏好、技术和资源禀赋差异的情况下，规模经济也可以引导国家开展专业化分工和贸易，彻底改变了国际贸易理论的面貌。这些理论模型虽然因不同的假设前提而有差异，但都会考虑两个重要方面：①基于产品差异性的需求设定；②与规模报酬递增相联系的非完全竞争因素。前面用来解释产业内贸易的新张伯伦模型和相互倾销模型就是其中的例子。我们把这些理论模型统称为"新贸易理论(new trade theory) "。

在这些理论模型中，影响力最大的是克鲁格曼1978年提出的新张伯伦模型。该模型对近30年来国际贸易理论的发展有着深远影响。

(二) 新贸易理论的发展

克鲁格曼1980年在其《规模经济、产品差异化与贸易模式》一文中对新张伯伦模型进行了修正和简化，使模型具有了更强的可扩展性。经过修正的新张伯伦模型开始允许两国的规模不对称，并引入运输成本，在此基础上推出了著名的"本国市场效应"：两个国家进行贸易时，规模大的国家将会生产更多数量的产品而且会成为该差异化产品的净出口国。该想法来源于区位理论中一个普遍观点：由于规模报酬递增和运输成本的存在，生产活动倾向于在大市场附近聚集。原因很简单，一方面，通过生产的聚集，厂商可以实现规模经济；另一方面，通过聚集在大市场附近，可以最小化运输成本。当引入国际贸易时，对某种差异化产品拥有相对较大市场需求的国家，将实现该产品的大规模生产，获得规模经济收益，降低成本，进而成为该产品的净出口国。对于别的国家或地区而言，最划算的做法是从生产聚集的该国进口价格低廉的产品来满足相对较小的需求。

"本国市场效应"能够帮助我们深入认识内需与外需、国内市场和国外市场之间的辩证关系。在此之前有一种看法，认为扩大内需对企业来说就必然意味着减少出口。然而，在规模经济存在的情况下，内需与外需并不一定是相互替代的关系，反而可能是相互促进的。对于存在规模经济的产业，内需大的国家往往可以在出口贸易中更具优势，成为该产业的净出口国，庞大的国内市场可能成为国际贸易优势的来源。

总体来说，"本国市场效应"从需求角度解释了为什么一国在某种产品的生产上具有优势，为国际贸易模式、贸易结构的研究提供了一个新视角，这一结论引起了国际贸易学界至今不衰的研究兴趣，成为国际贸易前沿理论新经济地理学的理论基石之一。

新贸易理论是一场对传统贸易理论的革命，但它并非完全是否定及替代传统贸易理论。克鲁格曼(1981)在其文章《产业内分工与从贸易中获利》中试图综合这两种理论，提出一个超越分歧的综合性框架。克鲁格曼分析了要素禀赋相似程度与贸易类型之间的关系，指出国家之间禀赋越相似，两国间的贸易就越具有产业内贸易的特征，相反则产业间贸易模式将占主导地位。这表明新贸易理论与新古典贸易理论之间并不是对立的，而是互补的。

克鲁格曼与赫尔普曼1985年合著了《市场结构与对外贸易》一书。该书几乎涵盖了新贸易理论的所有分支，从外部规模经济到内部规模经济，从垄断竞争到寡头垄断、从非贸易品到中间品，从国家间贸易到跨国公司内部贸易，为分析规模报酬递增和不完全竞争市场结构下的贸易产生的原因、贸易模式以及贸易福利效应提供了一个完整而清晰的框架，可以说是重写了20世纪的贸易理论，从而使新贸易理论的地位从新的次级领域提升为核心的一部分。

（三）新贸易理论的贡献和缺陷

1．新贸易理论的贡献

新贸易理论最大的贡献是提高了贸易理论解释现实的能力，克服了传统贸易理论所遇到的困境。最明显的就是新贸易理论能够解释产业内的国际分工，很好地吻合了现实中的贸易模式。同时，新贸易理论也说明了许多新兴产业和贸易模式的形成似乎更是一种偶然的机遇。由于工业品的多样性，任何一国都不能囊括一个行业所有产品的生产，从而使国际贸易成为必然。但是具体哪国生产哪种产品，则没有固定模式。不同国家在分工中拥有哪些优势产业，往往取决于分工发生前初始条件的细微差别，而且分工模式一旦形成，优势产业就会由于路径依存而在相当长时间内得以延续。克鲁格曼模型虽然简单，但其中已经蕴含着混沌理论中的蝴蝶效应思想。克鲁格曼的新贸易理论之所以具有强大的生命力，还在于他为其后的贸易理论发展提供了一个可扩展的分析框架，如第五章中要给大家介绍的新新贸易理论就是在新贸易理论的基础上发展起来的。

新贸易理论对重新思考经济增长也有很大的启发作用。在传统贸易理论中，比较优势的变化往往是外生的。例如，H-O理论体系中的雷布津斯基效应，可以解释要素存量增加导致的经济增长对产业结构和贸易模式的影响。但是反过来贸易对经济增长的影响，传统贸易理论则少有解释力。越来越多的人认为，规模经济应该是解释贸易与增长之间关系的重要因素。埃西尔(1982)运用迪克西特和斯蒂格利茨垄断竞争模型讨论了规模经济与中间品种增加之间的两难冲突。该模型直接促成了后来罗默(1990)以及格罗斯曼和赫尔普曼(1989，1990)发展出内生增长理论。内生增长理论在垄断竞争框架之下，用差异化的中间投入品代替了新贸易理论中的差异化最终品。与新贸易理论中最终品的种类增多会导致更高的消费效用非常类似，差异化投入品种类的增多会导致产出的增加，促进经济的增长。遵循新贸易理论的分析范式，开放贸易后，当所有产品之间包括中间投入品都存在自由贸易，而且知识在国际自由流动时，贸易会提高增长率并使所有国家获利。所以，从新贸易理论角度看，贸易可以通过差异化中间投入品的增加影响一个国家的产品创新，从而导致经济增长，当然条件是知识在国际存在溢出效应；而发达国家的"夕阳"工业在发展中国家低生产成本的贸易竞争中衰落是一种必然现象，因而发达国家需要不断开发新产品，而发展中国家的选择在于引进外资，加速技术进步，以提高资源利用效率和改善贸易条件，以及保持国际资本的自由流动，以利于知识技术的国际传递。格罗斯曼和赫尔普曼(1991)对内生增长理论在国际贸易中的应用进行过极其深入的研究。内生增长理论和克鲁格曼垄断竞争贸易理论在技术手段上一脉相承，而格罗斯曼和赫尔普曼(1991)的贸易与内生增长理论则可以被视为动态化的克鲁格曼贸易理论。

此外，在新贸易理论的基础上，经济学家们以规模经济和不完全竞争为前提，以产业组织理论和市场结构理论为研究工具，提出了战略性贸易政策理论。对于该理论我们将在第六章中给大家进行详细的讲解。

2. 新贸易理论的缺陷

当然，以克鲁格曼为首的新贸易理论也存在一些缺点，其中最突出的就是理论中所有的企业都是一样的，没有考虑企业的异质性，对贸易开展之后企业之间的"竞争淘汰效应"和"规模变化效应"缺乏很好的解释，所以没有办法解释为什么有的企业规模会扩大，有的企业会被淘汰，也没有办法去解释贸易开放后由于企业优胜劣汰导致生产率提高的好处。而这些缺点正好促进了当前新新贸易理论在克鲁格曼理论基础上的进一步发展。

另外，新贸易理论不能说明国内贸易向国际贸易转变的内在机制，即既然国际贸易有这么大的好处，为什么要从国内贸易开始呢？新贸易理论提出了"贸易障碍"来解释这种现象，但是模型中没有代表这些障碍的具体变量或参数，所以消费者和生产者永远在一个统一的市场中交易，相互隔离的市场永远不会在均衡中出现，市场一体化和全球化是外生给定的，这种缺陷也使得后来杨小凯等人创立了以超边际分析为基础的内生化

第五节 国际贸易前沿理论研究

一、新经济地理学贸易理论

（一） 新经济地理学主要理论基础

20 世纪 80 年代，随着信息技术的不断进步，经济全球化和区域一体化迅速发展，企业跨越空间的能力大大加强，各国间和一国内部各区域间相互竞争、相互依存的关系也更加明显。因此，20 世纪 90 年代初，以克鲁格曼为代表的经济学家们整合了经济学界在国际贸易和地理经济学有关方面的研究成果，提出了新经济地理学理论(theory of new economic geography)，开始打破传统国际经济学中的国家界限，从区位的角度讨论规模收益递增、外部性、比较优势等对产业区位分布的影响，并从全球化的视角来分析经济主体的空间决策行为，要素资源在空间的流动，以及由此产生的经济集聚现象。新经济地理学的理论基础有以下三种。

1. 区位理论

1826 年冯·杜伦在其名著《孤立国》中提出了著名的圈层布局论，奠定了区位理论的基础。在继承和发展冯,杜伦理论的基础上，德国地理学家克里斯泰勒于 1933 年在其《德国南部的中心地》一书中提出了"中心地理论"，德国经济学家勒施也于 1940 年出版了《经济的空间秩序》，提出了"市场区位理论"，将空间均衡的思想引入区位分析，研究了市场规模和市场需求结构对区位选择和产业配置的影响。

但是对新经济地理影响最大的还是哈里斯和普雷德在区位理论方面的贡献。

哈里斯(1954) 提出了市场潜力模型，用以表述一个地区作为生产地，其区位选择依赖于对市场的通达程度。哈里斯采用市场潜力指数度量市场通达程度，公式表述为 $M_j = \sum Y_K g(\mathrm{D}_{jk})$，其中，$M_j$ 为 j 地的市场潜力，Y_K 为各个地区的收入，$g(\mathrm{D}_{jk})$ 为距离的减的数，D_{jk} 是 j 地与 k 地之间的距离。在哈里斯的市场潜力模型中，市场潜力与各地市场购买力即市场规模呈正比，与该地到市场的距离呈反比。哈里斯对美国的实证研究表明，制造商会选择接近市场的地方建立工厂。为了说明这个问题，他利用"市场潜力指数"测量美国各县接近市场的程度，该指数实际上是与各县附近市场购买力的加权平均，其权重取决于该地区与市场的距离并与距离成反比。结果表明，美国工业集中地区都具有较高的市场潜力，而且生产的集聚能够自我加强，厂商选择离市场较近的地区进行生产，但同时接近市场的地区也是其他厂商会选择的地区。普雷德(1966) 则关注于地区经济增长的动态变化，其采用了"基础乘数"分析法，认为收入中用于当地支出的份额并不是固定不变的，而是取决于当地市场的规模，那么随着该地区的经济增长，市场会大到足以支撑一个高效的规模企业，从而使得本地提供更大范围的商品和服务变得有利可图，如此反复，便会启动区域经济增长的积累过程。

2. 规模经济和外部性

新经济地理学和传统的经济地理学最大的不同之处就在于规模经济的引入。因此，要理解新经济地理学，就要从规模经济和外部性开始，其中影响最深的当然要数马歇尔模型。马歇尔模型将规模经济看做是外部的，是由劳动的专业化分工引起的。马歇尔认为，厂商之所以集中有三种不同的原因：首先，厂商的集中形成了劳动市场的集中和共享；其次，产业的集中能够降低投入品的获得成本；最后，集中还会带来技术的外溢。

3. 新贸易理论

在第四章中，我们提到了克鲁格曼在发展新贸易理论时引入了运输成本的概念，并导出了"本国市场效应"。这种分析很自然地将区位地理因素纳入贸易理论的讨论中来，而规模经济与运输成本之间的权衡就成为新经济地理学的关键。

（二）新经济地理学的基本理论

克鲁格曼(1991) 第一次试图用经济学的模型来解释哈里斯和普雷德的观点，建立了一个最简单的两地区模型，即中心—外围(core-periphery) 模型，简称 CP 模型。

CP 模型假设：只存在两个行业——农业和制造业，农业是规模报酬不变的，制造业规模报酬递增；农产品没有贸易成本，而制造品的贸易存在运输成本。为了简化模型，克鲁格曼将生产要素分为专门从事农业生产的农民和专门从事制造业生产的工人，并且限制农民不能在两个地区之间自由流动，工人则是可以自由流动的要素。

在均衡的形成过程中，要受到"向心力"和"离心力"的影响。"向心力"是指使得制造业集中于一个地区的作用力，其作用与外部规模经济相似。向心力主要来自于规模经济、运输成本和要素的流动性三个方面的互相作用。简单地说，规模经济和运输成本的存在使得厂商总是想聚集在靠近市场和供应商的地方进行生产，但靠近市场和供应商的地方同时也是别的厂商选择的地方，厂商的集中带来工人的集中，而工人的消费则造就更大的市场。这样一个不断循环的过程就造就了经济中的"聚集"现象。"离心力"则是指那些阻止厂商聚集在一起的力量，例如农业生产受地理限制。

当运输成本较高时，很少有区域间贸易，工人的收入主要取决于当地的竞争，随着工人人数的增加，收入减少。此时的均衡就是制造业人口均匀分布于两个地区。当运输成本较低时，一个典型的厂商会在两个地区都销售其产品；但是如果厂商位于人口较多的地区，就会更加接近市场，因此也能提供更高的工资；反过来，工人由于接近市场，其获得的较高工资能够转化成较高的购买力。因此，在低运输成本情况下，实际工资会随着人口的增加而增加。此时，生产集中于两个地区的任何一个都是均衡的，因为工人不会有离开的动机。除此以外，人口在两个地区均匀分布也是一种均衡。因此，运输成本较低时存在三个可能的均衡。当运输成本中等时，离心力和向心力旗鼓相当；如果两个地区的差异较大，向心力占优势；而当两个地区条件相似时，离心力占优势。因此，在运输成本中等条件下，存在 5 种可能的均衡状态。

是否所有的均衡都能稳定存在？答案是否定的。当经济中具有很高的运输成本时，均衡只有一个——制造业在两个地区间平均分布；若运输成本逐渐降低，经济会达到一种临界状态，这时对称分布的均衡不再稳定。只要某个地区的制造业少许增长就会导致几乎全部制造业集中于该地区，最后该区成为了制造业的"中心"。经济的这种自发调节过程，可能只依赖于一件十分偶然的历史事件，但历史并不是全部起作用的因素，在一定程度上，人们的预期也会影响经济的走向。克鲁格曼对历史与预期给均衡带来的影响进行了分析。他指出，历史与预期究竟哪个起决定性作用，取决于三个参数：贴现率、外部经济的影响力大小和调整速度，如果贴现率很大、外部经济作用小或者调整速度很慢，历史会起决定性作用。

克鲁格曼进一步提出，导致产业集聚的因素有两种。一种是自然地理因素。

人们为了节约成本，将经济活动安排在自然资源丰富的地区或便于运输的河流、港口、海岸和边境附近。该原因可以解释一些与自然资源密切相关行业的集聚，却无法解释其他许多集聚，尤其是那些受自然资源影响较小的行业中的集聚。克鲁格曼认为，除了自然地理因素，人类经济活动相互作用产生的力量，即收益递增，可以用来解释其余的集聚，而且随着经济结构的演进，收益递增起的作用越来越大。在前工业化社会，人们多自给自足，收益递增起的作用小，影响范围也小，经济集聚主要是受自然地理因素的影响。进入现代工业社会后，随着企业间需求关联和成本关联的加强及产品差异化程度的加深，收益递增的作用变大了。在知识经济社会，收益递增就越发重要了。

（三） 新经济地理学和国际贸易

目前，新经济地理学研究的一个主要方向是以克鲁格曼和维纳布尔斯为代表的国际经济学家致力于将新经济地理模型引入国际贸易的研究中，分析国家间差异的形成原因、集聚对经济的影响等。

1. 基本模型

克鲁格曼和维纳布尔斯(1995) 建立了一个新经济地理国际贸易模型。为了体现国家和区域间的区别，该模型取消了劳动力具有流动性的假设，而加入了中间品贸易。这样一来，导致产业活动集中分布的不再是厂商和工人之间的联系，也不是厂商和消费者之间的联系，而变成了厂商和厂商之间的联系(也称产业间关联) 。这种联系又进一步被解释为成本关联和需求关联。在其他条件相同的情况下，如果一个地区拥有较大的制造业部门，该地区便能为厂商生产的中间品提供较大的市场；这就使得该地区能够吸引来更多的厂商，这是所谓的需求关联。另外，如果该地区能够生产较别地更多的中间产品，那么该地区的最终产品生产成本就要比别处低，这就是成本关联。这两种联系使得厂商越来越多地聚集于该地。当运输成本降低到一定程度，世界经济就会自发地形成以制造业为中心、非工业化地区为外围的产业分布。

克鲁格曼和维纳布尔斯还进一步解释道：如果制造业部门足够大，还会造成国家之间的工资差异. 产业间关联会使得工业化地区的劳动力需求增大，而其他地区的工业逐渐衰落则会降低其他地区对劳动力的需求。这样一来，成为制造业中心的地区实际工资会上升，而非工业的外围地区实际工资下降，导致了全球的经济一体化不平衡的发展。但是如果运输成本继续下降，厂商会逐渐失去由于接近市场和供应商所带来的优势。同时，外围的非工业化地区，由于具有较低的工资率从而具备了较低的生产成本。当运输成本降低到足够低时，外围地区低成本的优势将足以抵消远离市场和供应商带来的不便，此时制造商将搬出中心地带，到外围地区进行生产，从而使得中心和外围地区的工资率差距逐渐缩小。所以，随着贸易自由化程度的逐渐增大，各国的工资差异经历了一个由小到大再变小的过程。

2．集聚与经济增长

克鲁格曼和维纳布尔斯(1995) 的模型迈开了经济地理通向国际贸易的第一步，搭建了产业集聚与国际贸易之间的桥梁，该模型被后来的学者们认为是经济地理在国际贸易发展中的一个里程碑。帕格和维纳布尔斯(1996) 在多产业的均衡方面又进一步深化，提出了集聚对经济增长的影响。他们从工业化的角度出发，分析产业集聚对世界经济的拉动作用。

帕格和维纳布尔斯将制造业的发展作为集聚的一个动力，而不再仅仅局限于运输成本的降低。我们已经知道，不完全竞争、运输成本和产业间关联的相互作用会刺激厂商都选择在接近市场和供应商的地方生产。而这种集聚使得某些国家的工业化程度提高，同时也具有了较高的工资。如果工业化国家的制造业继续膨胀，会使得该国的工资过高，刺激厂商从该国转移到非工业化的外围进行生产。如果产业继续膨胀，外围国家也会逐渐变为工业化国家，进而厂商会继续向更加落后的国家转移。这种过程不断重复，工业化就犹如一股浪潮，从中心国家逐渐波及外围国家。在不同的行业中，产业间关联较弱的行业、处于上游位置的行业或是劳动密集度较弱的行业，在工业化的蔓延中会先行调整，然后再波及其他行业。

鲍德温和福斯里德(1997) 借助内生增长理论的分析方法，也提出了一种新的地理和贸易模型。这个模型中的因果循环涉及的不是要素的流动而是要素的积累，拥有较大市场的国家往往会进行较多的投资，而这些投资又进一步扩大了该国的市场。

3．集聚、经济政策与福利

其实无论对于哪种层次的经济集聚，经济政策的影响都是重要的。对于最高级别的中心外围结构，即世界分为高收入的占据了全球大部分产业的发达国家和低收入的广大发展中国家，各个国家通过制定各种国际和国内经济政策，在竞争与合作中正不断地修改着经济活动的全球分布版图。一个明显的例子就是一些亚洲国家，如20世纪70年代的亚洲四小龙和80年代的中国，通过采取出口导向政策实现了经济的快速工业化，并使东亚成为新的世界经济增长中心和产业集聚地。在国家层次上，一国的对外经济政策和国内经济政策对于该国的空间经济分布有着重要的，甚至是关键的影响。

克鲁格曼和里维斯(1996) 通过分析墨西哥加入北美自由贸易区对墨西哥国内经济地理的影响，构建了一个简单的贸易自由化模型。在该模型中，集聚力是由收益递增和劳动力流动导致的前向后向关联；分散力则和 CP 模型中的农业部门不同，是由城市的拥挤效应带来的外部不经济，以及城市的交通成本和地租导致的。

加入北美自由贸易协定以前，墨西哥的内向型经济使许多工业都集中在首都墨西哥城附近，是一个典型的一国内部中心外围结构。加入北美自由贸易协定之后，由于美国巨大的市场引力和对美贸易成本的降低，墨西哥本国的前向后向关联就变得不那么重要，因此，许多墨西哥公司]迁往美墨边境，原有的集聚得不到维持，墨西哥国内的经济空间分布呈现分散化趋势。

汉森(1996，1998) 还对美墨边界地区企业集聚进行了实证研究。在一体化过程中，墨西哥作为一个小的经济体，与美国这样一个具有大市场潜力的经济体的自由贸易可以非常有效地将墨西哥先前内向化的经济外向化。墨西哥制造业将它们的注意力从国内市场转向国外市场，这导致大量墨西哥城的公司向与美国毗邻的边界区迁移。墨西哥城的制造业中心地位下降，美墨间贸易快速增长，而且主要是产业内贸易。实证研究显示，墨西哥边界区制造业出口增长也促进了美国边界区经济活动的扩张。

政府经济政策对产业空间分布乃至经济增长的影响不一定都是正面的。中国在计划经济年代以行政手段代替市场作用，没有好好利用经济的收益递增机制，人为地将一些具有收益递增性质的产业分散布局，违背了产业发展的规律，从而不利于整体经济的增长。20 世纪 80 年代以来，尤其从 90 年代后期开始，中国工业集聚现象越来越显著，而中国整体经济也维持了 10% 左右的高增长。这背后的一个主要原因就是中国政府顺应了经济发展不平衡的客观规律，鼓励经济资源向自然地理条件较好的东南沿海集中，并充分利用全球化带来的好处，让收益递增机制起作用。可见，在中国，经济政策曾通过控制自然地理因素和收益递增因素是否对经济空间分布起作用，来决定中国的空间经济格局。

鲍德温(1999) 引入资本形成和资本折旧，结合新经济地理与新古典增长模型，建立了资本创造模型。在该模型的政策分析中，鲍德温认为一国单边贸易壁垒的提高有助于降低该国国内产品的价格，并指出聚集力的存在强化了贸易保护的降价效应。然而，这种效应是一系列简化的假设结果。虽然单边贸易保护政策，从提高本国工业生产份额这个意义上说，可以促进本国工业化的发展，但这也并不是在任何情况下都会发生的，而是需要一定的条件。其实，贸易自由化也可以促进工业化的发展。此外，鲍德温还认为国家间的关税同盟会导致经济集聚于关税同盟，同盟的公司数量和资本积累将高于世界一般水平，并由此导致关税同盟经济增长率高于世界其他地区。

帕格和维纳布尔斯(1997)首次对贸易自由化促进工业化发展的可能性进行了研究，指出单边自由贸易政策与进口补贴虽然在吸引外资的效果上较为接近，但前者能产生更高的经济福利。

二、新新贸易理论

新新贸易理论是国际贸易的最新前沿理论，是从微观层面上分析企业的贸易和投资等国际化路径选择，以及外包和一体化等全球化组织生产选择，从而突破了新贸易理论和之前贸易理论中的企业同质假定，将异质性纳入对企业的微观分析框架中。大量的实证分析表明，该理论对国际贸易结构和贸易量给予了足够的解释，成为当今国际贸易理论研究的新热点。

（一）　新新贸易理论的产生

新贸易理论及其之前贸易理论的分析视角都是从国家或产业层面入手，模型中的企业都是同质的、无差异的。进入 20 世纪 90 年代，国际贸易实践的发展使人们再次反思新贸易理论对现实的解释力，因为大量的经验证明，并非所有的企业都选择对外贸易。美国在 1999 年对 30 多万家企业的普查中发现，仅有不到 5%的企业存在出口业务，而在出口企业中排在前 10%的企业的出口总额占到全国出口总额的 96%。

此外，对德国、哥伦比亚、墨西哥、摩洛哥、中国台湾、西班牙、加拿大、法国企业的实证研究也表明：无论上述哪个国家或地区，都只有很小一部分企业从事出口；同一产业内部，存在着出口企业和非出口企业在劳动生产率、资本技术密集度和工资水平上的显著差异，往往是从事出口业务的企业有较大的生产规模和较高的劳动生产率，同时其工资水平也较高。这些差异被称为是企业的异质性。无论是传统贸易理论还是新贸易理论，对这些国际贸易中更为微观层面的现象，都无法提供令人信服的解释。

2003 年，美国哈佛大学教授梅里兹发表了《贸易对行业内重新配置和总行业生产率的影响》一文，首次提出了异质企业贸易模型(也被称为"梅里兹模型")，终于打破了国际贸易研究的长期沉寂，新新贸易理论(new-new trade theory) 也应运而生。

新新贸易理论沿用了新贸易理论垄断竞争市场结构和规模报酬递增的假设，但放松了同质企业的假设，将企业生产率的差异内生到垄断竞争模型中，运用一般均衡框架下的动态产业分析方法扩展了克鲁格曼的垄断竞争贸易模型，从而成功将企业生产率内生到模型中，将贸易理论研究对象扩展到企业层面。

新新贸易理论有两种类型的分支，一类是以梅里兹为代表的学者们提出的异质企业贸易模型(trade models with heterogeneous firms)，另一类是以安卓斯为代表的学者们提出的企业内生边界模型(endogenous boundary model of the firm)。

异质企业贸易模型主要解释为什么有的企业会从事出口而别的企业不出口；企业内生边界模型主要解释是什么因素决定了企业是选择公司内贸易、市场交易还是以外包形式进行资源配置。二者同时都研究了是什么决定了企业是选择以出口方式还是国外直接投资方式(foreign direct investment，FDI) 进入到海外市场。

（二） 异质企业贸易模型

1. 梅里兹模型

企业异质性主要表现为企业(或工厂) 生产率、专用性技术、产品质量以及工人技能方面的差异，尤其是企业生产率的差异。梅里兹(2003) 建立的异质性企业模型运用一般均衡框架下的动态产业分析方法扩展了克鲁格曼的垄断竞争贸易模型，同时引入企业生产率的差异，用来解释国际贸易中企业的出口决策行为。

梅里兹模型的基本逻辑为：由于企业异质性的存在，贸易会导致市场份额在产业内企业间的重新配置，市场份额向高生产率企业靠近，而那些生产率最低的企业被迫退出，从而提高了行业生产率水平，而这一效应在封闭经济中是无法实现的。

(1) 基本框架与封闭经济条件下的均衡。与垄断竞争模型相比，异质企业贸易模型采用的需求函数与垄断竞争模型相同，供给函数也基本一致。异质企业贸易模型的不同之处也是模型的关键之处在于，提出了一个考虑企业生产率的总成本函数。梅里兹认为，行业中的企业和新进入企业面临着不同但相互联系的约束。对于原有企业来说，它们有一个企业关门生产率或零利润生产率(zero cutoff profit productivity)，这个约束被称为关门条件或零利润条件，使得企业的利润刚好为零。如果生产率高于关门生产率，企业就可以获得利润；如果低于这个水平，企业就会退出市场。

对于新进入企业来说，其面临着与原有企业同样的关门条件，所不同的是，新进入企业需要承担一个沉没成本，因此在做出是否进入的决策时，他们需要用未来利润流来决定是否值得进入。新进入企业的企业价值(value of entry) 必须至少等于零，这就是新进入企业的约束条件。

梅里兹(2003) 通过数学证明发现，关门条件中平均利润是关门生产率的减函数，而新进入企业约束条件中，平均利润是关门生产率的增函数，在两条曲线的交点上，就确定了行业平均利润水平和行业关门生产率，这就是封闭经济条件下的均衡点，是行业中两类企业对关门生产率不同反应的共同作用的结果。对于行业中原有企业，关门生产率越高，其他因素不变的情况下，利润水平会越低。例如，如果关门生产率由 2:1 提高到 3:1，对于生产率为 5:1 的企业来说，在其他因素不变时，关门生产率的提高降低了企业利润，从而降低了行业平均利润。对于新进入企业来说，关门生产率越高，能够成功进入的新企业越少，一旦成功进入，他们将会获得较多的利润，从而提高行业平均利润。关门条件实际上可以视为退出条件，在退出与进入双方力量的共同作用下，形成了行业的均衡状态。

在均衡条件下，确定了企业关门生产率，从而也就确定了行业平均生产率、平均利润水平。在仅有劳动要素投入这一假定下，封闭经济中劳动投入水平一定(它也说明国家规模和市场规模一定)，并且收入水平和利润水平独立于国家规模。关门生产率的提高会降低行业中企业的数量，一旦关门生产率一定，行业中的企业数量就不会变化。所以，在封闭经济中，行业的平均生产率由关门生产率决定，而在一定市场规模下，行业生产率不会提高，也就是说，行业生产率只能通过单个企业生产率的提高来实现(企业生产率提高通常依靠技术水平的变化)，而不能通过市场份额在产业内企业间的重新分配来改变。

2．贸易对行业内重新配置和行业生产率的影响

在开放经济中，行业生产率的变化有了另一条路径，即贸易可以通过市场份额的重新配置来提高行业生产率。对于一个行业来说，一部分企业能够进入国际市场，而另一部分企业只能从事国内业务，这是因为进入国际市场面临着与国内不一样的进入成本。异质企业模型用贸易的沉没成本来概括从事出口面临的额外边际成本，同时参与贸易的企业也面临着一个固定进入成本。

对于在开放经济下被分为国内市场和国际市场两部分的一个行业，由于贸易成本和进入国际市场沉没成本的影响，关门生产率体现为三种：封闭经济关门生产率、开放经济关门生产率和国际市场关门生产率。理论模型和现实状况都可以说明，封闭经济关门生产率最低，而国际市场关门生产率最高，开放经济关门生产率介于两者之间。

那些生产率低于封闭经济关门生产率的企业会退出所在行业，生产率高于封闭经济关门生产率但低于开放经济关门生产率的企业，在没有贸易的情况下，他们因为生产率超过了封闭经济关门生产率水平而得以在国内生存，但在开放经济条件下，国内的关门生产率被提高到开放经济关门生产率水平，这部分企业也会被迫退出市场。

生产率高于开放经济关门生产率但低于国际关门生产率的企业只能从事国内业务。这里也可能存在着两种情况：如果企业国际市场损失能够得到国内市场利润的弥补，在其他动机下，这部分企业也可能进入国际市场，尽管这会降低它们

的综合利润水平；如果企业进入国际业务带来的损失不能得到国内市场利润的弥补，就会出现总体亏损，这部分企业是绝不会从事国际业务的。

对于那些生产率高于国际市场关门生产率的企业来说，他们将获得国际市场份额，从而大大提高利润水平。

以上解释了为什么一部分企业只能从事国内业务，而一部分企业可以从事出口业务，从而产生了市场份额在产业内的重新配置效应，即贸易提高行业生产率。贸易提高行业生产率的逻辑，即新新贸易理论的核心观点可表述为：贸易提高了行业关门生产率，使得那些在封闭经济中本可以继续生产的企业被迫退出市场，市场份额向更高生产率企业转移；关门生产率的提高和低生产率企业的退出，使行业总体生产率水平提高，即使企业技术水平等其他因素不变(单个企业生产率不变)。由此，新新贸易理论认为：自由贸易拓宽了提高行业生产率的途径，通过自由贸易也可以提高行业生产率水平；自由贸易通过市场份额重新配置和行业生产率的提高而提供社会福利；自由贸易同样会引起国内企业数量的降低，但这并不会降低国内消费者福利，因为国外企业可以提供价格更低且种类更丰富的产品。

2. 梅里兹模型的扩展

梅里兹模型可以扩展到与对外直接投资相结合。赫普曼、梅里兹和耶普尔(2004)拓展了梅里兹模型，考虑了建立海外分公司的决策，即企业以出口还是国外直接投资的形式进行国际化。他们分析了企业的三种组织选择：企业是选择仅在国内生产，既在国内生产又出口还是既在国内生产又进行国外直接投资。模型分析了劳动生产率的差别与出口固定成本对企业的国际进入决策的影响。他们认为，由于存在出口固定成本，出口企业比不出口企业的固定成本高，而国外直接投资企业与出口企业相比，总的固定成本更高。结论是：企业生产率差异使得企业可以进行自我选择；生产率最高的企业既在国内经营又在国外直接投资，成为跨国公司；生产率次之的企业既在国内经营又出口；生产率再次之的仅在国内生产并销售；生产率最低的企业将退出这个行业，因为无论如何经营收益也无法弥补固定成本，利润为负。他们进一步分析还认为，当贸易摩擦较少或存在较大规模经济时，生产率较高的前两类企业更倾向于选择出口，而不是国外直接投资。

Bernard、Redding 和 Sehott(2007) 结合梅里兹模型建立了一个考虑企业异质性的两要素、两部门和两国家(南国和北国)的世界经济模型，并考虑了要素比例对比较优势的影响。该模型分析了自由贸易对生产率的影响，研究发现：在考虑成本的贸易中，具有比较优势的部门出口生产率最高、行业内重新配置效应最强并且行业生产率提高最快；具有比较优势的部门使低生产率企业进入国际市场的概率更小，关门生产率也更高，所以促成了更多低生产率企业的退出。研究还发现，当贸易成本下降时，处于比较优势部门的企业更倾向于出口，并且会增加这一部门的企业规模和数量，同时创造了较比较劣势部门更多的工作机会。

（三）企业内生边界模型

企业在国际化过程中面临着两个关键选择：一是是否进入国际市场，是继续作一个本土的企业还是选择进入国际市场；二是以何种方式进入国际市场，是选择出口还是国外直接投资的形式？以前的一些理论模型能解释为什么一家本土企业有在外国进行生产的激励，但是这些模型无法解释为什么这些海外生产会发生在企业边界之内，而不是通过常见的市场交易、分包或许可的形式进行海外生产。新新贸易理论的企业内生边界模型则从单个企业的组织选择问题入手，将国际贸易理论和企业理论结合在一个统一框架下。安卓斯（2003），安卓斯和赫普曼（2004）探讨了企业的异质性对企业边界、外包(outsourcing)战略的选择的影响，为研究以跨国公司为主的全球化和国际贸易提供了全新的视角。

根据联合国贸发会议(UNCTAD) 《2005 年世界投资报告》，全世界跨国公司已经由 20 世纪 90 年代早期的约 3.7 万家增加到了 2004 年的约 7 万家，拥有的海外分支机构从 20 世纪 90 年代早期的 17 万多家增加到了 2004 年的 69 万多家。2004年全世界国际直接投资的流量和存量分别达到了 7 341.5 亿美元和 11.2 万亿美元，到了 2012 年这两个数据分别变成了 7 028.3 亿美元和 22.8 万亿美元。世界贸易中约 1/3 是在各跨国公司内部进行的，不同跨国公司之间的贸易约占了世界贸易的1/3，也就是说与跨国公司有关的贸易占了世界贸易总额的约 2/3。跨国公司已经取代各国国内企业控制了国际贸易活动。虽然近年来受国际金融危机的影响，跨国公司也面临着严峻的挑战，但跨国公司在世界经济中的作用仍在不断增强。仅从可以控制和利用的经济资源来看，一些大的跨国公司要比许多国家更富有。

1. 企业边界与跨国公司全球生产组织模式的选择

明确的企业边界是企业组织结构的基本特征之一。作为一个非常重要的管理概念，企业边界是指企业以其核心能力为基础，在与市场的相互作用过程中形成的经营范围和经营规模。企业的经营范围，即企业的纵向边界，确定了企业和市场的界限，决定了哪些经营活动由企业自身来完成，哪些经营活动应该通过市场手段来完成。经营规模是指在经营范围确定的条件下，企业能以多大的规模进行生产经营，等同于企业的横向边界。企业边界的影响因素是多元的，决定企业边界变化的最终力量是经营效率，当企业规模边界的扩张不能产生效率时，企业应停止扩张活动。

跨国公司在全球生产组织模式的选择问题，本质上是企业如何划定企业的纵向边界，即何时将生产放在企业内部进行、何时将生产放在企业外部进行，也就是企业内部化或一体化决策问题。企业为实现最终利润，必然要完成中间投入品的生产，最终产品的生产、运输、销售、结算等一系列中间环节，这些环节可以称为任务。根据企业完成各项任务的方式，跨国公司的组织决策可以分为以下几类：

(1) 在本国本企业内生产所有任务；

(2) 在外国本企业的分支机构生产部分或全部任务(国外直接投资和公司内贸易)；

(3) 外包给本国其他企业生产部分任务(国内外包)；

(4) 外包给外国本企业分支外的企业生产部分任务(国际外包)；

(5) 在本国即期市场购买部分任务；

(6) 在外国即期市场购买部分任务。

(1) 和(2) 可以看成企业的一体化策略，其中(1) 是企业的国内一体化策略，(2) 是企业的国际一体化策略。若(2) 中外国本企业的分支机构承担全部任务的生产，则(2) 可称为企业国际水平一体化，相应的国外直接投资称为水平型国外直接投资；若只承担部分任务的生产，则称为企业国际垂直一体化，相应的国外直接投资称为垂直型国外直接投资。企业的国际一体化，尤其是国际垂直一体化会产生公司内贸易。

与企业的一体化策略相对应的是(3)、(4)、(5) 和(6)，它们统称为企业的外部化策略。随着全球化的发展，外包这种贸易形态引起了大家的广泛关注。外包(outsourcing) 是指企业把一些重要但非核心的业务职能委托给公司外部的承包商，而把企业内部的知识和资源集中于具有竞争优势的核心业务上，为顾客提供最大的价值和满足。从制造业角度出发，外包是指跨国公司根据比较优势的原则，主动把一些在本国生产缺乏竞争优势的零部件生产阶段，转移到其他国家或地区，自己则集中精力生产某种商品的核心部分，利用自己在管理、品牌、市场、研究开发以及系统集成等方面的优势，进行全球采购、生产和营销的活动。如果对传统意义上的外包概念进行扩展，企业从外部供应商处除了可以采购零部件，也可以通过合同获得最终产品。我们常说的"代工"，指的是就是生产外包，客户将本是在其内部完成的生产制造活动、职能或流程交给企业外部的另一方来完成。

外包业务按发包方与接包方(提供商) 之间的联系方式可以分为合同外包与公平交易。合同外包是指外包企业通过不完全合约与提供商建立交易关系，提供商要按照合同要求组织生产，为外包企业提供专用产品。苹果公司将苹果手机的生产外包给富士康就属于合同外包。公平交易是指提供商为市场供应标准的零部件产品或服务，外包企业直接到市场寻找适合自身需要的产品。在这种情况下，外包企业和提供商是通过价格合约联系在一起的。

外包业务按其跨越地域范围分，可以分为国内外包和国际外包。国内外包，指产品或服务的提供商为在本国内注册的企业，强调的是外包对国内资源的重新配置；而国际外包又叫离岸外包，指产品或服务的提供商是在外国注册的企业，强调的是外包在全球范围 lq 的资源配置。

2. 企业内生边界模型

关于企业边界有两个相对较为基础的模型，一个模型是将科斯和威廉姆森的交易成本理论应用在企业国际化的研究中；另一个模型是格罗斯曼—哈特—摩尔的产权分析方法。安卓斯(2003)将格罗斯曼—哈特—摩尔的产权分析和赫普曼—克鲁格曼的贸易观点结合在一个理论框架下，提出了一个关于企业内生边界的产权模型来分析跨国公司的定位和控制决策。

(1) 企业内生边界的产权模型。一个在企业边界内部生产中间投入品的企业，可以选择是在本国还是在外国进行生产，如果在本国生产，该企业从事的就是标准的垂直一体化；如果在外国生产，该企业进行的就是 FDI 和公司内贸易。同样，一个选择进行中间投入品外包的企业，也可以选择在本国还是外国进行外包。如果在本国购买投入品，就是国内外包；如果在国外采购投入品，就是国际外包(又称离岸外包) 或国际贸易。

安卓斯(2003)建立的企业内生边界产权模型假设：有两个部门，资本密集度不同且每一部门产品具有异质性；贸易是无成本的，国与国之间的要素价格不存在差别；最终商品为非贸易品，因此世界贸易为中间投入品贸易。基于契约的不完全性，专用投入品生产成本无法写入契约中，最终产品生产商预先投入资金帮助专用投入品的生产，可以解决敲竹杠问题。当这种投入足够大时，最终产品生产商控制中间投入品的生产是有效率的，这将导致一体化行为，即出现跨国公司和公司内贸易。相反，如果这种投入相对很小，外包便产生了。安卓斯通过对美国进口行业的实证分析发现，公司内部进口占美国进口的比例很大，进口企业往往有着较高的资本和技术密集度且在国际贸易中有着独特的技术或组织优势。而对美国出口行业的调查发现，企业内出口占美国出口的比例也很庞大，美国出口企业的资本技术密集度相比进口企业更高。这表明，企业的异质性(资本、技术和契约制度)在企业国际化过程决策中发挥着重要作用。

(2) 新企业内生边界模型。梅里兹模型提出后，安卓斯和赫普曼(2004) 将强调组织结构差异的安卓斯(2003)企业内生边界产权模型和强调生产率差异的梅里兹模型相结合，提出了一个新的企业内生边界模型，用来解释为什么海外生产通常发生在企业边界之内，而不是通过交易、外包或许可的方式进行。

新的企业内生边界模型考虑一个南北两国贸易的情况。模型假设：南方(发展中国家) 工资低；劳动是唯一生产要素；最终产品在北方(发达国家) 完成；最终产品的生产需要总部服务和中间投入品；最终产品的制造商控制着总部服务，中间投入品的供货企业控制着中间投入品的生产质量和数量；中间投入品的生产可以在南方也可以在北方完成。模型还假设所有生产成本都是关系专用性的。

对模型的研究表明，贸易、投资和企业的组织是相互依赖的，不同组织产生的激励、固定成本的差异以及不同国家工资水平的差异共同构成了均衡的企业组织结构。异质企业选择不同的企业组织形式，选择不同的所有权结构和中间投入品的生产地点。模型发现，企业的组织形式取决于该企业所提供的总部服务的重要性。一般来说，企业所处的产业不同，要求其提供的总部服务不同。如果一家最终产品制造商所处的产业要求该企业为其中间投入品供货商提供大量的高成本的总部服务，即该企业总部密集度高，那么它会选择垂直一体化，不会依赖从企业外部进口中间投入品，而是将中间投入品的生产纳入自己的企业边界内。相反如果该企业的总部密集度低，它会选择将中间投入品的生产外包，因为外包可以加强对中间投入品生产的激励。

在这个模型中，企业进行的一体化决策被认为是企业对内生组织边界的自发选择，也就是说，拥有异质性要素的企业会根据自身的特点选择不同的要素生产和技术方式，进而选择不同的组织或契约制度。一般而言，具有资本和技术密集型特征的企业往往倾向于采用一体化策略，相应的贸易模式更多采用母公司与子公司之间或者子公司之间的内部贸易，而对市场有较少的依赖。模型还可以解释为什么国际外包的成本减小会导致市场交易相对于公司内贸易增多，从而解释了现有的国际贸易和国际投资模式。此外，该模型也采用和梅里兹模型类似的均衡分析方法，结果也发现了即便在同一产业内部，不同企业间生产率的差异会影响企业进入国际市场的决策。

总体来说，安卓斯和赫普曼(2004) 认为企业是否进行外包或一体化，是否在国内或国外进行等决策都是企业的内生组织选择。

(3) 模型的动态扩展。安卓斯(2005) 在前述模型的基础上建立了一个动态一般均衡模型来解释国际契约的不完全性导致的产品周期的出现。北方(发达国家)企业同时使用北方高技术投入品和低成本投入品来生产产品，并寻求简单的装配或制造；低技术投入品的生产既可以通过垂直一体化也可以通过外包进行，既可以在南方(发展中国家) 生产也可以在北方生产。两种投入品生产的类似程度非常重要，如果两种投入品都在北方生产，企业的组织形式(无论是垂直一体化还是外包) 无关紧要，因为质量条件契约(quality-contingent contracts) 可以事后执行。如果生产分别在南方和北方进行，质量条件契约则无法执行，南方国际契约的不完全性和高技术投入品重要性随着产品年龄和成熟度的增加而下降(产出弹性减小)导致了产品周期的出现。不完全契约减少了产品开发，低技术投入品会转移到南方以便利用南方的低工资优势。这种转移首先会通过国外直接投资的形式在企业的边界内发生，其后一段时间，会通过外包形式在企业边界外发生。一般均衡模型表明，南方的不完全契约会导致北方的均衡工资高于南方。无论企业采用哪种组织形式，专用性投资都会扭曲，如果中间投入品供货企业比最终产品供货企业更能创造剩余，那么外包的激励就会增大。

（四）　对新新贸易理论的评价及其政策启示

新新贸易理论是近十年来兴起的一类前沿国际贸易理论。该类理论是用来解释最新的国际贸易和投资现象的，且以微观企业为研究对象，研究企业的全球生产组织行为和贸易、投资行为。其最突出的特征在于假设企业是异质的，也就是企业是存在差别的，而不是像传统贸易理论只从产业层面进行研究，或像有些新贸易理论那样假设所有的企业都是同质的，只是外在的市场结构差异影响到企业行为。

现在，梅里兹提出的异质企业贸易模型已成为国际贸易与对外直接投资领域研究的一块基石，该类模型在新贸易理论的基础上引入了企业层面的异质性，利用企业面对国内市场、出口市场和对外直接投资时不同的固定成本，解释了企业之间的差异尤其是生产率差异是导致只有一部分企业从事国际贸易的原因，而贸易可以通过市场份额在行业内的重新配置来提高行业生产率和增加社会福利。这种类型的福利是以前的贸易理论没有解释过的贸易利得。安卓斯的企业内生边界模型则将产权理论融入一般均衡贸易模型，分析是什么因素决定了企业是选择公司内贸易、市场交易还是外包形式进行资源配置，成功地解释了全球化条件下企业组织形式的差异。这两类模型都为分析现有的国际贸易和国际投资模式提供了新的视角，在新世纪全球化经济的背景下更显得有理论和实践研究价值。

新新贸易理论能够带给我们如下的政策启示。

(1) 开放未开放的行业，或者增加已经开放行业的贸易伙伴，这都会直接导致关门生产率的提高以及市场份额、收入和利润向高生产率企业的转移，从而提高行业生产率水平。

(2) 降低贸易成本，包括进入国际市场的固定成本。与第一类政策的影响不同，这类政策除了提高行业关门生产率进而提高行业生产率水平以外，还会产生额外的效应，因为进入成本的降低会降低国际市场关门生产率，使更多的企业有能力进入国际市场。对于原来从事国际业务的企业来说，新进入的企业会分享它们的国际市场份额，从而降低国际市场的利润水平。但由于国内低生产率企业的退出，这些国际企业同样可以增加国内市场份额。国际市场利润的降低可以通过国内市场份额的提高弥补，总体利润水平同样可以增加。

(3) 除了企业的自我选择，企业的出口决策也同样会受到企业所处环境的影响，政策的变化会影响企业的出口决策，贸易政策可以通过激励企业有意识地自我选择并促进生产率提高而发挥积极作用。如果存在"出口中学" (learning by exporting) 效应，效果会更好。如果存在出口溢出效应，非出口企业也会从出口企业学习如何出口。除了像出口补贴、税收优惠等一般常用的出口促进措施外，改善基础设施、提高信息沟通、促进企业集群等也都是很好的贸易政策选择。

(4) 扩大对外开放应该是长期不变的战略。政府应通过有效措施鼓励企业进入国际市场，并提高企业在国际市场中的竞争力，同时应积极发展同其他国家的贸易伙伴关系，协助降低企业出口的额外成本。这不但可以突破因为国内消费不足和市场饱和带来的发展瓶颈，还可以提高本国整体生产率水平，让那些具有更高生产率的企业参与国际竞争，提高本国产品在国际市场中的份额。

(5) 异质企业模型表明，对外开放和贸易并不会降低人均财富，反而会因为产品种类和生产率的提高而增进人均财富。但是我们也得根据自身经济发展情况合理选择有助于自由贸易的政策，以避免出现本国企业生产率严重偏低导致的大量企业退出，当生存下来的高生产率企业从自由贸易中获得的好处不足以弥补本国大量企业退出带来的损失时，自由贸易就不利于本国产业结构优化和部门产业的发展。

第五章　贸易保护主义理论

自由贸易和保护贸易的争论有着悠久的历史。现实中存在贸易保护主义，说明保护主义有其存在的合理性。理论上也有不少有影响的论据支持贸易保护主义。这些理论大致分为两类：一类是从国家整体利益出发，认为在某些情况下，贸易保护可以提高本国现在或未来的福利，如最优关税论、幼稚产业论等；另一类则从收入再分配的角度出发，把贸易政策的制定看成是利益集团院外活动的结果，这类观点通常被称为贸易保护主义的政治经济学。

第一节　最优关税理论

前文已述，在大国情形下，关税可改善本国的贸易条件，这意味着关税有可能改善本国的福利水平，即实施贸易保护可获得超过自由贸易下的利益，这一点正是最优关税理论(the optimum tariff) 的核心思想。

一、供求弹性与关税承担

在大国情形下，关税负担是由国内消费者和国外出口商共同承担的，双方承担的程度取决于出口商产品的供给弹性和进口国对该产品的需求弹性。

所谓需求有弹性，是指当产品的市场价格变化时，需求量变化的程度(百分率)超过该产品价格本身的变化程度。从国际贸易的角度看，需求弹性取决于三个因素：即消费者对该产品本身的需求弹性，对来自国外出口商产品的依赖程度以及外国出口商产品所面临的替代品的多寡。

所谓供给有弹性，是指当商品价格变化后，供给量变化的程度超过其价格变化的程度。从国际贸易的角度看，某种产品的出口供给弹性，决定于该产品出口对征税国市场的依赖程度。

总的来说，当一国政府要对某种产品征收进口关税时，国外生产者和国内消费者承担关税与否以及承担关税的程度，决定于被征税厂商商品的供给弹性与国内消费者的需求弹性。

（一） 从供给角度讲

(1) 如果出口国对进口国的市场依赖程度较大，征税商品的供给弹性很小，就意味着外国出口商要承担更多的关税。

(2) 如果出口国对进口国的市场依赖程度较小，征税商品的供给弹性很大，那么出口商就不愿意承担任何关税。

（二） 从需求角度讲

(1) 如果进口国对该产品的需求有弹性，那么其进口规模会随着关税的上升而下降；

(2) 如果进口国对该厂商产品的需求弹性较小，甚至无弹性，那么进口国的消费者可能承担绝大部分进口关税。

最优关税就是在充分考虑出口供给弹性和进口需求弹性的基础上，确定适当的关税水平。

二、最优关税

最优关税(optimum tariff) ，是指使本国福利达到最大的关税水平，确定最优关税的条件是进口国由征收关税所引起的额外损失(或边际损失) 与额外收益(边际收益) 相等。

（一） 最优关税的特点

(1) 最优关税不会是禁止性关税。因为在禁止性关税下，进口国不能进口该产品，因而从中也就无获利可言。

(2) 最优关税水平决定于外国出口商产品的供给弹性。因此，进口国政府确定的最优关税水平与出口国厂商向进口国提供产品的供给弹性成反比。

（二） 最优关税的确定

最优关税的确定的原则是，在零关税与禁止性关税之间，寻找某一最佳点，在这一点，因贸易条件改善而额外获得的收益恰好抵消了因征收关税而产生的生产扭曲和消费扭曲所带来的额外损失。最优关税的确定可由图 5-1 说明。

图中横坐标表示关税率，纵坐标表示征收国的福利水平，曲线 AB 表示关税水平对本国福利的影响。A 点对应的关税为零，即 OA 代表自由贸易状态下的社会福利水平。t_H 表示禁止性关税，在该关税水平，国内经济又回到了封闭状态下，所以当关税水平大于或等于 t_H 时，社会福利水平要低于自由贸易下的福利水平，即 OD<OA。如图所示，曲线 AB 在 c 点的切线斜率为零，即在这一点，进口国的福利达到最高，对应于这一点的关税税率为 t^*，该税率即为最优关税。

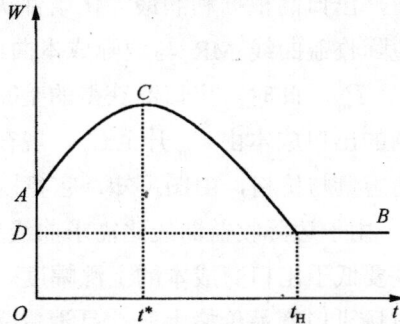

图 5-1　最优关税的确定

三、最优关税与抽取垄断租金

上述关于最优关税的讨论是基于供求弹性而言的，此外，从垄断角度讲，征收最优关税还意味着从出口商那里抽取一部分垄断租金(snatching rent)，即关税带来的利益来源于垄断厂商的一部分垄断利润。在垄断存在的条件下，垄断出口商为保证利润的最大化，将承担一部分关税负担。

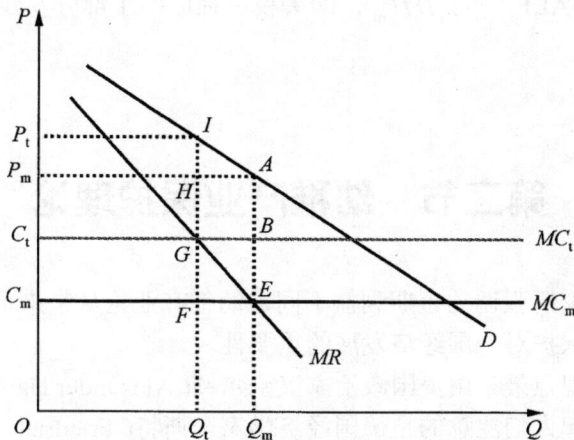

图 5-2　最优关税与抽取垄断租金

图 5-2 说明垄断租金的抽取。假设在进口国市场上没有其他生产者生产同类

产品，因而出口商是进口国市场某种产品的唯一供应者(或垄断者)。图中进口国
国内需求曲线为 D(这也是出口商在进口国所面对的需求曲线)，边际收益曲线为
MR，为了方便起见，假设出口商的平均成本与边际成本相同，且为常数，故平均
成本曲线与边际成本曲线是一条相同的直线。

在进口国征收关税前，出口商根据利润最大化条件决定其在进口国国内市场
的销售量和价格，图中边际收益曲线 MR 与边际成本曲线 MC_m 的交点决定了销
售量和价格，分别为 Q_m、P_m。此时，出口商获得的垄断利润为 P_mAEC_m。

征收关税后，出口商的出口成本由 C_m 升至 C_t，现在出口商出于利润最大化
的考虑，会重新确定其销售量与价格，由图可知，它将以更高的价格 P_t 出售低于
原先销售量的产品(Q_t)。由于边际收益曲线比需求曲线更陡，所以征收关税后，
进口商品价格的上涨幅度要低于出口商成本的上涨幅度。

由于征税后，国内市场进口商品价格上升，且消费减少，所以消费者福利遭
受损失。如图所示，消费者剩余的减少部分为 P_tIAP_m，但政府财政收入增加了
C_tGFC_m，此时，关税的净福利效应取决 P_tIAP_m 与 C_tGFC_m 的比较。因为价格
上涨的幅度小于关税，即 $P_tP_m < C_tC_m$，所以 $P_tIAP_m < C_tGFC_m$。如果进口需求
弹性比较高(即需求曲线比较平坦)，那么△IAH 的面积就会很小，此时，关税就
有可能改善进口国的福利。在这种情况下，可确定一最佳关税率使得进口国的福
利达到最大。

另一方面，征税后，出口商的利润要减少，如图所示，出口商的利润减少部
分=(C_tGFC_m + HAEF) — P_tIHP_m，即关税"抽取"了部分垄断利润。

第二节　幼稚产业保护理论

与最优关税论所强调的短期利益不同，幼稚产业论从未来可实现潜在利益出
发，讨论了贸易保护对一国经济发展的重要性。

幼稚产业的观点最早由美国政治家汉密尔顿(Alexander Hamilton) 于 1791 年
提出，但真正引起人们注意的是德国经济学家李斯特(Friedrich List) 的论述，他
在 1841 年出版的《政治经济学的国民体系》一书中详细阐述了幼稚产业保护理论
(infant industry theory) 。

一、幼稚产业的含义

幼稚产业(infant industry)，是指处于成长阶段尚未成熟、但具有潜在优势的产业。为了实现潜在的优势而对该产业实行暂时性的保护是完全正当的，因为如果不提供保护，该产业的发展便难以继续，潜在优势也就无法实现。不过应当注意的是，保护应该是暂时的，当该产业成长起来以后就应该撤除保护，实行自由贸易。

二、幼稚产业的判定标准(M-B-K-K 标准)

幼稚产业保护的论点通常是以尚未实现的内部规模经济或外部规模经济的存在为前提的。关于幼稚产业的判断标准，主要有以下四种：

（一）穆勒标准(mill's test)：潜在竞争力标准

如果某个产业由于缺乏技术方面的经验，生产率低下，生产成本高于国际市场价格而无法与外国企业竞争，在一定时期的保护下，该产业能够提高效率，在自由贸易条件下存在下去，并取得利润，该产业即为幼稚产业。

穆勒标准的实质如下：

(1) 正当的保护只限于对从外国引进的产业的学习掌握过程，过了这个期限就应取消保护；

(2) 保护只应限于那些在被保护不久之后，没有保护也能生存的产业；

(3) 最初为比较劣势的产业，经过一段时间保护后，有可能变为比较优势产业。

（二）巴斯塔布尔标准(bastable's Test)：现值标准

判断一种产业是否属于幼稚产业，不光要看将来是否具有成本优势，还要在将保护成本与该产业未来所能获得的预期利润的贴现值加以比较之后才能确定。受保护的产业在一定的保护期后能够成长自立，为保护、扶植幼稚产业所需要的社会成本不能超过该产业未来利润的现值总和，符合条件的为幼稚产业。

巴斯塔布尔标准的实质如下：

(1) 受保护的产业在一定时期以后，能够成长自立；

(2) 受保护产业将来所能产生的利益，必须超过现在因为实行保护而付出的成本。

（三）坎普标准(kemp's Test)：外部经济标准

除了前两个标准的内容外，应考虑产业在被保护时期的外部效应，如具有外部性，该技术可以为其他产业所获得因而使得本产业的利润无法增加，将来利润无法补偿投资成本，国家应该予以保护。

坎普标准的实质如下：

(1) 内部规模经济的情形下，即使某一产业符合穆勒和巴斯塔布尔的标准，政府的保护也不见得是必要的。因为企业自身的牟利性决定了该产业会自动地发展下去；

(2) 在外部规模经济存在时，私人边际收益与社会边际收益之间可能出现偏离，只有其在保护之后，能够产生显著的外部经济效应，才有保护的必要；

(3) 与强调内部规模经济的前两个标准不同的是，坎普标准更加强调外部规模经济与幼稚产业保护之间的关系。

（四）小岛清的选择标准(kiyoshi kojima's test)

应根据要素禀赋和比较成本的动态变化，选择一国经济发展中应予保护的幼稚产业。只要是有利于国民经济发展的幼稚产业，即使不符合巴斯塔布尔或坎普标准，也是值得保护的。至于怎样确定这种幼稚产业，则要从一国要素禀赋状况及其变化，从幼稚产业发展的客观条件方面来考察这一问题。

小岛清的选择标准的实质如下：

(1) 所保护的幼稚产业要有利于对潜在资源的利用；

(2) 对幼稚产业的保护要有利于国民经济结构的动态变化；

(3) 保护幼稚产业，要有利于要素利用率的提高。

三、幼稚产业保护理论的主要思想

幼稚产业保护理论的核心是：一国实行贸易政策的原则是其贸易政策必须同本国工业发展的进程相适应。

（一）经济发展阶段论

李斯特将一国经济发展的历程分为五个阶段：原始未开化阶段、畜牧阶段、农业阶段、农工业阶段、农工商业阶段。他认为，在不同的经济发展阶段应采用不同的贸易政策，自由贸易并不适用于每个经济发展阶段。在农工业阶段的国家应采用保护主义的贸易政策，原因是此时本国工业虽有所发展，但发展程度低，国际竞争力差，不足以与来自处于农工商业阶段国家的产品相竞争；若采用自由贸易政策，不但享受不到贸易利益，还会令经济遭受巨大冲击。

（二）生产力论

不管是亚当·斯密的绝对优势说还是大卫·李嘉图的比较成本说，都说明了明显的贸易利益。对此，李斯特认为，自由贸易固然有益，但这样的贸易利益不足以作为贸易自由化的依据，原因是自由贸易理论是基于静态分析方法和世界主义的立场之上，这与现实世界不符。这样的贸易利益应被视为静态的贸易利益，按照比较优势进行贸易，尽管落后国家在短期能够获得一些贸易利益，但从长远来看，该国生产财富的能力却不能得到应有的发展。任何时候，各民族的利益都高于一切，当自由贸易损害到一国实际或潜在利益的时候，该国有权考虑自己的经济利益，并且在经济发展的过程中，比较优势是动态且可培养的。因而落后的国家在面临发达国家强有力的竞争时，为了"促进生产力的成长"，有理由采取产业保护措施。针对当时的经济背景，李斯特指出，对于德、美这样的处于农工业阶段的国家如果与处于农工商业阶段的英国进行自由贸易，虽然表面上在短期能够获得贸易利益，但在长期将损害其生产力，制约其创造财富的能力。一个国家要追求的是财富的生产力，而非仅仅是财富本身。"财富的生产力比之财富本身，不晓得要重要多少倍；它不但可以使已有和已经创造的财富获得保障，而且可以使已经消灭的财富获得补偿"。

（三）国家干预论

像重商主义一样，幼稚产业保护理论也强调国家在贸易保护中的重要作用。李斯特认为，政府不能作为"守夜人"，要做"植树人"，应制定积极的产业政策，利用关税等手段来保护国内市场。

（四）关税保护制度

李斯特认为，应采用关税制度来实现贸易保护主义。在该制度的设计上，应体现以下几点：第一，差别关税。以对幼稚产业的保护为出发点，对不同的产业征收不同的关税。比如对于与国内幼稚工业相竞争的进口产品征收高关税，同时以免税或低关税的方式来鼓励国内不能自行生产的机械设备的进口。第二，有选择性的保护。并非对所有工业都加以保护，保护是有条件的。只有那些经过保护可以成长起来的，能够获得国际竞争力的产业，才对其加以保护；对于那些通过保护也不能成长起来的产业则不予以保护。第三，适时调整。对幼稚产业的保护不是无休止的，而是有期限的，超过了规定的期限，该产业即便没有成长起来，也要解除对它的保护。图 5-3 直观地说明了对幼稚产业的判断方法和保护期限。

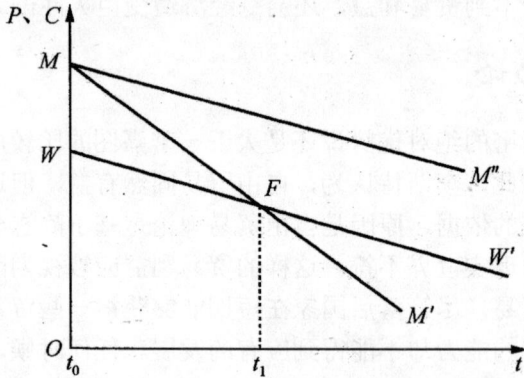

图 5-3 幼稚产业保护期限的确定

图 5-3 的横轴表示时间(t)，纵轴表示价格 P 或成本 C。WW' 线和 MM' 线分别表示该国受保护产品在世界市场和本国的价格或成本随时间变化的曲线图。因为价格和成本具有相同的变化趋势，所以用 P 或 C 都可以解释以下的情况。WW' 线和 MM' 线都向右下方倾斜，表示随着时间的推移所产生的技术进步使该产品的价格或成本递减。MM' 线的斜率大于 WW' 线的斜率，表示本国产品的价格或成本比世界市场上的该产品的价格或成本下降得快，即本国产品拥有竞争的潜力。在 t_0 时，本国的该产业开始生产，但此时其产品的 P 或 C 为 OM，高于世界市场上的 OW，所以，这时本国产业如果得不到保护，就难以发展。现假设该国对该产品的进口品征收 MW 的关税，使本国产品的价格与进口品的价格相同。于是，本国产品开始替代进口品。经过一定时期(如 t_0 至 t_1) 的经验积累和技术进步，在 t_1 时本国产品的 P 或 C 与进口品的 P 或 C 趋于一致，这时关税便可取消，保护期结束。t_1 以后，国内产品的 P 或 C 低于世界市场上该产品的 P 或 C，该国转而可以成为该产品的出口国。这说明产业保护政策取得成功的关键在于被保护的国内产品的价格或成本的下降速度要快于世界市场上该产品的价格或成本的下降速度。否则，对于某一个受保护的产品，如果其价格或成本的轨迹不是 MM'，而是 MM''，则依靠关税保护来推动该产业发展的努力便会失败。如果国内产品的价格或成本越来越高于世界市场上该产品的价格或成本，说明其竞争力越来越弱，这样的产业就失去了保护的价值。

需要注意的是，李斯特并不否认自由贸易政策的一般正确性，他认为，当一个国家解决了落后问题，即实现了工业化后，是可以选择自由贸易政策的。这是幼稚产业保护理论与其他贸易保护理论的一个不同之处。

四、对幼稚产业保护理论的质疑

尽管对幼稚产业的保护成为过去几十年间各个国家尤其是发展中国家通行的做法，对幼稚产业进行一定的保护并不违背 WTO 的有关规则，但还是有许多人对这种做法提出了质疑。归纳起来，大概有以下三点：

（一）幼稚产业选择问题

虽然从理论上讲，幼稚产业保护论有其合理性，对本国经济有积极的一面，但在现实中却难以实施。试想，为了成功运用保护政策，政府要确定哪个行业最终是有利的，并权衡保护该行业的利弊，这项任务谈何容易。通过政治程序来挑选被保护的幼稚产业更加困难，因为这种做法往往是在保护那些在政治上强有力的行业，而且一旦这样的行业得到免除外国竞争的保护，"暂时性"的保护政策很难取消。

（二）被保护产业无效率问题

对幼稚产业的保护之所以有效，就在于这种保护能帮助该产业提高效率，增强市场竞争力。但很多情况下，我们是在为产业的无效率发展提供便利，一旦保护不复存在，它们同样会在国外同类产业的竞争下走向灭亡。

（三）国际资本市场融资

幼稚产业保护论要求政府对幼稚产业的发展提供便利条件，其中很重要的一个方面就是便利的融资条件，甚至由财政对其进行直接补贴，而这样做的一个假设前提就是该产业没有能力在国内或国际资本市场上融资。

第三节 贸易乘数保护理论

一、贸易乘数保护理论的基本思想

贸易乘数保护理论的思想基础是凯恩斯的乘数理论。该理论将贸易看成是解决经济萧条、维持经济稳定增长的途径。凯恩斯认为，有效需求不足是造成经济萧条的重要原因，从贸易角度来看，政府可以利用保护贸易政策来增加净出口，提高有效需求。凯恩斯在《就业、利息和货币通论》的第23章阐明了自己关于贸易问题的观点。他认为，保持贸易顺差有两方面的作用：一是可以增加对本国产品的有效需求，有助于克服经济萧条；二是可以增加货币供给，令利率下降，投资增加，有效需求随之增加。

后凯恩斯主义者将乘数理论引入该思想，提出，正如投资或消费的增加将会带来产出更多增加一样，进口的增加将导致产出减少，其减少的规模要成倍于增加的进口；同时，出口的增加将导致产出增加，其增加的规模将成倍于增加的出口。对于经济衰退的国家，减少失业和保证经济的持续增长是其首要经济目标。毫无疑问，乘数理论对其是有吸引力的。在扩大消费与投资的同时，扩大出口减少进口则成为其实现该目标的贸易行为取向。因此有人称凯恩斯的贸易理论为萧条经济条件下的贸易政策理论。

需要注意的是，凯恩斯指出，贸易顺差过大，可能会产生两个方面的负面影响：一是对国内产品需求过多，导致物价上升，产生通货膨胀；二是贸易顺差过大导致货币供给过多，利率下降，资本外流。可见，凯恩斯并非认为贸易顺差越大越好，它只是将贸易顺差作为克服经济萧条的一种手段。

二、贸易乘数保护理论的数理表达

让我们以简单的数理方式来看一下贸易乘数思想。

国民收入关系表达式为：

$$Y=C+I+G+X-M \tag{5-1}$$

其中：Y、C、I、G、X、M分别代表国民收入、消费、投资、政府支出、出口和进口。消费取决于收入，因此有：

$$C = C_0 + \alpha Y \tag{5-2}$$

其中，C_0为不受收入影响的自发消费，α为边际消费倾向。

通常假设投资、政府支出均与收入无关，因此分别假设投资、政府支出为常量I_0和G_0，即有：

$$I = I_0 \tag{5-3}$$

$$G = G_0 \tag{5-4}$$

出口由对方进口国收入决定，通常假设与本国收入无关，为常量X_0；而进口则取决于本国收入。因此有：

$$X = X_0 \tag{5-5}$$

$$M = M_0 + \beta Y \tag{5-6}$$

其中，M_0 为不受收入影响的自发进口，β 为边际进口倾向。

将 5-2、5-3、5-4、5-5、5-6 式带入 5-1 式，得到：

$$Y = \frac{C_0 + I_0 + G_0 + X_0 - M_0}{1 - \alpha + \beta}。 \tag{5-7}$$

由(5-7) 式可得出口乘数为：

$$\frac{dY}{dX_0} = \frac{1}{1 - \alpha + \beta} \tag{5-8}$$

由于不考虑收入对投资的影响，这样进口的全部是消费品。边际消费倾向既包括对本国产品的边际消费倾向，又包括对进口产品的边际消费倾向，是二者之和，因此边际进口倾向小于边际消费倾向，即 $\alpha > \beta$。这样，$1 - \alpha + \beta < 1$，$\frac{dY}{dX_0} > 1$，即出口乘数为正，且大于 1。换言之，出口的增加将带来产出的增加，其增加的规模将成倍于增加的出口。

同理，可得进口乘数：

$$\frac{dY}{dM_0} = \frac{1}{1 - \alpha + \beta} \tag{5-9}$$

可见，进口乘数为负，且绝对值大于 1，即进口的增加将导致产出减少，其减少的规模将大于进口增加的规模。

三、对贸易乘数保护理论的评价

贸易乘数保护理论是资本主义世界生产过剩的产物，它将贸易保护的范围进一步扩大，将贸易盈余作为解决本国失业和促进经济增长的外部手段。如果各国都以此理论指导其贸易行为的话，那必将导致贸易规模的缩小和贸易利益的损失，不利于世界经济一体化的发展和国际分工的进一步深化。

第四节　新贸易保护主义

第二次世界大战结束以来，在世界贸易组织(WTO) 等国际组织的努力推动下，国际贸易自由化的大趋势已经形成。但在各国经济交往日益频繁、国际贸易规模不断扩大的同时，贸易保护主义却没有失去市场，且花样翻新。以技术性贸易壁垒、知识产权壁垒、反倾销、反补贴、特别保障措施等为主要表现形式的新贸易保护主义在 20 世纪七八十年代开始出现并快速发展，并在 90 年代和新千年有了进一步演变，在 2008 年国际金融危机爆发后则加速发展，且越演越烈。

一、新贸易保护主义出现与发展的原因

新贸易保护主义一般是指第二次世界大战以来产生于西方发达国家并延续至今的各种贸易保护思想、理论及政策措施。新贸易保护主义出现并不断发展既有多边贸易体制的原因，也有国际贸易理论发展和社会理念变化的推动，而各国经济发展不平衡是其出现和发展的深层原因。

（一）多边贸易自由化体制的约束是其出现的诱因

第二次世界大战结束后，关贸总协定(GATT) 和世界贸易组织(WTO) 通过建立多边贸易自由化体制，使各种贸易壁垒尤其是关税壁垒有了很大程度的下降，国际贸易的自由化程度不断提高。与此同时，新贸易保护主义也从无到有，并随着贸易自由化的深入而不断发展。这个过程恰好与贸易自由化体制建立和不断完善的过程相重合。可以说，不断加强的多边贸易自由化体制约束成为了新贸易保护主义出现并发展的诱因之一。为了促进多边贸易自由化体制的建立，关贸总协定和世界贸易组织要求各成员必须大幅度削减关税和非关税壁垒，明确提出国际贸易中禁止使用数量限制，并且要求在降低关税和削减非关税壁垒后，一般情况下不能单方面再提高或重新设置。由于关贸总协定和世界贸易组织的协议具有强制性，各成员国都必须遵守，用于保护国内市场的传统手段受到了限制。但是各国并没有放弃对国内市场的保护，为了能在日益严格的体制约束下保护国内市场，各国尤其是发达国家开始寻求新的贸易保护措施和手段，从而使得新贸易保护主义开始出现。

由于在经济利益上存在较大差异，各成员国针对多边贸易自由化体制设计

方面有着不同的诉求，世界贸易组织的各项协议都是各国利益相互妥协的产物，因此多边贸易自由化体制并非十分严格，并存在一些缺陷，而这些缺陷为新贸易保护主义提供了发展空间。为了获得更多成员国的支持，世界贸易组织的很多协议都设有例外条款，如为了防止国际收支出现较大困难，各成员国可以临时进行数量限制或者进口义务豁免等。这些条款只是为了起到缓冲器的作用，却常被用作贸易保护的法律依据。由于成员国间存在较大差异，世界贸易组织并没有要求对等开放，还给予发展中国家一定的优惠安排。但在协议的签订和执行过程中，发达国家却常常打着"公平贸易"的幌子，频繁地使用反倾销、反补贴和保障措施对发展中国家的出口进行打击，世界贸易组织设计出的缓冲性措施被滥用成了新贸易保护主义的进攻工具。世界贸易组织规则规定，若一国以低于"正常价格"的价格出口产品并对进口国国内同类产业造成实质损害，则进口国可实施反倾销与反补贴，但"正常价格"却较难界定，通常被发达国家作为实施反倾销与反补贴的依据。又例如，世界贸易组织规则规定若一国出口产品"数量激增"并对进口国国内同类产业造成实质损害，则进口国可执行特别保障措施，但"数量激增"也较难界定，通常被发达国家作为实施特别保障措施的依据。此外，世界贸易组织规则允许各国根据自身特点制定不同技术标准，从而为发达国家通过构筑技术性贸易壁垒限制进口提供了便利。

（二） 理论的创新为其出现和发展提供了思想基础

第二次世界大战结束以来，国际贸易理论取得了新发展，经济学家们从不完全竞争、规模经济、区域集团化等新的角度来分析国际贸易保护的必要性，从而推出了战略性贸易政策、地区经济主义等一批新的贸易理论。另外，随着人们对经济增长、环境、资源等因素之间关系的重视，一些新的思想观念开始形成。这些都为新贸易保护主义的出现和发展提供了一定思想基础。

1. 战略性贸易政策理论

战略性贸易政策是指一国政府在不完全竞争和规模经济的条件下，利用生产补贴、出口补贴以及保护国内市场的各种措施来扶植本国战略性产业的成长，增强其在国际市场的竞争力，占领他国市场，获取规模报酬和垄断利润的贸易政策。战略性贸易政策理论是新贸易理论的延伸，之所以冠上"战略"二字，是因为政府在制定贸易政策时会把对手国的反应考虑在内。

战略性贸易政策理论提出的背景是 20 世纪 80 年代的美国。一方面，当时美国的国际经济地位出现了变化。1960—1980 年，美国制造业中进出口的份额增加了一倍以上。在 1960 年，美国制造业厂商基本上是面对本国消费者销售并与本国厂商竞争，出口通常是次要的活动，并且面临外国竞争的压力很小。而到了 80 年代，大多数厂商要么严重依赖出口销售，要么在国内市场上遇到外国竞争者的有力竞争，贸易的重要性日益提高。为维护本国企业的利益，美国政府着手干预贸易。另外，当时在美国以克鲁格曼为首的经济学家们将产业组织理论应用于国际贸易分析，产生了以规模经济和不完全竞争为前提的新贸易理论。这些学者们放松了新古典经济学的假设，集中研究不完全竞争市场条件下的贸易政策。他们一致认为：在不完全竞争条件下，通过限制进口促进出口可以提高国内企业的赢利能力，获得超额利润，从而增加本国的国民收入，而战略性贸易政策就是使本国尽可能地获得这个超额利润，因此自由贸易并不是最优的。实行贸易保护由此在经济理论上得到了支持。战略性贸易政策理论主要包括以下内容。

第一，确定最优补贴，帮助本国厂商夺取市场份额。这种论点认为，向在第三国市场上同外国竞争者进行古诺双头博弈的本国厂商提供补贴，可以帮助本国厂商扩大国际市场份额，提高本国国民福利。这是因为，通过补贴可以降低本国厂商的边际成本和平均成本，使厂商有更高的反应曲线，获得更大的国际市场份额。

第二，帮助企业形成规模经济。在国际竞争的行业中存在规模经济，因此，政府可帮助本国企业首先得到低成本所需要的规模，从而就能以低成本优势去占领更多市场，在竞争中赢得主动，并最终增加本国的国民收入和国民福利。存在规模经济的行业会随着时间的推移提高进入门槛，因此国家的保护或补贴就会使本国企业"先行一步"，其成本方面的优势是后进入者所不能比拟的。

第三，谋求外部效应。在一些高科技行业，正的外部经济效应显著，私人厂商不完全占有其研究与开发成果的收益，会造成这些行业的私人投资不足、实际产出低于社会最优产出水平。但这些行业一旦成长为战略性支柱产业，其创造的知识、技术和创新产品将对全社会的科技进步与经济增长起到不可估量的推动作用。另外，高技术先行企业在创建新兴产业的过程中，面临巨额研发支出，承担巨大投资风险，而其知识贡献无偿地外溢到别的厂商，这些企业的私人成本与社会成本、私人效益与社会效益相偏离，知识产权法并不能完全克服这种偏离，这就需要政府出面矫正市场失灵。针对以上情况，政府产业政策和贸易干预的要旨就在于将那些颇具潜在竞争优势且有深远外部影响的高技术产业列为目标产业，进行适当的扶持和保护，以便从国家战略利益出发，在宏观范围内追寻和谋求可观的外部经济利益。

战略性贸易政策理论提出后，在许多国家，尤其是美国转化为了实际的政策并得到了有效实施。以最具有战略性特征的高科技产业为例，政府运用包括研究与开发(R&D) 补贴在内的各种政策工具扶持本国的高科技产业已是司空见惯的现象。事实上，战略性贸易政策理论的实际影响力更为深远，绝非对一些产业进行扶持本身所能反映的。1992 年后，美国经历了很长时间的经济高速增长期，而与此同时，世界上其他国家和地区的经济却表现不佳。当然这其中与当时一些国家正经历计划经济向市场经济转型，同时欠发达国家以及新兴工业国家分别遭遇债务问题和金融危机有很大关系，但依然不能完全解释两者迥然不同的境遇。许多经济学者认为正是战略性贸易政策的实施导致了世界财富向美国集中。

2. 地区经济主义新贸易保护论

该理论由英国学者蒂姆和科林(1994) 提出。两人声称，他们主张的地区经济主义旨在通过减少国际贸易和对整个经济的重新定位及使其多样化，让它朝着地区或国家内生产的最大化方面发展，然后以周边地区为依赖对象，并且只把全球贸易作为最后的选择。该理论认为，自由贸易存在着固有缺陷，实行自由贸易政策只会带来过度的竞争、失业的增加和资源的过度开采。因此，要实现经济公平和环境的持续协调发展，就必须加强地区间的经济合作，实行地区性贸易保护。地区间的经济合作应优先于全球范围的自由贸易。为使地区经济优先发展，实现贸易平衡和保护世界环境，一国需要根据预期的出口量控制进口量并使两者严格平衡，并制定高标准的进出口规则，同时将一国的贸易保护演变为区域性贸易保护。在区域范围内，国家之间仍实行自由贸易，而对区域外的国家则实行共同的关税壁垒。

3. 环境优先新贸易保护论

由于近 20 年来全球工业化加速，致使生态平衡遭到破坏，人类生存环境日趋恶化。国际社会对环境问题以及全球经济可持续发展问题的关注和重视导致诸多国际公约的产生。各国政府也相继制定了一系列法律、法规和政策措施，希望通过对自由贸易政策的干预，实现保护自然、改善生态环境的目的。在此背景下，环境优先新贸易保护论产生了，它主要表现为借保护环境之名来限制商品进口。其主要论点是：由于生态系统面临巨大威胁，在国际贸易中应该优先考虑环境保护，减少污染产品的生产与销售；为了保护环境，任何国家都可以采取保护措施，限制对环境产生威胁的产品的进口；企业要将保护环境所耗费的成本计入产品价格，即环境成本内在化。实践中，进口国主要采用以技术壁垒和环境壁垒为核心的非关税壁垒措施，以保护环境，保护人类、动植物的生命健康安全为名，行贸易保护之实。

除了上述的理论，新福利经济学、国际劳动力价格均等化理论分别从保护本国福利增加和减少劳动力价格下降等角度阐述了实行贸易保护的必要性。这些新理论的出现和应用为新贸易保护主义提供了丰富的思想基础，而这些理论的观点与现实状况联系较为紧密，能够与当前人们关心的问题相吻合，使得建立在这些理论之上的新贸易保护主义更容易被人们所接受。

（三）各国经济发展不平衡是其出现并发展的深层原因

新贸易保护主义的出现和发展与各国间经济发展不平衡密切相关。第二次世界大战结束后的 70 年间，世界经济的发展既有 20 世纪 50、60 年代的黄金时期，也有七八十年代的低谷时期。由于各国经济发展速度存在较大差异，各国经济实力对比发生了很大变化。

首先，发达国家之间的经济发展不平衡。从 20 世纪 70 年代开始，日本、德国经济崛起改变了美国经济独霸世界的格局。在与欧洲、日本的竞争中，美国日益处于不利地位。为了应对日、德等国的竞争，新贸易保护主义开始在美国出现。鉴于国家间经济相互依存度的不断提高，一国贸易保护政策的实施势必产生连锁反应，引起其他国家毅然决然的效仿和报复，致使新贸易保护主义得以迅速蔓延，形成普遍的贸易保护倾向。

其次，从 20 世纪 90 年代开始，由于新兴工业化国家及一些发展中国家经济持续增长，出口贸易发展迅速，对西方国家的同类产品形成竞争压力。其中以中国、墨西哥、马来西亚、印度等国家为代表的发展中大国出口规模迅速扩大，并逐步成为世界制成品市场的重要供应者，尤其在中低端工业品市场上，这些国家已经形成了一定的出口竞争力，并逐步取代发达国家原有的市场份额。尽管这些发展中大国出口的高速增长并未彻底改变国际贸易不平衡增长的局面，但其出口实力的增强对国际贸易格局产生了不可忽视的影响。发展中大国大量低价工业品进入欧美市场，对发达国家国内的相关产业造成了冲击。为缓解由此形成的贸易逆差和各种国内矛盾，发达国家利用其政治经济强权，加强了对这些发展中出口国的贸易制裁。同时，由于这些发展中大国的产品结构和市场结构相近，彼此之间竞争十分激烈。近年来，这些发展中出口大国之间的贸易纠纷已成为国际贸易摩擦的重要内容。

二、新贸易保护主义的特征

第二次世界大战后发源于美国的新贸易保护主义，是在以关贸总协定、世贸组织为主导的国际多边自由贸易体制不断发展、经济全球化进程不断加快的背景下，西方发达国家维持经济优势的产物，是在贸易自由化不断加快的进程中不断改变着自身形式的贸易保护主义。

与传统的贸易保护主义相比，新贸易保护主义具有以下特征。

1．具有新的保护动机

以往的贸易保护主义，贸易保护的动机往往是防守性的，国家通过设置各种贸易壁垒限制进口，为本国幼稚产业提供发展空间，从而提高本国产业的竞争力。新贸易保护主义的贸易保护的动机是进攻性的，国家设置各种保护措施主要是为了削弱对方产品的竞争力或者限制对方企业的进入，这种情况在发达国家尤为明显。发达国家常常通过征收高额反倾销税、反补贴税以及动用保障措施条款，打击进口商品的竞争力；通过严格的技术标准和认证制度，使得多数国外企业难以进入高技术、高附加值产品领域；执行严格的检验、检疫标准以及环保、劳工标准，抬高进口商品的生产成本，从而降低发展中国家在农产品以及其他劳动密集型产品中的竞争力。

2．具有更大的保护范围

以往的贸易保护主义重点保护的是农业、幼稚产业，或者是已经处于衰退期但与国内就业密切相关的行业，如发达国家的钢铁业、纺织业等。新贸易保护主义除了坚持对以上产业的保护，还扩大到了新兴服务业、高科技产业以及知识产权等领域。从全球范围内来看，服务业在国民经济中的地位不断提高，服务贸易在国际贸易总额中的比重上升迅速。在主要发达国家中，服务业在经济中的比重已经全面超过了工业，发达国家还垄断着国际服务贸易。为了维护在服务业和服务贸易中的优势地位，发达国家对于国际服务贸易的干预程度很高。由于技术的特殊性及重要性，技术的出口国不仅会限制高科技产品的出口，而且还会要求进口国必须保护其知识产权。

3．具有更大的隐蔽性和欺骗性

新贸易保护主义主要采用非关税壁垒。20 世纪七八十年代的新贸易保护主义还带有"以邻为壑"的特点，但到了 20 世纪 90 年代，明显性的非关税措施如进口许可证制、自动出口配额、出口补贴和进口配额等受到世贸组织越来越严的规则约束，隐蔽性的壁垒措施(如技术标准、质量认证、检验程序、环境保护与国民健康标准等) 成为最佳选择。

传统的贸易保护主义几乎毫不掩饰其保护本国产业的利己主义动机，而新贸易保护主义在国内，以维持高就业、高收入水平为号召，较之直接宣布保护某一行业更能赢得本国公众的同情和支持，在国际上，又打出保护环境、维护"人权"、保护劳工权益等旗号，显得有理有据，与传统的贸易保护主义相比具有更大的欺骗性，不易受到抵制和报复。

4. 实施主体具有全球性和区域性

20 世纪 90 年代后期以来，多边贸易自由化谈判进展缓慢，于是区域贸易协定的签订风潮再度兴起。那些尚未加入区域贸易协定的国家为避免被边缘化而导致在国际贸易上被排挤，也积极参与到区域经济一体化的浪潮之中。在多数情况下，区域贸易协定及区域经济一体化组织与世贸组织具有互补、互动的关系，但区域贸易协定以及区域贸易组织对非成员国的进口构成了障碍，其中一些安排带有明显的排他性保护色彩。

区域经济一体化的发展是对多边贸易体系的补充，使区域内贸易伙伴间的贸易壁垒大幅降低，同时也在一定程度上削弱了多边贸易体系的作用，导致区域外的贸易伙伴面临新的贸易壁垒，这实际上也是一种贸易保护。在全球范围内越来越多的区域组织不断出现，形成了多个利益集团，例如欧盟(EU)、东盟(ASEAN)、北美自由贸易区(NAFTA)和南方共同体(MERCOSUR)等。在亚洲地区，近年来区域一体化呈现竞争态势，跨太平洋伙伴关系(TPP)、区域全面经济合作伙伴关系(RCEP)等谈判相继出现。区域内贸易比重占据重要地位，国家间竞争向区域集团间竞争演变。

5. 从单边保护转向多边贸易体系下的合法性保护

世贸组织成立后，传统的贸易保护做法如关税、配额、许可证等手段已受到世贸组织规则的限制，作用日益弱化，发达国家在单方面保护自身利益的同时，为了不丧失国际多边体系带来的利益，在政策手段上不得不考虑国际影响。从世贸组织规则中寻求保护措施成为新贸易保护主义的新策略，因此，反倾销、反补贴和保障措施等世贸组织允许的贸易救济方式成为当今各国主要的贸易保护措施。世贸组织允许其成员对遭受的"不公平贸易"实施救济，上述措施符合世贸组织规则，对方国家难以找到报复借口，不易引起大规模贸易摩擦，因而成为当今某些国家频繁使用，乃至滥用的重要手段。各国还对反倾销、反补贴与保障措施纷纷立法，将这些政策法制化、制度化，以获得国内外的合法性基础。

第五节　其他的贸易保护理论

一、战略性贸易保护理论

20 世纪 80 年代以来，以詹姆斯·布兰德(James Brander)、B. 斯潘塞(B. Spencer)等人为代表的西方经济学家提出了战略性贸易保护理论。自从该理论出现以来，对国际贸易理论体系及许多国家对外贸易政策的制定都产生了重大影响。

战略性贸易政策(strategic trade policy)，是指在不完全竞争市场中，政府积极运用补贴或出品鼓励等措施对那些被认为存在着规模经济、外部经济或大量"租"(某种要素所得到的高于该要素用于其他用途所获得的收益)的产业予以扶持，扩大本国厂商在国际市场上所占的市场份额，把超额利润从外国厂商转移给本国厂商，以增加本国经济福利和加强在国际市场上的战略地位。

在战略性贸易政策中，有两种政策主张受到较为广泛的关注：一是布兰德和斯潘塞提出的战略性出口政策，包括战略性 R&D 补贴和战略性出口补贴两种模型；二是克鲁格曼(P. R. Krugman)提出的进口保护以促进出口政策，也称为"保护性出口促进"战略。

（一）R&D 补贴与国际贸易

用一个简单的博弈模型来解释 R&D 补贴对国际贸易的影响。

假设本国和外国的厂商 A、B 具有相似的技术能力，如果它们都生产某产品，则由于需求有限，两厂商分占世界市场的产品生产和出口的数量而无法实现规模经济，比如，因此使双方都亏损 5 亿元。但如一方生产，另一方不生产，则由于一方独占市场可获得规模经济，所带来的垄断利润比如达到 100 亿元。当然，如果双方都不生产，则双方虽无亏损，但也无利润。

显然，在没有政府补贴时，双方博弈的胜负，取决于谁先占先，比如在右上角和左下角的情形；另一方如也要进入市场，虽然最终会出现左上角的情形，即两者亏损相等的金额，但在初始阶段从另一方那里争夺市场时，新人方会亏损得更多，这会使它理智地放弃竞争。

现假设 A 厂商的政府给予 A 厂商 10 亿元的 R&D 补贴。如果 A 厂商本来处于表 5-1 的左上角的情形，则它会从亏损 5 亿元变为获利 5 亿元，从而会继续留在市场而不退出；如果它处于左下角的情形，则补贴会降低它与 B 厂商争夺市场的初始阶段的亏损而使它进入市场，于是，最终会出现与左上角相同的情况；如果它处于右下角的情形，则它也会变不生产为生产而独占市场；如果它处于右上角的情形，则它获利 110 亿元。事实上在前两种情形，B 厂商会因为亏损而退出市场，最终也使 A 厂商独占市场，获得与右上角相同的利润。所以，不管何种情形，政府的补贴都会使本国厂商最终垄断世界市场，带来大于补贴的垄断利润。

当然，上述的两种方法所证明的 A 国的战略性贸易政策所带来的战略性的利益，都是与 B 国厂商争夺市场的结果，那是以 B 国厂商的损失为代价的，而不像自由贸易的理论那样强调双赢。因此，这种政策有可能遭到对方的报复(比如 B 国采用相同的战略)，最终造成两败俱伤。但是，如果像许多自由贸易理论那样只停留在静态分析的层面，我们也难以否定上述的战略性贸易保护政策理论的意义，因为它也像许多自由贸易理论一样，静态地论证了一种实现国家主义的手段。

（二）战略性出口政策：出口补贴

在不完全竞争条件下，出口补贴的效应与上一章分析的小国情形完全不同。如果市场结构是寡头垄断的，则出口补贴能提高本国企业在国际市场上的份额，从而使本国企业获得大规模生产的利益和更多的超额利润。当新增的利润能够抵消出口补贴的成本时，实行出口补贴就能增加本国福利。以下以双寡头垄断模型来说明出口补贴的效果。

1. 模型假设

假设世界上只有分别属于 H 国和 F 国的两个企业生产和销售某种同质产品，即世界市场是双寡头结构，同时假设两个厂商的决策变量为产量或销售量，这样我们的问题就变成古诺模型所讨论的问题。

2. 模型分析

在图 5-4 中，横轴表示 H 国厂商在世界市场的销售量，纵轴表示 F 国厂商在世界市场的销售量；R_H 和 R_F 分别表示 H 国和 F 国厂商的反应曲线。在两国都没有出口补贴的情况下，两国厂商反应曲线的交点 E 即为古诺均衡点。对于 E 点，H 国和 F 国在世界市场的销售量分别为 q_H^0 和 q_F^0 在这一点，两个厂商都不愿意再改变其销售量。均衡时，每个厂商都获得一部分超额利润，其多少取决于每个厂商的市场份额，即市场份额大和销售量大的厂商获得超额利润多。

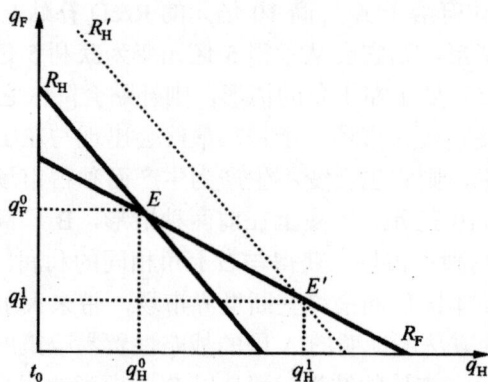

图 5-4 出口补贴与双寡头下的贸易

现在假设 H 国厂商通过游说政府，从政府那里获得了出口补贴，则 H 国厂商出口产品的实际成本将低于其边际成本，两者之间的差额等于单位产品的补贴金额。此时，H 国的厂商就会增加其产量和销售量，从而导致价格下降，边际收益下降。当边际收益的下降等于因补贴而发生的边际成本的下降时，H 国厂商的产量和价格达到了最优均衡水平。对于 F 国厂商来说，由于没有得到政府的出口补贴，价格下降使得其边际收益下降的结果是，F 国的厂商不得不通过削减产量来降低边际成本，同时也促使价格回升，减少其利润损失。

事实上，两国厂商的这一博弈过程表现为：H 国政府对其厂商提供了出口补贴后，使 H 国厂商的反应曲线向右移动到 $R_H^{'}$ 的位置，$R_H^{'}$ 与 R_F 的交点 $E^{'}$ 决定了两个厂商新的古诺均衡。在这个新的均衡点上，H 国的产量和销售量由 q_H^0 增加到 q_H^1，F 国的产量和销售量由 q_F^0 减少到 q_F^1。政府出口补贴的结果改变了原来的均衡结构，使均衡向有利于本国厂商的方向转移。如果出口补贴使本国厂商增加的利润超过补贴的成本，这种补贴就会增加本国的福利，本国的贸易保护政策就优于自由贸易政策。

H 国市场份额和利润的增加，是以 F 国市场份额和利润的减少为代价的，因而 H 国福利的增加是以 F 国福利的减少为代价的，这就不可避免地会招致 F 国的报复。如果 F 国政府也给其企业提供出口补贴，就会形成两国政府之间的补贴大战，从而在世界市场不能扩大的情况下，使两国的福利都下降。

（三）进口保护以促进出口

进口保护以促进出口(import protection as export promotion)，是指通过保护厂商所在的国内市场，来提高其在国外市场的竞争力，达到增加出口的目的。这一观点是由克鲁格曼提出的。以下还是以双寡头例子来说明这种观点。

1．模型假设

假设 H 国厂商的边际成本是递减的，H 国厂商不仅在国外市场(第三国市场)上面对 F 国厂商的竞争，而且在其国内市场也要面对 F 国厂商的竞争，即国内外市场都是双寡头市场结构。在自由贸易下，两个厂商在 H 国国内市场、第三国市场上的销售，分别由这两个厂商在两个市场上的反应曲线的交点决定。

2．模型分析

现在假设 H 国政府对来自 F 国厂商的进口商品征收关税，以限制 F 国厂商的产品在 H 国市场的销售，于是 H 国厂商的生产增加。由于边际成本递减，所以 H 国厂商的边际成本因生产规模扩大而下降。边际成本下降之后，H 国厂商在第三国市场的反应曲线跟图 5-4 所示的情况一样，向右移动，结果自然也与出口补贴的情形一样，即 H 国对第三国的出口增加，而 F 国厂商则出口下降，利润减少。如果关税导致的本国厂商利润增加部分与关税收入之和，能完全抵消关税保护的成本，那么保护国的福利会改善。

（四）对战略性贸易政策的评价

战略性贸易政策在理论上具有一定的合理性和说服力，但它又有着难以克服的弊病，制约其在实践中的可行性。

第一，难以准确选择战略性产业，很可能因战略性产业选择错误而造成资源浪费。幼稚产业保护理论也有类似问题。

第二，战略性贸易政策是一种以邻为壑的贸易政策，即以牺牲别国的利益来提高本国福利，这就令该政策很容易引发贸易战，世界贸易规模将因此而缩小，贸易利益下降。

第三，自由进入的市场结构可能导致垄断利润丧失。如果受保护产业的进入无壁垒，那么该产业的垄断利润会导致大量企业进入，垄断利润消失，战略性贸易政策将不能实现其预期的目标。

第四，政府通过贸易政策支持国内企业，这可能导致企业对政府的依赖，不利于企业和所属产业的发展与成熟。

二、次优理论与贸易保护

1956 年，经济学家 R. G. 李普西(R. G. Lipsey) 和 K. 兰卡斯特(K. Lancaster) 总结前人的理论分析，创立了次优理论(Theory of Second Best) 。

（一）次优理论的含义

简单来说，次优理论的含义是："假设达到帕累托最优状态需要满足十个假设条件，如果这些条件至少有一个不能满足，即被破坏掉了，那么，满足全部剩下来的九个条件而得到的次优状态，未必比满足剩下来的九个条件中的一部分(如满足四个或五个) 而得到的次优状态更加接近于十个条件都得到满足的帕累托最优状态。"

次优理论的基本思想可以用一个简单的图形来说明。如图 5-5 所示。假设社会的生产可能性曲线由图中的 PP 线表示，偏好由社会无差异曲线给定。又假设经济系统中存在一个约束条件，使得最优点 E 无法达到，设这个约束条件由直线 AB 表示。由于存在着这一约束，经济难以达到直线 AB 右上方的商品组合。社会最优化问题是在 AB 线的约束下争取(由社会无差异曲线表示的) 福利最大化。图 5-5 清楚地显示这一最优点不一定在生产可能性边界 PP 线上,因为点 C 明显地比点 D 更优。这显然否定了这样的论点,即如果帕累托最优的所有条件不能全部满足,则满足某一部分就是最好的政策。

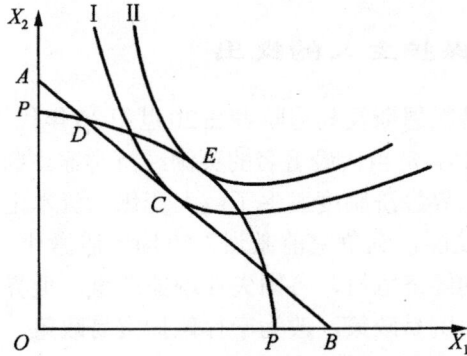

图 5-5　次优理论的基本思想

次优理论的基本思想还可以用英国经济学家 J．E．米德(J．E．Meade) 所讲的一个比喻来说明。设想一个人,他想登上群山的最高点。在朝着最高点行进的途中,他将不得不先爬上一些较低的山峰,然后再下山。因此,"为了达到最高点,这个人应该始终向山上爬"的说法并不正确。再者,由于最高的那座山被不同高度的群山环绕着,因此,当他爬到一座山后,很可能要攀登的是另一座较低的山。所以,任何朝着最高点的移动,一定都会把这个人带到更高的位置这种说法是错误的。

由于原有意义上的帕累托最优因为受到某些条件的破坏而未能实现,因而实现的某些条件被破坏后的最优结果通常被冠以"次优"。相应的,上述结论也被西方经济学界称为"次优定理"或"次优理论"。

(二) 次优理论与贸易保护

根据次优理论,由于现实世界存在着各种扭曲,如垄断因素、外部性、信息不完善和信息不对称等,使得帕累托最优的所有条件不能完全满足,自由贸易往往导致一国朝着错误的专业化分工方向发展,从而导致资源的错误配置。而贸易的限制,则可能有利于减少或消除商品市场和要素市场的价格扭曲,矫正资源的错误配置。从这个意义上说,自由贸易不一定自动改善一国的福利,有时反而会引起一国福利水平的下降;相反,保护贸易也不一定导致一国福利状况的恶化,有时反而会引起一国福利水平的改善。因此，次优理论就从理论上为贸易保护找到了依据。

三、超贸易保护主义

（一）超贸易保护主义的提出

超贸易保护主义是凯恩斯及其追随者在20世纪30年代提出的贸易保护思想。

凯恩斯(1883—1946) 是当代最著名的英国经济学家，凯恩斯主义的创始人。凯恩斯生活的时代，世界经济制度发生了巨大变化。资本主义经济以垄断代替了自由竞争，科技迅速发展，竞争空前激烈，市场矛盾激化。尤其是 1929—1933 年世界爆发空前严重的经济危机，各国失业现象严重，世界市场问题进一步尖锐化，各国相继放弃自由贸易政策，改为奉行保护贸易政策，强化了国家政权对经济的干预作用。在这种背景下，凯恩斯的经济立场也发生了改变，由原来的支持自由贸易转为赞同贸易保护，并积极为其提供理论依据。

1936 年，凯恩斯出版了他的代表作《就业、利息和货币通论》，在书中他对自由贸易理论展开了批评，推崇重商主义，认为重商主义的保护贸易政策确实能够保证经济繁荣，扩大就业，并以有效需求不足为基础，以边际消费倾向、边际资本效率和灵活偏好三个所谓心理规律为核心，以国家干预为政策基点，创立了保护国内就业的新学说。因此，凯恩斯主义也被称为"新重商主义"。

凯恩斯的追随者们对凯恩斯的理论加以充实和扩展，形成了凯恩斯主义的贸易保护思想，即超贸易保护主义。

（二）超贸易保护主义的理论基础——对外贸易乘数理论

超贸易保护主义思想的核心是对外贸易乘数理论。

凯恩斯最早在 1924 年提出了乘数思想。乘数概念则是由凯恩斯的学生卡恩(1931) 在《国内投资与失业的关系》一文中首先提出来的。按照卡恩的就业乘数，当净投资增加时，总就业增量将是初始就业增量的一个倍数。凯恩斯(1936) 接受了卡恩的乘数概念，提出了投资乘数。凯恩斯认为投资的增加对国民收入的影响有乘数作用，即增加投资所导致的国民收入的增加是投资增加的若干倍。之所以会这样，是因为新增投资引起对生产资料的需求增加，从而引起从事生产资料生产的人们的收入增加。收入增加又引起消费品需求的增加，从而导致从事消费品生产的人们收入的增加。如此推演下去，结果是国民收入的增加等于投资增加的若干倍。

凯恩斯的追随者哈罗德(1933)等人把乘数理论引入对外贸易领域,分析了对外贸易与增加就业、提高国民收入的倍数关系,提出了对外贸易乘数理论。该理论认为,一国的出口和国内投资一样,属于"注入",对就业和国民收入有倍增作用;而一国的进口,则与国内储蓄一样,属于"漏出",对就业和国民收入有倍减效应。当商品劳务输出时,从国外获得货币收入,会使出口产业部门收入增加,消费也随之增加,从而引起其他产业部门生产增加、就业增多、收入增加。如此反复下去,收入增加将为出口增加的若干倍。当商品劳务输入时,向国外支付货币,使收入减少,消费随之下降、国内生产缩减、收入减少。因此,只有当对外贸易为顺差时,才能增加一国就业量,提高国民收入。

(三) 超贸易保护主义的主要思想与政策主张

超贸易保护主义的主要思想及其政策主张可以归结为以下三点。

1. 认为古典学派的国际贸易理论已经过时,反对自由贸易

古典自由贸易理论假定国内是充分就业的,国家间贸易以出口抵偿进口,进出口能够平衡。偶尔出现差额,也会由于黄金的移动和由此产生的物价变动而得到调整,进出口复位于平衡。

凯恩斯主义认为,古典学派的贸易理论已经过时了。首先,他们的理论前提条件之一是充分就业事实上并不存在,现实社会存在着大量的失业现象。其次,传统理论只用国际收支自动调节机制来证明贸易顺差、逆差的最终均衡过程,忽视了在调节过程中对一国国民收入和就业的影响,这是不对的。

2. 贸易顺差有益,贸易逆差有害

凯恩斯主义认为,总投资包括国内投资和国外投资,国内投资额由资本边际收益和利息率决定,国外投资量则由贸易顺差大小决定。贸易顺差可为一国带来黄金,也可扩大支付手段、压低利息率、刺激物价上涨、扩大投资,这有利于国内危机的缓和与扩大就业。贸易逆差则会造成黄金外流,使物价下降,导致国内经济萧条,失业人数增加。

3. 国家要干预外贸活动,以扩大有效需求和就业

凯恩斯主义的拥护者们以提高有效需求为借口,极力提倡国家干预对外贸易活动,大力推动出口,抑制进口,保持外贸顺差,采用包括财政政策、货币金融政策、收入分配政策以及对外经济政策在内的一系列宏观经济管理和调节措施来干预经济,以增加有效需求,扩大就业。

（四） 超贸易保护主义的特点

19世纪末至第二次世界大战前，发达资本主义国家为了帮助垄断资本扩大国际市场份额，输出过剩产能，转嫁经济危机，实施了超贸易保护政策。这种政策具有如下特点。

(1) 保护的对象扩大了。超贸易保护政策不但保护幼稚工业，更多地是保护国内高度发展或出现衰落的垄断工业。

(2) 保护的目的变了。超贸易保护政策不再是培养自由竞争的能力，而是巩固和加强对国内外市场的垄断。

(3) 保护具有侵略性和扩张性。以前的贸易保护主义是防御性地限制进口以保护国内市场，超贸易保护政策是要在垄断国内市场的基础上进攻性地夺取国外市场，实现经济扩张。

(4) 保护的阶级利益从一般的工业资产阶级转向大垄断资产阶段。

(5) 保护措施多样化。保护的措施不仅有提高关税壁垒，还有各种各样"奖出限入"

的非关税措施，如增加课税种类，对进出口贸易实行更严厉的许可证制度及外汇管制，禁止或限制外国产品进口，对本国商品出口采取退税、补贴、低息贷款、出口担保、关税减免等措施。

(6) 组成货币集团，划分世界市场。1931年，英国放弃了金本位，引起了统一的世界货币体系的瓦解，主要帝国主义国家各自组成了排他性的相互对立的货币集团。1931年之后，资本主义世界存在英镑集团、美元集团、法郎集团、德国双边清算集团和日元集团等货币集团。

（五） 对超贸易保护主义的评价

超贸易保护主义的思想，尤其是其中的对外贸易乘数理论，是对传统自由贸易理论假定各国总处于贸易平衡状态的修正，在一定程度上揭示了对外贸易与国民经济发展之间的内在规律性，因而具有重要的现实意义，对于认清国民经济体系的运行规律，制定切实有效的宏观经济政策也有一定的理论指导意义。

当一国经济出现衰退时，政府就应该采取扩张性政策，除了对内扩大消费与投资外，对外应扩大出口，控制进口，这样有利于经济复苏；当一国经济出现过热时，政府就应采取紧缩性政策，除了对内控制消费与投资外，对外应扩大进口，控制出口，这样有利于抵制通货膨胀，稳定经济。当国家在制定对外宏观经济政策时，必然要考虑到政策的力度。这里政策的力度取决于两个因素，一是经济政策变量的大小，二是经济政策作用的力度因数，而这个力度因数取决于对外贸易乘数。在一个相当萧条的经济环境中，商品滞销，工厂开工不足，工人大量失业，要发挥贸易促进经济的作用，就应该做大对外贸易乘数。而对外贸易乘数的大小最终与产业关联度、产业链的长度、进出口交易的频率以及行为主体的效率有关。因此要做大对外贸易乘数，首先，出口产品应是产业链较长的产品，如大型机器设备、汽车以及高科技、高附加值的产品；其次，出口企业应多元化、规模化；第三，提高进出口贸易的频率与企业的效率，加快商品与货币的流通速度，加强产业间的连锁互动。

超贸易保护主义也存在很大的局限性。

首先，对外贸易乘数要在一国发挥作用是有前提条件的，即该国存在闲置资源和非充分就业。该国如果资源稀缺则会限制其国民收入的下一轮增长。此外，如果该国国内已经处在充分就业状态，这时出口继续增加意味着总需求的进一步增加，从而将出现过度需求，引起通货膨胀。这时，出口增加所引起的总需求增加与投资增加所引起的总需求增加有所不同。增加投资虽会引起通货膨胀，但过一段时间以后将会形成新生产能力，供给将增加，从而在一定程度上抵消过度需求。但是，出口所形成的过度需求本身并不能形成生产能力，只会引起通货膨胀。

其次，从世界市场的角度出发，假定其他一切条件不变，包括世界的总进口价值不变，这时除非降低出口商品的价格，否则出口将无法继续增加。但是，如果降低出口商品的价格，那么私人企业就会因利润率的下降而不愿扩大产量，增加出口也就无从谈起。所以，对外贸易乘数的作用只有在世界总进口值增加的条件下才能发挥出来，即只有世界总进口值增加，一国才能连续扩大出口，并通过出口来增加本国国民收入和国内就业。

最后，不可否认的是，对外贸易顺差在一定条件下可以增加国民收入、增加就业。但如果为了追求贸易顺差，不加节制地实行"奖出限入"政策，势必导致关税、非关税壁垒盛行，使贸易障碍增多，引发各种贸易战，从而阻碍整个国际贸易的发展，对各国和世界经济都有害无益。

四、贸易条件恶化论

贸易条件恶化论(deteriorating trade terms theory) 是阿根廷著名的经济学家普雷维什针对 1929 年大危机后拉丁美洲国家初级产品的贸易条件的不断恶化情况在 1949 年 5 月向联合国拉丁美洲经济委员会提交的一份题为《拉丁美洲的经济发展及其主要问题》的报告中提出来的。理论提出后经过索洛的历史考查和辛格的进一步完善，得到了大多数发展经济学家的认同。

（一）主要思想

阿根廷经济学家普雷维什和印度经济学家辛格研究了发展中国家的进出口产品价格的变动趋势，发现发展中国家的贸易条件有恶化的趋势。因为发展中国家在与发达国家的国际贸易中主要是出口初级产品、进口工业制成品，而前者的价格相对于后者的价格在不断下降。贸易条件的恶化会引起国际收支的恶化，而国际收支状况的恶化又会引起发展中国家对进口的支付困难，从而对国内经济的增长产生不利的影响。

通常，可以通过本币贬值的方法来改善本国的国际收支，但采用这种方法将使发展中国家的贸易条件进一步恶化。事实上由于初级产品的收入的价格弹性很小，所以即便由于本币贬值使发展中国家主要出口的初级产品的价格下降，但也不会有力地促进其出口收入的增加。另外．发展中国家出口初级产品、进口工业制成品的贸易结构不是短期内可以改变的。所以，他们主张为了本国经济发展的内在要求，为了实现工业化和发展民族工业，发展中国家应该采取保护贸易的政策。

对于初级产品的价格相对于工业制成品的价格有下降趋势的原因，他们概括为以下几点：

第一，初级产品与工业制成品的根本区别就在于它们的技术密集度的差异。发达国家出口的工业制成品通常具有较高的技术含量，加之与发展中国家相比它们的劳动力也相对短缺，因而其产品的人工成本较高。众所周知，产品价格下降的供给方面的原因就在于生产率的提高，但由于人工成本具有下方的刚性，所以，即便发展中国家的初级产品和发达国家的工业制成的生产率增长相同，前者的价格下降幅度也会超过后者。

第二，通常，初级产品的市场是完全竞争的，而工业制成品的市场具有垄断性，也就是说，与前者相比，后者的价格容易受到操纵。比如，垄断厂商可以通过对产量的控制来抑制其产品价格的下降。

第三，两种产品的需求的收入弹性不同。因为初级产品往往是必需品，而工业制成品往往是"正常品"(需求的收入弹性为正的商品)，当消费者的收入水平提高时，他们对前者的需求占其总收入中的比重会下降，对后者的需求会同比上升。因为需求是决定产品价格的需求方面的唯一的因素，所以这就决定了在收入水平提高时的初级产品与工业制成品的价格变化的差异。另外，初级产品的需求的收入弹性比工业制成品小得多，不利的弹性条件使初级产品的相对价格面临下跌的压力。同时，制造业的技术进步常表现为资源节约型的进步，这样必然会减少单位工业制成品所消耗的原料数量，导致原料价格下降。因此，食物和原料等初级产品的贸易条件恶化是结构性的，是长期的。

从发展中国家贸易条件恶化的论点出发，普雷维什等人认为：发展中国家应当摆脱现存的国际分工体系，走独立自主发展工业的道路，即集中更多资源来扩张其现代化工业，而以较少资源用于初级产品出口。基于这样的发展思路，他们认为一定的贸易保护不仅是合理的，而且是必要的。

（二）主要意义

贸易条件恶化论是对正统的新古典贸易学说的彻底否定。首先，它否定了传统贸易理论的静态性质。在传统贸易理论中，贸易条件是既定的，不变的，不存在长期恶化和改善问题。其次，它否定了自由贸易对所有国家都有好处的结论。它认为在现有的贸易格局下，贸易只对出口制成品的中心国家有利，对出口初级产品的外围国家是不利的。因此，它的政策意义是很清楚的，即反对自由贸易，主张贸易保护。它为发展中国家走进口替代的工业化道路、实行贸易保护提供了一个有力的理论根据。20世纪50年代至60年代发展中国家尤其是拉丁美洲国家普遍采用内向型发展战略，其在理论上受普雷维什等人的观点的影响是很大的。

（三）理论的质疑与反驳

贸易条件恶化论遭到一些新古典经济学家的质疑与反驳。质疑与反驳分为三个层次：

第一个层次是否定初级产品贸易条件的下降趋势。新古典经济学家认为，由于出口产品千差万别，统计检验有很大的偏差。虽然大多数研究利用出口商品价格资料得出初级产品贸易条件长期下降的结论，但也有些研究利用另一些资料或不同的处理方法，发现初级产品的贸易条件没有显示出下降的趋势。

第二个层次是承认初级产品贸易条件呈长期下降的趋势，但认为这是表面上的下降，而实际上并没有下降。初级产品相对于工业制成品的价格下降是对这两类产品质量改进的反映。由于工业制成品质量改进较初级产品要快，且工业部门新产品不断涌现，再加上运输成本的大幅度下降，因此，工业制成品的价格相对于初级产品就要高一些。如果考虑这些因素，根据这些因素对初级产品价格作出适当调整，初级产品的相对价格可能没有趋于下降。美国经济学家哈伯勒就曾经指出，贸易条件恶化论者没能适当地考虑旧商品质量的变化以及许多新商品在市场上的出现。他说："由于主要是工业品在质量上有所改进而同时初级产品在质量方面或多或少都是一样的；由于成百上千种新产品经过逐年加到新工业制成品之中，这种偏离就使初级产品出口国(工业制成品进口国)的贸易条件的变动表面上显得比实际情况更不利了"，由于这个原因，"贸易条件恶化是否真正发生过是非常令人怀疑的"。

第三个层次是承认发展中国家贸易条件呈下降的趋势，但并不认为这对发展中国家的经济发展构成重大障碍。贸易条件恶化论者所说的贸易条件是指商品的贸易条件。有的学者认为，商品贸易条件的恶化不等于就是单要素贸易条件和收入贸易条件的恶化。所谓单要素贸易条件是指参与出口生产的某一要素生产率，它等于商品贸易条件与该要素生产率的乘积。即使商品贸易条件下降了，但如果生产率增长比贸易条件下降幅度更大，则单要素贸易条件得到改善。所谓收入贸易条件是指出口商品的购买力，它等于商品贸易条件与出口量的乘积。如果商品贸易条件下降导致出口收入更大幅度的增加，则收入贸易条件就是上升的。例如，如果赞比亚增加了铜的出口，从而导致世界铜价的下跌，但铜价下跌的幅度小于铜出口量增加的幅度，则铜的出口收入就会增加，在进口价格不变的情况下，该国的收入贸易条件就是上升的。

（四）对贸易恶化论的评价

贸易条件恶化论的提出是对正统的贸易理论的巨大挑战。如果国际贸易只是对发达国家有利，对发展中国家不利，比较优势论对发展中国家就毫无用处，必须抛弃。因此，这个新贸易理论受到经济学家尤其是发展经济学家高度和持续的重视。许多学者对普雷维什—辛格假说进行了多次验证，大多数研究得出的结论基本上是一致的，即初级产品贸易条件和发展中国家的贸易条件在长期呈下降趋势。因此，普雷维什—辛格假说至今仍然有它的意义。的确，发展中国家应该实行某种程度的进口替代和贸易保护，不过，用普雷维什—辛格假说来反对发展中国家积极地参与国际贸易和实行进口替代政策是不妥当的。

贸易条件恶化论的支持者虽然反对传统贸易理论的静态性质，但他们自己并没有看到国际贸易的动态利益，或者说他们只看到了发展中国家在国际贸易中遭受的动态损失。其实，国际贸易可以带来很多动态的利益，如专业化、规模经济、技术和知识的扩散、外商投资等等可以促进发展中国家的资源优化配置、技术进步和生产率的持续增长。这些利益有可能使发展中国家在国际贸易中获得的利益大大超过因贸易条件下降所造成的损失，那些积极地走外向型发展战略的新兴工业化国家和地区的发展实绩证明了这一点。

五、国防论

另一个主张保护贸易的观点是立足于国防需要的。这样的观点的合理性是显而易见的。因为如果某一产业的产品是国防必不可少的，并且如果它缺乏保护而无法生存的话，不予以保护将危及国家的生存。所以，在这种情况下无论保护贸易政策的代价多大也要实施。事实上世界上所有国家对这样的产业都是实行保护的。但是，为确保这些产业的生存，有人认为还有比贸易保护更为合算的方法，比如可以由政府接管这些产业，将它们纳入国防规划，或者可以由国家预算加以补贴。他们认为国内补贴胜过贸易保护，因为全体社会成员均享受国防利益，故有关产业应当由社会全体成员交纳的税收来承担，而不应像在保护贸易政策下那样单纯地由消费者承担。但是，这又涉及国有企业与民营企业的效率差异问题，也存在着补贴的资金来源问题，因为为实行国内补贴而征收国内税也会带来负效应。

　　另外，国防论的观点还可以运用到其他的非产品生产方面，比如物质资源的合理开采和人力资源的培养等，因为它们也是国家长期生存的保障。所以，即使是这些资源很贫乏的国家，也决不会让它们置身于自由竞争的境地而是切实地加以保护。人力资源的培养就是教育，它的国际贸易可以归入服务贸易。对它的保护与对国防产业的保护有相同的意义。这就是除了殖民地国家，几乎世界上所有的国家都不会全面开放这种服务贸易的原因，当然这也关系到民族自豪感。

第六章　国际贸易政策

第一节　国际贸易政策概述

一、国际贸易政策的含义

国际贸易政策是世界各国或地区在其社会经济发展战略总目标下,运用经济、法律和行政等手段,对贸易活动进行管理、调节的原则、依据和措施体系。在当今世界,国际贸易政策在各国经济增长和经济发展中起着重要的作用,已成为国际贸易环境的重要组成部分。

国际贸易政策的基本要素包括政策主体、政策客体、政策目标、政策内容和政策手段这五个方面。

(一) 政策主体

政策主体是指贸易政策的制定者和实施者。按政策主体范围的不同,国际贸易政策可以分为单边贸易政策、诸边贸易政策和多边贸易政策。

单边贸易政策是指一国单方面实施的有关商品和服务交换的贸易政策,例如美国政府为了施压某些国家改变其行为而单独实施的贸易制裁。诸边贸易政策是在两个或两个以上的国家或国家集团间实施的有关商品和服务交换的贸易政策,如区域内国家间实施的区域经济一体化政策,以及世贸组织框架内成员方自愿加入的诸边贸易协议。多边贸易政策是在全球范围内实施的有关商品和服务交换的贸易政策,如世贸组织推行的一系列贸易自由化政策。

对外贸易政策是从一国角度出发的国际贸易政策,是一国政府在一定时期为了实现一定的政策目标而对进出口贸易实行管理的原则、方针、策略以及措施,它是一国经济政策的重要组成部分,也是一国对外政策的重要内容。一国的对外贸易政策既可以是该国实行的单边贸易政策,也可以是该国根据所参与的区域经济协定或多边贸易协定,在与其他国家进行协调的基础上制订出的对外贸易政策。

（二）　政策客体

政策客体是指贸易政策所规划、指导和调整的贸易活动及从事贸易活动的企业、机构或个人。

（三）　政策目标

政策目标是贸易政策所要达到的目的。各国的对外贸易政策会因为各自政治经济体制、经济发展水平及其产品在国际市场上的竞争力的差异而不同，并且随其经济实力的变化而不断调整，但各国制定对外贸易政策的目的大体上是一致的。

(1) 运用国际贸易政策促进本国经济的发展与稳定。首先，一国运用国际贸易政策的主要目的是优化本国的资源配置和产业结构，以此来提高本国企业竞争力，促进生产力的发展和本国经济增长；其次，一国通过国际贸易政策的调整可以增加国家财政收入，提高国家的经济福利；最后，国际贸易政策的调整可以帮助维持一国的国际收支平衡；最后，通过调整与外部经济的互补关系，一国可以利用国际贸易政策来保持国内经济稳定，并加强本国在国际市场上的适应能力。

(2) 运用国际贸易政策加强和完善经济体制。经济体制不同，贸易政策随之不同。实践表明，虽然发展程度不同，但市场经济体制逐渐为世界各国所认同。科学的国际贸易政策能促进一国积极参与经济全球化，同时又能加强和完善本国的市场经济体制。

(3) 运用国际贸易政策改善国际经济与政治环境。贸易政策在调整、改善、巩固国与国之间经济与政治关系方面起着重要作用。一国贸易政策的选择必须考虑是否有助于改善本国所面临的国际政治经济环境，为本国的对外政策服务。

（四）　政策内容

政策内容是贸易政策的具体指向，它反映了贸易政策的倾向、性质、种类和结构等。

（五）　政策手段

政策手段是指为了实现政策目标而采取的具体措施。一般来说，国际贸易政策手段主要可以分为关税措施与非关税措施两大类。

二、对外贸易政策的构成

一国对外贸易政策一般由对外贸易总政策、进出口商品政策、利用外资和对外投资政策以及国别政策四个方面构成。

（一）对外贸易总政策

对外贸易总政策是一国根据本国的经济实力和发展阶段，结合本国在世界政治经济格局中的地位，从有利于本国国民经济的总体发展出发，在较长时期内实行的对外贸活动具有方向性指导意义的原则、方针和策略。一国制定对外贸易总政策不仅要考虑本国整体经济情况，还要结合本国的资源禀赋、产业结构和经济发展水平，并合理地预测本国经济发展的潜力和远景。对外贸易总政策在决策的层面上属于长期的、稳定的政策，需要由一国的最高权力机关或行政机关做出。

在实践中，一国的对外贸易总政策通常反映该国内部各个集团之间的矛盾和政治、经济政策实力对比的变化，同时也反映各国之间的矛盾，并展示各国在世界市场上实力地位的变化。英国在19世纪上半叶积极倡导实行"自由贸易政策"，而当时的美国、德国表示反对，主张实行"保护贸易政策"。第二次世界大战后，英国失去了原先的霸主地位，改为主张实行"保护贸易政策"，美国则转而实行"自由贸易政策"。

（二）进出口商品政策

进出口商品政策是一国在本国对外贸易总政策的基础上，根据本国经济结构、国内外市场供求状况和国内产业政策而制定的贸易政策。其基本原则是对不同的进出口商品实行不同的待遇。例如，国家对某类商品的进口，有时采用较高关税税率和数量限制手段等来阻挡其进口，有时则对其实施较宽松的做法，允许较多的进口，或者国家为扶植某个出口部门，对其实施补贴以扩大该部门的出口，占领国外市场。一个国家选定了怎样的对外贸易总政策，就会有相应具体的进出口商品政策。例如，保护贸易政策就要求"奖出限入"，自由贸易政策就是不干预商品的进出口。

（三）利用外资和对外投资政策

当一国国内缺乏经济发展的资金，而且技术落后或不协调时，需要引进外资和国外先进技术来加速国内产业结构的优化调整。当一国国内外汇储备充足，本土企业国际竞争力强大时，国家则可能鼓励企业对外投资，以绕过国外贸易壁垒来更有效地利用国外资源。出于上述目的，各国在对外贸易政策中都会专门制定利用外贸政策和对外投资政策。

（四）国别政策

国别政策是各国根据对外贸易总政策，依据对外政治经济关系的需要，针对不同国家或不同类别国家采取不同的外贸策略和措施。从一国对外贸易政策的具体内容来看，国别政策一般包括关税制度、非关税壁垒的种类和做法、鼓励出口的政策和手段、管制出口的政策和手段等。在现实经济中，一国对外贸易政策四个方面的内容是相互交织、不可分割、相辅相成的。进出口商品政策和国别贸易政策离不开对外贸易总政策的指导，而对外贸易总政策也必须通过具体的进出口商品政策和国别贸易政策才能得以体现。

三、对外贸易政策的类型

各国政府制定的对外贸易政策，一般会根据不同历史时期国内和国际政治经济形势的变化而调整。从一国对外贸易政策的内容、结果和实施情况看，各国对外贸易政策可以分为三种类型：自由贸易政策、保护贸易政策和协调管理贸易政策。

（一）自由贸易政策

自由贸易政策(free trade policy) 主要是指国家对国际贸易活动采取不干预或尽可能不干预的基本立场，政府取消对进出口贸易的限制和障碍，取消对本国产品和服务以及进出口商的各种特权和优待，让货物和服务自由进出本国，在国内外市场上形成自由竞争的一种政策体制。第二次世界大战后，《联合国宪章》规定了自由贸易原则，关贸总协定和世贸组织积极推行自由贸易，要求降低关税和消除非关税壁垒，自由贸易现已成为各国贸易政策的主流。

（二）保护贸易政策

保护贸易政策(protective trade policy) 与自由贸易政策相对立，是指政府利用其权力，通过各种法规与措施对本国的贸易活动进行干预和管制，通过高额关税或非关税壁垒来限制外国产品和服务的进入，以此来保护本国产业免遭外国货物和服务的竞争，同时采用各种优惠措施，鼓励本国产品和服务的出口，刺激本国工业发展的贸易政策体制。

自由贸易政策和保护贸易政策虽然在内容上、措施上是截然相反的，但二者绝不是对立的。事实上，一个国家实行自由贸易政策，并不意味着完全放任自流，或国家完全不干预；同样，实行保护贸易政策，也不是完全禁止进口。在现实经济生活中，二者的主要区别在于政策中自由的成分多一些还是保护的成分多一些。

（三）协调管理贸易政策

协调管理贸易政策(managed trade policy) 是指政府通过对内制定一系列贸易政策、法规，加强对国内进出口商的管理，同时通过对外谈判签订双边、区域及多边贸易条约或协定，协调与其他贸易伙伴在经济贸易方面的权利与义务的一种国际贸易政策体制。在实践中，协调管理贸易政策是政府在协调的基础上，以政府干预为主导，以磋商谈判为手段，对本国进出口贸易关系进行干预、协调和管理的政策体制。

协调管理贸易政策是介于自由贸易政策和保护贸易政策之间的一种新型贸易政策体制，其实质是通过各国间的协调，既达到保护本国利益的目的，又遵从不断开放自由的原则，实施"协调性的保护"和"管理性的自由"。

协调管理贸易政策与前两种贸易政策的主要区别在于：

第一，自由贸易政策是国家对进出口不进行干预，凭借企业自身的竞争优势在国内外市场上与他国商品展开自由竞争；而协调管理贸易政策是在考虑双方贸易利益、通过协商达成协议的基础上，进行自由竞争。

第二，保护贸易政策是国家通过立法干预进出口贸易，阻碍商品的进口与出口，保护本国市场；而协调管理贸易政策是通过贸易各方的协商，允许贸易各国采取必要的保护措施，允许例外，保护措施生效后，仍要向自由贸易原则靠拢与回归。

第三，自由贸易政策和保护贸易政策制定的主要依据是本国企业竞争力的强弱；而协调管理贸易政策则是贸易各国在透明的基础上，通过谈判，在权利与义务平衡的原则下制定的，受到双边或多边贸易利益的约束。

四、影响对外贸易政策选择的因素

各种类型的对外贸易政策既不是完美无缺的，也并非一无是处。它们在不同的时代背景，不同的国际贸易环境下所发挥的作用是不同的。在实践中，不能简单地对其中任意一种政策笼统地加以肯定或否定。一个国家究竟应该选择何种类型的对外贸易政策，主要取决于下列因素。

（一）国家规模和经济发展阶段

从历史和现实来看，国家规模和经济发展阶段是一国对外贸易政策选择和演进的两大重要因素。一般而言，外贸对一个国家的经济越重要，该国就越倾向于制定一种比较开放和自由的对外贸易政策。外贸对小国的作用大于大国。小国由于国内资源和市场有限必须依赖外部市场，因此其贸易依存度往往高于大国。小国实行自由贸易，可以摆脱本国狭窄市场的限制，可以形成规模经济。所以小国由于国家规模和要素禀赋所限在经济发展的任何阶段都更倾向于自由主义的贸易政策。如果纳入政治因素，受利益集团的影响，小国在特定领域也会采取贸易保护主义措施。但总体上看，小国贸易保护主义倾向明显弱于大国，即使采取保护贸易政策，政策实施的时间也明显短于大国。

只有能够影响贸易条件并从中获利的大国有足够的动力实施贸易保护措施。大国有条件形成自给自足，而自给自足中的薄弱环节如果实行自由贸易，容易被击垮，在一定程度上成为对大国经济独立性的威胁，因为大国在关键产业上的自给自足能力往往关系到国家安全。因此，大国在经济崛起之前通常执行保护贸易政策，以保护传统产业和促进"幼稚产业"的成长；在经济崛起之后，由于经济发展水平高，本国产品竞争力较强，为了占据更多的世界市场份额，会倾向于实行自由贸易政策。

（二）本国的国内经济状况

若一国国内经济出现严重萧条和失业、外贸逆差、国际收支赤字、劳动生产率和产品竞争力下降，其国际贸易政策会趋向保护主义；反之，如果一国国内经济高度繁荣，其国际贸易政策中自由贸易色彩将会更加浓重。

（三）本国各种利益集团力量的对比

在许多国家，尤其是发达国家，对外贸易政策是利益集团之间矛盾和斗争的产物。不同贸易政策会对本国不同利益集团产生不同甚至是相反的影响。因此，各国的利益集团往往会在对外贸易政策的选择上产生尖锐的矛盾和冲突，往往是某一利益集团占上风的时候，政府在制定政策的过程中就会充分考虑该集团的需要，就会采取促进或阻碍某些商品的进口或出口的政策来谋求该集团的最大利益。

一般来说，那些同进口产品竞争的行业及其外围力量，是推行贸易保护主义的中坚，与这类行业有生产联系的其他各种力量也具有保护主义倾向。相反，以出口商品生产部门为中心，参与许多国际竞争活动的各种经济力量，则是自由贸易的推崇者。这两种力量都力图影响对外贸易政策的制定和实行，以维护和扩大自己的利益。它们之间力量对比的此消彼长，会直接影响对外贸易政策的变动。

（四）政府领导人的经济贸易思想

对外贸易政策的总方针和原则一般由各国最高立法机关制定，但政府机构，特别是政府领导人往往被授予部分制定政策的权利。例如美国国会往往授予美国总统在一定范围内制定某些对外贸易法令、进行对外贸易谈判、签订贸易协定、增减关税、确定数量限额等权力。而政府领导人在制定政策时，会受其本人对整个经济和国际贸易认识的影响。

（五）本国与他国的政治经济关系

通常情况下，各国会向与其政治外交关系友好、经济上不会构成威胁的国家开放其国内市场，并扩大对这些国家商品和技术的出口，对于那些政治或经济上的所谓"有威胁的国家"，则倾向于采取贸易保护政策。

因此，一国的对外贸易政策和外交政策关系密切，两者之间存在着互相服务、互相促进的关系。在某些情况下，对外贸易政策要服从外交需要，如为了在外交上孤立某国而采取的贸易制裁措施。而在一些情况下，则是外交政策服务于外贸政策，为本国的外贸活动打通道路、提供保护。当今世界许多国家都在奉行"经济外交"，把经贸交往作为达到政治目的的一种手段，通过发展经贸关系来促进国家间的政治合作。

五、对外贸易政策的制定与执行

（一）对外贸易政策的制定

各国对外贸易政策的制定与修改是由国家立法机关进行的。立法机关制定和修改对外贸易政策及有关规则制度，需征求企业、社会集团的意见。

各国最高立法机关所颁布的对外贸易政策，既包括一国较长时期内对外贸易政策的总方针和基本原则，也有对某些重要措施的规定，以及给予行政机构以特定权限。例如美国宪法第一条第八款明确规定，国会拥有征税以及管理对外贸易的权力，因此，缔结自由贸易协定、实施并修订关税措施及有关贸易措施均需依据国会的具体立法或在国会的特别授权范围内实施。国会参议院和众议院涉及对外贸易管理事务的专门委员会有十余个，其中众议院的筹款委员会和参议院的财经委员会作用显著。美国贸易代表办公室(Office of the United States Trade Representative，USTR) 也是贸易政策制定的主要机构之一。

各国在制定贸易政策和措施的过程中，通常经过以下步骤。

(1) 政府在制定某领域的经济政策之前，必须要对本国现有的经济状况做出基本准确的判断。对制定贸易政策来说，要从国家总体发展水平和目前市场变动状况两方面判断本国经济发展的实力和现状。

(2) 不同领域、不同部门的经济政策存在相互影响甚至相互制约的关系，因而在制定贸易政策时，必须首先确立其在整体经济政策中的相对地位。

(3) 制定对外贸易总政策和具体措施。首先依据本国经济发展的总体水平确定本国对外贸易总政策，再针对目前国内市场和产业变动情况制定具体的进出口管理措施或临时措施。其中，制定具体措施时需要考虑的因素包括：本国与别国贸易、投资的合作情况；本国产品在国际市场上的竞争能力；外国产品对本国同类产业的影响；本国在世界经济和贸易组织中享受的权利与应尽的义务等。

（二） 对外贸易政策的执行

(1) 通过海关对进出口贸易进行直接管理。海关是设置在对外开放口岸的进出口监管机关，其主要职能是：对进出关境的货物、物品和运输工具进行实际的监督管理，征稽关税和代征法定的其他税费，查禁走私。

(2) 设立负责促进出口和管理进口的机构。例如，日本全面负责贯彻执行国家对外贸易政策的是经济产业省，具体制定进出口对策和方案的是其下设的通商振兴局，日本外贸政策协调机构则是日本贸易会议。我国全面负责落实对外贸易政策的政府机构是商务部，同时还有对外汇汇兑和国际收支进行管理的国家外汇管理局，负责出入境商品检验、出入境卫生检疫、出入境动植物检疫管理的国家质量监督检验检疫总局，对出口退税和进口商品征收国内税进行管理的国家税务总局。美国全面负责贯彻执行国家贸易政策和对外贸易协定的是商务部(United States Department of Commerce)，下设国际贸易局(International Trade Administration，ITA) 专司促进贸易与投资。美国国际贸易委员会(United States International Trade Commission，ITC) 则会同商务部共同负责美对外反倾销和反补贴调查工作，其中商务部负责判定被控的倾销或补贴是否存在及程度如何，国际贸易委员会则负责判定美国国内行业部门是否因外国倾销或补贴行为受到损害。

(3) 各国政府还出面参与各种有关国际经济贸易的国际机构与组织，进行国际经贸方面的协调，如加入世贸组织并执行其相关规则，参加区域经济一体化组织并执行区域贸易协定等。

第二节 各主要历史阶段的国际贸易政策

在人类社会发展不同时期，由于生产力水平不同，国际分工和经济发展的方式和形式也不同。在资本主义生产方式确立以前，由于生产力水平低下，产品缺乏，各国经济基本上都以自给自足的自然经济为主。国际分工和国际贸易在当时的经济活动中并不占主要地位。因此，对于影响国际贸易发展至关重要的国际贸易政策和措施也不占有很重要的位置。

到了资本主义阶段，随着科技的发展和生产力水平的提高，商品极大丰富，各国经济也由自给自足的自然经济过渡到商品经济。此时，国际贸易成为了各国经济生活中必不可少的重要组成部分。国际贸易政策对一国及世界政治经济的影响和作用越来越大。

从纵向来看，国际贸易政策随着时代的变化而发展演变。封建社会与资本主义社会的国际贸易政策不同，而在资本主义时代的各个发展时期，资本主义国家的对外贸易政策也有变化。从横向来看，在同一发展时期，各国由于情况不同，也会实行不同的对外贸易政策。

一、资本主义生产方式准备时期的国际贸易政策

15 至 17 世纪资本主义生产方式准备时期，西方各国主要实行的是重商主义下的强制性保护贸易政策。重商主义主张国家干预经济和对外贸易，通过对金银货币和贸易的管制实现财富的积累。这一时期正是资本主义原始积累时期，各国统治者希望通过这种强制性的保护贸易政策，鼓励出口，限制进口，在对外贸易中获得巨额利润。重商主义政策加速了欧洲资本的原始积累，推动了资本主义生产方式的发展。因此，重商主义在历史上曾起到一定的积极作用。

二、资本主义自由竞争时期的国际贸易政策

18 世纪中叶至 19 世纪末，资本主义进入自由竞争时期。这一时期，自由贸易政策和保护贸易政策并存。国际贸易政策的基调是自由贸易，但由于各国工业发展水平不同，一些经济发展起步较晚的国家采取了保护贸易政策。

（一）英国的自由贸易政策

这一时期以英国为首的欧洲工业国家，已取得工业革命的胜利，建立起了大机器工业。英国尤其在工业生产上具有了绝对优势，其工业产品在国际市场上拥有绝对的竞争力。另一方面，大规模的工业生产，也使得这些国家必须拥有广阔的原料供应地和产品销售地，以避免原料供应不足和产品过剩的问题。因此，当时以英国为首的工业化国家极力鼓吹自由贸易政策。而且由于当时这些国家占据世界政治经济的主导地位，自由贸易政策成为主流。在自由贸易政策的影响下，国际贸易有了巨幅的增长。

18 世纪 60 年代，在英国开始的第一次工业革命使英国生产力迅猛发展。到 1820 年，英国工业生产已占全球的 50%。英国"世界工厂"的地位已经确立并得到巩固，这时的英国迫切需要更广阔的国际市场，而当时各国由重商主义思想支持的保护贸易政策却严重阻碍了国际贸易的发展，成为英国经济发展和工业资产阶级对外扩张的一大障碍。因此，英国新兴工业资产阶级强烈要求废除重商主义时代所制定的一系列外贸政策和措施，在世界市场上实行无限制的自由竞争和自由贸易。英国要求其他国家供给英国粮食、原料和市场，而英国则向它们提供工业制品。到 19 世纪上半叶，英国工业资产阶级经过不断的斗争，最终战胜了地主、贵族阶级，使自由贸易政策逐步取得胜利，具体表现为：

(1) 废除谷物法和航海法。谷物法是英国重商主义时期通过的限制谷物进口的政策法规。1838 年，英国资产阶级成立了全国性的反谷物法同盟，展开了声势浩大的反谷物法自由贸易运动。经过斗争，英国国会终于在 1846 年通过了废除谷物法的议案。1849 年英国又废除了已实行近 200 年的航海法，英国的沿海贸易全部对其他国家开放。1854 年英国殖民地的海运与贸易也全部开放。至此，重商主义时代制定的航海法被全部废除。

(2) 降低关税税率，减少纳税商品数目。到 19 世纪初，经过几百年的重商主义实践，英国有关关税的法令达 1000 件以上。1825 年英国开始简化税法，废止旧税率，建立新税率。英国进口纳税的商品项目从 1841 年的 1163 种减少到 1853 年的 466 种，1862 年又减至 44 种，1882 年再减至 20 种，所征收的关税全部是财政关税，税率大大降低，禁止出口的法令则被完全废除。

(3) 取消特权公司。英国东印度公司对印度和中国贸易的垄断权分别在 1813 年和 1814 年被废止，从此英国将对印度和中国的贸易开放给所有英国人。

(4) 对殖民地贸易政策的改变。英国废除航海法后，英国的殖民地可以对任何国家输出商品，也可以从任何国家输入商品。通过关税法的改革，英国废止了对殖民地商品的特惠税率，同时准许殖民地与外国签订贸易协定，殖民地可以与任何国家建立直接的贸易关系，英国不再加以干涉。

(5) 与外国签订互减关税条约。1860 年英国与法国签订了"科伯登条约"。根据这项条约，英国调低了从法国进口葡萄酒和烧酒的关税，并承诺不禁止煤炭的出口；法国则保证对从英国进口的一些制成品征收不超过 30%的从价关税。"科伯登条约"列有最惠国待遇条款，到 19 世纪 60 年代末，英国已缔结了 8 项这种形式的条约。

（二）美国和德国的保护贸易政策

当工业革命在英、法等国深入发展时，欧洲其他国家和美洲的经济并不发达。

在资本主义工业尚处萌芽状态的一些国家，工业资产阶级要求政府保护其幼稚工业，减少外国商品进口。美国和德国在这一时期的贸易政策尤为典型。当时美国和德国正处在由农业向工业过渡阶段，他们认为，当一国工业尚无力与外国竞争的时候，如果实行自由贸易政策，则该国必然会因工业被挤垮而导致灭亡。因此，美国和德国在这一时期大量采用高关税和禁止进口的办法来限制外国商品的进入，以保护本国成长中的资本主义工业的发展；对于复杂机器则采取免税或征收轻微进口税的方式鼓励进口。保护幼稚产业政策的主要目的是保护国正在成长的工业免受来自国外产品的强大竞争。因此，在鼓励出口和限制进口的政策取向上更倾向于限制进口方面。

三、前资本主义垄断时期的国际贸易政策

从 19 世纪末到 20 世纪初，自由竞争的资本主义完成了向垄断资本主义的过渡。垄断资本主义国家为了争夺原料产地和销售市场，在 20 世纪上半叶发动了两次世界大战。从第一次世界大战爆发到第二次世界大战结束的 32 年间，垄断资本主义国家采取了超贸易保护政策。

在这一时期，垄断代替了自由竞争，成为一切社会经济生活的基础。此时，各国普遍完成了工业革命，工业得到迅速发展，世界市场的竞争开始变得激烈。尤其是 1929-1933 年的世界性经济危机，使资本主义国家的商品销路发生严重困难，市场矛盾进一步尖锐化。于是，各国垄断资产阶级为了垄断国内市场和争夺国外市场，纷纷要求实行超贸易保护政策。

由于超贸易保护政策的主要目标是要转嫁危机，瓜分世界市场，因此，在其政策取向上，在限制进口的同时，更强调鼓励出口。超贸易保护政策是一种侵略性的贸易保护政策，不再是防御性地保护国内幼稚工业，而是保护国内高度发达或出现衰落的垄断工业，以巩固对国内外市场的垄断；不再是保护一般工业资产阶级的利益，而是保护垄断资产阶级的利益；保护手段也不再是简单地以高关税限制进口，还有其他各种"奖出限入"措施。

四、后资本主义垄断时期的国际贸易政策

由于战争对国内经济的破坏，垄断资本主义前期的超贸易保护政策一直延续到第二次世界大战后初期。此后，随着经济的迅速恢复和发展，发达资本主义国家都不同程度地放宽了对进口的限制，并开始提倡贸易自由化。但进入 20 世纪 70 年代后，以 1973 年末爆发的世界经济危机为转折点，资本主义国家的贸易保

护主义重新抬头，致使贸易国之间报复与反报复现象不断出现。为了避免持续的贸易摩擦导致两败俱伤，在自由贸易原则基础上建立起来的协调管理贸易政策应运而生，以协调贸易国之间的相互关系，均分贸易利益，促进相互发展。

（一）20 世纪 50—70 年代初的贸易自由化政策

从第二次世界大战结束至 20 世纪 70 年代初，世界政治经济力量重新分化组合。第二次世界大战后美国实力空前提高，使其既有需要又有能力冲破当时发达国家所流行的高关税政策。日本和西欧在第二次世界大战后经济出现恢复和发展，也愿意放松贸易壁垒，扩大出口。此外，国际分工进一步深化，推动了生产和资本的国际化，跨国公司迅速兴起，迫切需要一个自由的贸易环境来推动商品和资本流动。于是，这一时期发达资本主义国家的对外贸易政策先后出现了自由化倾向。这种倾向主要表现为相对于两次世界大战期间所实行的超贸易保护政策，世界各国特别是发达资本主义国家大幅度削减了关税，各种非关税壁垒也大大减少。

在这一时期，第二次世界大战后走上独立的发展中国家，由于经济上的落后和不稳定，普遍实行贸易保护主义。新生的社会主义国家为了发展民族经济，也实行了国家统治下的贸易保护主义。当时，在国际市场上，发展中国家生产的农、矿初级产品价格不断下跌而发达国家生产的消费品价格不断上升，不平等贸易关系日益突出。为了克服发达国家与发展中国家之间的不平等贸易，20 世纪五六十年代亚非拉许多发展中国家都在不同程度上实行了进口替代战略。所谓的进口替代战略，是指通过建立和发展本国的制造业和其他工业，替代过去的制成品进口，以带动经济增长，实现工业化，纠正贸易逆差，平衡国际收支。进口替代战略是一种内向型经济发展战略，其实施伴随着贸易保护政策的落实，这主要包括三个方面：①关税保护，即对最终消费品的进口征收高关税，对生产最终消费品所需的资本品和中间产品征收低关税或免征关税；②进口配额，即限制各类商品的进口数量，以减少非必需品的进口，并保证国家扶植的工业企业能够得到进口的资本品和中间产品，降低企业的生产成本；③升值本币，以降低进口商品的成本，减轻外汇不足的压力。

进口替代战略限制外国工业品进口，以使国内工业在少竞争、无竞争的条件下发育成长。这必然是以牺牲国内消费者为代价，而且由于其降低了一国与世界市场的联系程度，造成国内市场相对狭小，生产成本高，经济效益低，产品质量差，竞争能力不够。因此，当时实行进口替代政策的发展中国家，虽然在一定程度上促进了国内轻工业的发展，工业增长速度有所加快，但这只是短期现象，并不能长期保持。这就迫使它们不得不进行调整，甚至加以放弃，转而实行出口替代战略。所谓出口替代战略，也叫出口导向型发展战略，是指一国采取各种措施扩大出口，发展出口工业，逐步用轻工业产品出口替代初级产品出口，用重、化工业产品出口替代轻工业产品出口，以带动经济发展，实现工业化的战略。一般来说，出口替代是进口替代发展的必然趋势。发展中国家进口替代发展到一定程度，就需要寻找国外市场。但是，要从进口替代成功地转向出口替代，需要一些先决条件，除了国内某些工业部门已具备较高的技术水平和生产管理经验，有较充分的管理人才和熟练劳动力，广阔的国外市场以及产品有一定的竞争能力外，在政策上还要制订一套鼓励出口的措施。

虽然发展中国家数量众多，但发达资本主义国家在国际贸易中始终占据着主导权，因此发达国家的贸易政策决定着国际贸易政策的主流和走向。

(二) 20 世纪 70－80 年代的新贸易保护主义政策

1973 年和 1979 年的两次石油危机，使发展中国家真切体会到自身在国际贸易中的存在感和影响力，而发达国家则深深感受到来自发展中国家的压力和风险。因此，20 世纪 70 年代的国际贸易对发达国家和发展中国家来说都具有特别的意义。

1973 年中东战争爆发前，主要石油输出国的原油价格一直受发达国家控制，且价格变动很小。中东战争爆发后，石油输出国组织(OPEC) 收回原油定价权，大幅度提高油价，使原油主要消费国的经济备受打击。从 1973 年年末开始，主要资本主义国家出现了经济危机，经济增长停滞、失业率增高与严重通货膨胀并存，并持续了 10 年之久。在经济危机的冲击下，资本主义国家的贸易保护主义重新抬头。

这一时期的贸易保护主义与以前的贸易保护主义有所不同，我们称之为新贸易保护主义，其主要表现为：限制进口措施的重点从关税壁垒转向非关税壁垒，基本上以配额、补贴、许可证等非关税手段为主；对工业产品保护程度降低，但对农产品的保护程度提高；"奖出限入"的重点从限制进口转向鼓励出口，竭力推动本国产品进入外国市场；贸易壁垒从国家壁垒转向区域性贸易壁垒。

在发达国家贸易保护主义不断抬头的同时，发展中国家则在继续奉行其进口替代战略，并更积极地实施出口替代战略。

在上述背景下，各国愈演愈烈的贸易保护严重阻碍了国际贸易的正常发展，并有悖于关贸总协定的宗旨，破坏了国际贸易秩序，使各国之间的贸易摩擦与冲突不断加剧。于是，新的贸易政策类型——协调管理贸易政策应运而生。

(三) 20 世纪 90 年代以来的协调管理贸易政策和演变中的新贸易保护主义政策

　　进入 20 世纪 90 年代后，各国争夺国际市场的竞争越来越激烈，对世界经济体系形成强烈的冲击，各国开始认识到加强国际经济协调的重要性，从而使协调管理贸易政策在 20 世纪 90 年代得到迅速发展。与此相适应，新贸易保护主义不得不转变其政策形式，使其原有的特征发生了一些改变。

　　协调管理贸易政策的出现与兴起有其原因。传统自由贸易理论是建立在一系列假设条件基础上的，而这些条件往往与国际贸易竞争的现实不符，因此各国都不可能实行纯粹意义上的自由贸易，不可能通过无任何限制的自由进出口来获得比国内封闭市场更多的贸易利益。自由贸易在人类漫长的经济发展过程中，只能是人们的理想与追求。而传统的贸易保护主义则具有很大的歧视性，在鼓励出口和占领别国市场的同时，却采取各种措施限制其他国家的货物或服务进入本国市场，形成以邻为壑、损人利己的贸易政策。尽管这种政策在短期内可以起到保护本国利益的作用，但在相对较长的时期内，必然会导致国与国之间的贸易摩擦、冲突甚至战争，所以过度的贸易保护主义也不可取。因此，一种新型的国际贸易政策应运而生，这就是协调管理贸易政策，也称管理贸易政策。

　　协调管理贸易政策通常是通过国际会议、经贸集团、政府间贸易协定与组织、商品协定和生产国组织、双边贸易协定等形式来实现的，其中世贸组织在世界经贸管理中发挥着最重要的作用。协调管理贸易政策在实施过程中主要有以下表现。

　　(1) 通过国际会议对贸易进行意向性的管理。迄今为止，对贸易管理有较大作用的国际会议有联合国贸易与发展会议、西方 20 国集团首脑会议、亚太经合组织领导人非正式会议等。这些会议调整发达国家与发展中国家、区域内各国之间的经贸关系，对贸易的管理主要起导向和意向性作用，不带有强制性，但其作用不可低估。

　　(2) 通过经贸集团对地区贸易进行管理，以维护成员之间的贸易关系。地区经贸集团主要通过签订条约，建立超国家的管理机构，来协调和统一成员国之间的贸易政策，规范成员国的贸易行为和做法，促进经贸集团内部货物和服务贸易的自由化，提高针对集团外国家的谈判地位，为集团内成员国争取良好的经贸环境。地区经贸集团对贸易管理的成效高于国际会议，不同经贸集团管理贸易的实效与其构成基础、发展程度成正比。一般而言，主要由发达国家组成的经贸集团，如欧盟、北美自由贸易区对贸易管理的有效度高于发展中国家组成的经贸集团。

　　(3) 通过多边的政府间贸易协定与组织对成员方之间的贸易关系进行有效管理。第二次世界大战后，关贸总协定为管理成员方之间的贸易关系达成了共同准则、例外待遇、约束和争端解决程序等条款，对国际贸易管理的规范化起了不可低估的作用。在关贸总协定乌拉圭回合中达成的建立世界贸易组织的协定，又使国际管理贸易向更高层次发展。

(4) 通过商品协定和生产国组织对具体商品的生产、销售、价格等进行实际管理。迄今为止，达成的国际初级产品协定有橄榄油、谷物、咖啡、可可、糖、黄麻和芝麻制品、热带木材及天然橡胶协定。在 1976 年 5 月第四届联合国贸发会议上通过了建立"商品综合方案"的决议，把十几种初级产品结合在了一起，该决议规定以共同基金资助协定规定商品的储存，并对买卖双方的供销做出了中期或长期的安排。生产国组织也有多种形式，如石油输出国组织(OPEC) 通过限产保价，保护其石油开采收益；纺织品贸易中，发达进口国与发展中出口国之间，先是通过纺织品贸易的短期安排，后又通过《多种纤维协定》协调管理纺织品与服装贸易。自 20 世纪 80 年代中后期开始，美、欧之间在汽车、半导体、计算机、微电子技术、通信及空间技术上达成了多项正式与非正式的协议。

(5) 通过标准化，对国际贸易行为、商品规格、质量进行管理。随着国际分工向广度与深度发展，国际组织加强了对国际贸易的手段、商品规格和质量的管理。如国际商会根据国际贸易形势发展的需要，推行电子数据交换(EDI)，并于 1997 年 11 月 6 日通过了《国际数字保证商务通则》(GUIDEC)；1980 年、1990 年、2000 年、2006 年国际商会先后四次修订了《国际贸易术语解释通则》，为国际贸易中最通用的贸易条款的解释提供了更完善的国际通则；国际商会还为国际贸易单证不断推出标准格式，如《托收统一规则》和《跟单信用证统一惯例》；国际标准化组织(ISO)于 1987 年发布了"IS0 9000 贸易管理和质量保证的系列标准"，各国生产出口商品的企业，只有贯彻 IS09000 系列标准，建立起适合国际市场要求的质量体系，才能取得"国际贸易的通行证"；1993 年国际标准化组织又制定了环境管理系列国际标准 IS0 14000，使国际标准化范围进一步扩大。

(6) 通过双边贸易协定，协调管理国家间的贸易关系。这些协定包括通商航海条约、贸易协定、贸易议定书等。

(7) 通过加强本国对外贸易管理的法制化、系统化，协调对外贸易关系。各国一方面通过制定和修改本国经贸法规与国际相关法规接轨，来协调贸易管理方式与做法；另一方面通过国内贸易立法来约束他国的贸易行为。如美国通过"超级 301 条款"管理协调与别国的贸易关系，以实现所谓的"公平贸易"，通过"特殊 301 条款"保护美国的知识产权，管理协调侵权行为。

此外，经合组织、国际货币基金组织、世界银行、世界粮农组织等对国际贸易的管理均有一定的影响。

从协调管理贸易政策的发展历程来看，美国的贸易制度是其典型范式。美国的协调管理贸易政策具有法律化、制度化和系统化等特征。日本为缓和巨额贸易顺差而引起的贸易摩擦也实施了将贸易政策与产业政策相结合的协调管理贸易政策。进入 20 世纪 90 年代以来，越来越多的西方发达国家，甚至一些发展中国家也纷纷仿效，实行不同程度的协调管理贸易政策，这势必会对世界贸易的发展产生影响。这些影响具体表现如下。

第一，纯粹的自由竞争让位于有组织的自由竞争或不完全自由竞争。协调管理贸易政策的发展使国家之间的贸易关系，包括货物贸易、服务贸易、与贸易有关的投资、与贸易有关的知识产权等方面的贸易措施、具体的贸易行为和方式，受到多边、双边协议或协定的约束，因而各国在接受约束的基础上展开自由竞争。

第二．贸易各方权利与义务的平衡既存在普遍性又存在差异性。管理贸易是各国政府通过双边或多边磋商达成协议的方式实现的，其基础是权利与义务的平衡，而各国因经济发展水平的差异，在权利与义务的平衡上又有差别待遇。从协议的文字上看，贸易各方是平等的，但在把文件上的义务与权利变成现实时，又受制于各国经济发展水平和竞争能力，因此，在实施这些协议时，又出现了不平等。其结果是，发达国家享受权利与履行义务的能力都大大强于发展中国家，尤其是强于那些经济结构不合理、决策僵化、改革滞后的国家。贸易利益的不平衡还表现在一些主观因素上，如在管理贸易的产生与发展中，一部分国家或地区积极参与，主动接受，认真研究，充分利用，一部分国家则排斥、拒绝，还有一部分国家接受管理贸易体制，但不积极主动研究、利用。其结果是，前者受益匪浅，中者经济停滞落后，后者发展不快。世贸组织中各成员方的经济发展与其对该组织的参与、研究与利用的程度基本上成正比。一国主动积极地参与、研究与利用管理贸易体制将使其贸易机遇增多，应付风险能力增强，而排斥、拒绝管理贸易体制，将被动地受其影响，而贸易利益又得不到正当维护。因此，协调管理贸易并不能保证贸易各方均能享受同等的贸易利益。

第三，使世界经济运行的同步性加强。管理贸易趋势的加强和国际经贸协调机制的形成会加速经济全球化，使国际分工向广度与深度发展，让国际价值规律在更广阔的范围内发生作用。其结果是，世界经济运行机制的同步性加强，国家之间的相互影响与作用加深，表现在：第一，发达国家经济的高速发展会通过对外贸易等渠道，迅速传递到发展中国家，从而带动后者的经济发展，这是正传递；第二，发达国家经济的衰退，也会通过对外贸易等渠道迅速传递到发展中国家，从而伤害后者的经济发展，这是负传递；第三，在联系日益紧密的情况下，众多发展中国家的经济发展与困难也会以同样方式反馈到发达国家。因此，如何利用正传递，应付和摆脱负传递成为各国政府面临的一大课题。

20世纪90年代中期，经济全球化步伐加快，各国经济依赖性空前加强，国际多边贸易体制建设取得实质性进展，世贸组织作为正式法人取代关贸总协定，原来的新贸易保护主义的政策措施如配额、许可证等数量限制手段受到了限制，作用日益弱化，但各国实施贸易保护的动力并没有减少。为了与多边贸易体系相适应，新贸易保护主义不得不转变其贸易政策，其原有的特征也发生了一些变化。

一是重心从促进出口转向对进口保护的重新重视。新贸易保护主义产生以后的很长时期内，其政策措施的重点是鼓励出口，但 20 世纪 90 年代以来，经济全球化进程加速，各国市场竞争加剧，剩余空间有限，尤其是遇到国内经济不景气时，各国又重新重视起对本国进口市场的保护。

二是从世贸组织规则中寻求保护措施成为新贸易保护主义的新策略。反倾销、反补贴和保障措施等世贸组织允许的贸易救济措施成为当今各国最主要的贸易保护措施。而且由于对方国家难以找到报复借口，这些措施被某些打着"公平贸易"旗号的国家频繁使用，乃至被滥用。

三是各国对反倾销、反补贴与保障措施等纷纷立法，将这些措施法制化、制度化，以获得国内外的合法性基础。

四是行政部门拥有越来越大的裁量权。由于非关税措施大部分由行政机构掌握，在非关税措施被越来越广泛使用的情况下，行政机构对贸易政策的影响必然加大。另外，一些国家的立法也赋予行政机构很大权力。例如，美国 1988 年的《综合贸易及竞争法案》将包括判定权及执行报复权在内的对抗不公平贸易的自由裁量权转移到美国贸易代表办公室(USTR) ，由该机构在总统的指导下行使这一权力。

第七章 关税措施

国际贸易政策是各国干预对外贸易的手段和措施。从我们前面几章介绍的国际贸易理论来看，无论是传统贸易理论，还是现代贸易理论，基本上都主张自由贸易，因而，各国也就不应该有对外贸易政策的存在。但实践中，各国都存在不同程度的对外贸易干预，即有各种形式的贸易干预手段和措施。由于存在政府对对外贸易的干预，所以这些手段和措施都属于非自由贸易政策。

实际上各种干预手段和措施，即对外贸易政策，其基本思想都来自于重商主义的"奖出限入"，即鼓励出口、限制进口的贸易观。但从更为全面的角度来看，一个国家的对外贸易政策应该包括四个方面：限制进口、鼓励出口、鼓励进口和限制出口。当然后两种情况对于一个国家的影响相对要小一些，人们并不是很重视。我们分析的重点也只放在限制进口和鼓励出口这两种情形。

一国政府要对对外贸易进行干预，最为简便的方法就是对进出海关的货物征收关税。本章就是对这一问题进行分析。但经过关贸总协定(GATT)和世界贸易组织(WTO)的不断努力，各国的关税税率不断下降，并基本达到了一个非常低的水平，因此，以此来干预对外贸易的作用变得非常有限。于是各国的干预对外贸易的非关税措施，即非关税壁垒变得越来越重要，其种类繁多且更为隐蔽。

第一节 关税概述

一、关税的含义

关税(tariff，customs duties)是一个国家或地区的行政管理机构(通常是海关)，对于进出其关境的贸易商品所征收的一种税负。

从税收的角度看，关税的纳税主体一般是进出口商，纳税的标的物是进出口的商品。进出口商一定会把所缴纳的关税转嫁给消费者或商品的生产者(出口情况下，是商品的生产者；进口情况下，是商品的消费者)，所以税负的实际承担者是商品的消费者或生产者。由此，关税应该是间接税，而不是直接税。

二、关税的分类

（一）按照关税征收的对象划分

1. 进口税

进口税(import tariff) 是对进口商品征收的赋税。征税多少称之为税率。理论上，对从不同国家或地区进口的同样商品(例如，29 寸彩色电视机) 应该征收相同税率的无差别关税。但实践中，绝大多数国家都采取差别关税，即根据商品来自不同的国家或地区，分别按照特别关税、普通关税或普遍优惠关税等来征收关税。通常我们所说的关税，一般是指进口税。

在特殊情况下，在已经征收进口税的基础上，还需要临时加征特殊的关税，这种关税称为进口附加税。例如，若出口方存在倾销的行为，进口方为了保护本国或本地区的相关行业，可以在 WTO 的允许下，根据需要在某一段时期内针对存在倾销行为的商品征收反倾销关税。反倾销税就是临时性的进口附加关税。

2. 出口税

通常情况下，一个国家或地区会对进口商品征收关税以限制进口，但有时为了限制出口，也会对出口商品征收关税，即出口税(export tariff) 。大部分发达国家已经不再征收出口税。我国对不少商品依然征收出口税。

3. 过境税

在 1978 年中美建立外交关系之前，中国内地的商品不能直接出口到美国，而是先出口到中国香港地区，然后再由中国香港地区出口到美国。这种情况下，中国香港地区充当的是过境贸易(又称转口贸易) 的角色。若中国香港地区对来自中国内地的商品征收关税，就属于过境税(transit duties) 。大部分国家都不再征收过境税，代之以相关的管理费或服务费等。

（二）按照关税征收的方法划分

1. 从量税

从量税(specific tariff) 是根据贸易商品的数量、重量、体积、面积等物理量征收一定数量的税。例如，进口 1 辆普通小汽车征收 1 万元关税。

2. 从价税

从价税(ad valorem tariff) 是根据贸易商品的价格征收一定比例的关税。例如，对价值 8 万元的普通小汽车征收 10 %的进口关税，则应交关税 0.8 万元。

3. 选择税

选择税(selective tariff) 是在从量税和从价税的基础上，依据具体需要选择其中一种关税作为征税依据。通常情况下会选择较高的一种。例如上述情况下，应该选择对普通小汽车征收 0.8 万元的关税。

4. 混合税

混合税(compound tariff) 也是以从量税和从价税为基础，以一定比例的从价税和一定比例的从量税来征收关税。例如上述情况下，以 60%的从量税和 40%的从价税征收关税，应对 1 辆普通小汽车征收 0.92 万元混合税。

（三）按照关税的征收目的划分

1. 财政关税

财政关税(revenue tariff) 是指以增加财政收入为目的的关税。财政关税一般税率较低，若太高，进口商品自然会减少，从而得不得增加财政收入的目的。在国际贸易发展初期，许多国家都以增加财政收入作为主要目的。目前，绝大多数国家的关税收入占本国财政收入的比重已非常低，增加财政收入已经不是国家征收关税的主要目的。另外，对本国不生产的产品征收进口关税，其主要目的也是增加财政收入。

2. 保护关税

目前，大多数国家征收保护关税(protective tariff) 的主要目的是为了保护本国的劣势产业。征收关税提高了进口商品在本国的销售价格，降低了其竞争力，从而达到保护本国产业的目的。为了达到保护的目的，理论上，关税税率应该越高越好。但 GATT 和 WTO 都反对各国采取高关税的方式保护本国产业，并规定了成员国的最高加权平均关税税率。所以，事实上，关税对各国保护本国劣势产业的作用已经受到很大抑制。

第二节　关税效应的局部均衡分析

对进出口商品征收关税，会产生各种经济效应。本节主要分析进口关税的各种效应。对于进出口产品征收关税，首先会影响到产品的价格，进而影响到资源的配置，最终是国内利益和国家间利益的重新分配。按照本书前面所介绍的分析工具，可以采取局部均衡和一般均衡两种分析方法，并可以得到同样的结论。本节主要采取局部均衡分析方法，并且在分析过程中要用到微观经济学的生产者剩余和消费者剩余的概念。

另外，对进口产品征收关税，因关税是间接税，会导致国内相同产品的价格上升。国内某一产品价格上升，对于国际市场同一产品价格的影响分为大国和小国两种情况，因此我们将对这两种情况分别进行分析。

一、小国的关税效应分析

国际贸易理论中所谓的小国(small nation) ，是指一个国家某商品的进出口额占国际市场的份额非常低，以至于该国的进口额或者出口额不管发生多大变化，对国际市场价格都不会产生任何影响。这种情况下，该国就是某商品的小国，也被称为国际市场的某商品的价格接受者，也即在自由贸易的情况下，该国某商品的国内价格始终和国际市场价格一样。

(一) 关税的价格效应

小国情况下，如果一个国家对进口商品征收关税，因为进口税是间接税，进口商为了转移税负，一定会提高进口商品在国内的销售价格，从而导致国内价格上升，这是关税的价格效应(price effect) 。

如图 7-1 所示，横轴表示产量和消费量，纵轴表示价格。假设本国的电脑是劣势产品，国内的供给曲线是 S，需求曲线是 D，封闭条件下本国的电脑价格是 S 和 D 相交点所对应的价格，其价格明显高于国际市场价格 P_W，这反映了本国电脑行业的劣势。如果本国开放市场且对外进行自由贸易，则本国电脑的国内价格会变成和国际市场价格一样，即价格为 P_W，此时对本国电脑产业的发展显然不利，本国的电脑产量下降到了 C 点对应的 Q_1，而本国的电脑消费量是 H 点对应的 Q_2，本国的电脑进口量为 Q_2 和 Q_1 之差，即 GH 部分。

假设本国政府采取关税的手段来保护本国处于劣势电脑产业，并采用从量税，对进口的每单位电脑征收 t 元关税。又假设本国电脑和外国电脑同质，则本国电脑价格在征收关税后会上升到 P_t，且 $P_t = P_W + t$ 这就是征收关税带来的价格效应。

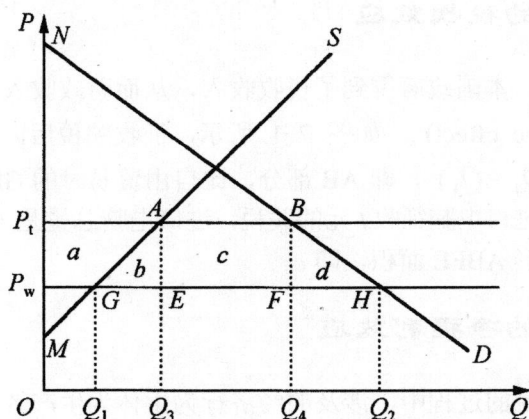

图 7-1　小国征收关税的局部均衡分析

（二）关税的生产效应

征收关税后，本国电脑价格上升到了 P_t，此时，本国电脑产量从 Q_1 上升到了 Q_3，这就是关税的生产效应(production effect) 。该效应也体现了关税所起到的保护作用。

关税的生产效应使本国的电脑产业因受到保护而利益增加，其变化可以通过生产者剩余的变动来说明。如图 7-1 所示，自由贸易时，本国生产者剩余是三角形 P_wGM 的面积，征收关税后则变为三角形 P_tAM，增加了梯形 P_tAGP_w。部分，即 a 明显，本国的电脑生产者是征收关税的受益者。

（三）关税的消费效应

本国对电脑征收关税后，本国的电脑消费量从 Q_2 下降到 Q_4，这就是关税的消费效应(consumption effect) 。

关税的消费效应使本国消费者利益下降，其变化可以通过消费者剩余的变动来说明。如图 7-1 所示，自由贸易时，本国消费者剩余是三角形 NHP_w 。的面积，征收关税后则变为二角形 NHP_t，减少了梯形 P_tBHP_w 部分，即 $(a+b+c+d)$ 。明显，本国的电脑消费者是征收关税的受损者。从图 7-1 可以观察到，国内电脑生产者利益的增加是以牺牲更多消费者的利益为代价的。

（四）关税的税收效应

通过征收关税，本国政府得到了税收收入，从而财政收入增加，这就是关税的税收效应（revenue effect）。如图 7-1 所示，征收关税后，本国电脑进口量从 (Q_2-Q_1) 下降到 $Q_4-Q_3)$，即 AB 部分，比自由贸易时的 GH 部分下降了。

政府从每单位进口电脑征收 t 元的关税，进口电脑总量是 AB，所以政府得到的总关税收人为矩形 ABFE 面积，即 c。

（五）关税的净福利效应

在本国征收关税的过程中，涉及的经济行为主体为生产者、消费者和政府，其中生产者利益增加了 a，消费者利益下降了 $(a+b+c+d)$，而政府增加了 c，因而本国总福利水平的变化为：$(a+c)-(a+b+c+d)=-(b+d)$，这就是关税的净福利效应（net welfare effect），即小国情况下征收关税，本国总福利水平是降低的。

关税的净福利效应说明，采取关税措施保护本国的劣势产业，虽然能够起到保护作用，从而使本国劣势产品的生产者利益增加，但该利益的增加是以消费者付出更大的利益为代价的，所以，本国总福利水平下降。这也体现了征收关税导致的本国国内利益的再分配。

具体来看本国净福利下降了 $-(b+d)$，其中 b 部分称为生产扭曲，d 部分称为消费扭曲。b 部分之所以被称为生产扭曲，是因为本国通过征收关税来保护劣势产业，使本国资源从本国的优势产业转移到该劣势产业，从而使其产量增加，这种状况显然造成了资源配置的低效率或扭曲；d 部分之所以被称为消费扭曲，是因为与自由贸易相比，本国消费者不得不以更高的价格来消费更少的产品。

值得注意的是，在图 7-1 中，我们假设生产者剩余、消费者剩余和政府关税收入三个部分是可以直接进行比较的，即我们采取的是"一元一票制"，也就是说这三个部分单位面积表示的福利大小。我们假设是一样的。

二、大国的关税效应分析

国际贸易理论中所谓的大国（large nation），是指一个国家的某商品进出口额占国际市场的份额足够大，以至于该国的商品进口额或者出口额只要发生变化，对国际市场价格就会产生影响。这种情况下，该国就是某商品的大国，也被称为国际市场的某商品的价格制定者。

基于这样的前提，我们依然用局部均衡分析方法来对大国的关税效应进行分析。

（一）大国与小国关税价格效应的区别

如图 7-2 所示，假设本国是电脑的进口大国，即本国进口电脑的数量占据国际市场足够大的比重，进口数量的变化能够影响国际市场价格 P_w。其他条件与小国情况一样。在大国的情况下，依然假设本国对进口每单位电脑征收 t 元的关税。

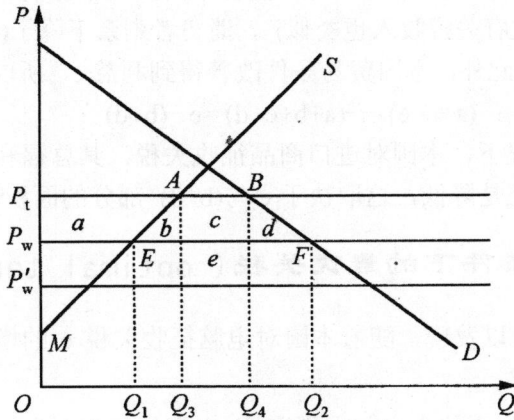

图 7-2　大国征收关税的局部均衡分析

因为本国对电脑征收进口关税，国内电脑价格就会上升，假设上升到 P_t。国内电脑价格上升，导致国内电脑产量增加，消费量下降，最终进口量下降到 $(Q_4 - Q_3)$，即 AB 部分。本国电脑的进口在国际电脑市场上是对电脑的需求。本国电脑进口量下降，从国际市场上看则是电脑需求量的下降，在其他条件不变的情况下，国际市场的电脑供给量不会发生变化，而本国又是电脑的进口大国，因此，就会影响国际市场的电脑价格。这种情况下，国际市场的电脑价格会下降。我们假设国际市场的电脑价格由 P_w 下降到 P_w'。此时，本国同小国情况下相比，尽管同样征收 t 元的关税，价格上涨的幅度也同样是 t 元，但最终的价格 $P_t = P_w' + t$(小国情况下 $P_t = P_w + t$)。

这一价格的变化，其含义是：大国情况下，本国所征收的每单位电脑的 t 元关税，由国内消费者和出口国的生产者共同承担。如图 7-2 所示，总的税负，由国内消费者承担 c 部分，而由出口国生产者承担 e 部分。本来 e 部分是国内消费者承担的，现在转由出口国生产者承担，因而等同于本国福利水平增加了 e。

由于本国电脑在国际市场上的大国地位，其进口需求量下降，导致国际市场的电脑价格下降。从贸易条件角度来看，假设本国出口商品价格木变，此时进口商品价格下降，这视为贸易条件的改善。所以，本国 e 部分利益的增加，实际上是贸易条件改善带来的福利水平的提高。

（二） 大国关税的净福利效应

如图 7-2 所示，大国情况下，本国对电脑征收关税后，生产者剩余增加了 a(注意，大国情况下的 a 和小国情况下的 a 面积不同，但不影响大国情况下分析的结论。消费者剩余、政府关税收入也类似)，消费者剩余下降了(a+b+c+d)，政府得到的关税收入为 c，此外，本国贸易条件改善得到利益 e，所以，大国情况下征收关税的净福利效应为：(a+c+e) —(a+b+c+d) =e -(b+d)。

显然，大国情况下，本国对进口商品征收关税，其总福利水平的变化是不确定的。究竟是提高还是降低，这取决于 e 与(b+d) 部分的面积孰大孰小。

（三） 大国条件下的最优关税（ optimal tariff）

观察图 7-2，可以发现，随着本国对电脑征收关税 c 的增加，本国贸易条件改善并不是越来越好。

最初，e 部分是扁平状态，此时 P_w 和 P_w' 之间的差距不大，因此随着 t 的增加，e 部分的面积会逐步扩大(尽管此时 e 的宽度在逐步缩小，因为本国进口量在下降，即 AB 的距离在逐步缩小) 。但随着本国关税 t 的提高，此时 P_w 和 P_w' 之间的差距在扩大，但本国进口量在减少，所以，e 部分面积一定会在 t 达到定值后最大化，然后开始减小。最终，当 t 足够大时，其他国家向本国出口不再合算，它们不会再向本国出口，此时本国进口量为 0，则 e 部分就不存在了。这时，相当于本国不再有对外贸易，本国贸易回到了封闭状态。

与此同时，(b+d) 则基本上与 e 的变化相反，即 c 很小的时候，其值相对较大，但随着 c 的变化，(b+d) 会逐步变小，到了一定值后又会逐步扩大。

基于上述变化，可以得知，一定存在一个最优的c(但不是最大值)，会使e-(b+d) 的值最大化。此时的 t 被称为最优关税，如果以税率表示，就是最优关税率。

（四） 小国与大国条件下贸易政策的选择

通过前面的分析，小国条件下，如果对进口商品征收关税，本国最终的净福利水平是下降的，因此，最佳的贸易政策应该是不征收关税，即自由贸易。

但大国条件下，本国对进口商品征收进口关税，从理论上看，本国的净福利水平有可能提高，因为 e-(b+d) 有可能大于 0，而且还存在最优关税，使本国净福利水平能够最大化。

这很容易得出这样的结论：大国条件下，征收关税，即干预自由贸易是最合理的选择。该结论似乎为一国政府干预本国对外贸易提供了证据，但进一步推敲，该结论不一定成立。

大国条件下，e 部分是本国贸易条件改善带来的利得，(b+d) 部分是本国生产扭曲和消费扭曲，而 e 部分的取得，是以出口国不作出任何反应为前提的。一旦出口国也采取相应的措施进行报复，e 部分就将不复存在，而整个国际市场秩序却会因为参与贸易的各个国家的关税措施和报复措施而严重失常，各国势必两败俱伤。而本国，也因为征收关税导致资源配置的扭曲，以及利益的非正常再分配。所以，大国条件下，对自由贸易进行干预是否是最佳选择，仍然值得思考。

第三节　关税效应的一般均衡分析

第二节采用局部均衡分析方法对小国和大国两种情况下，进口国对进口商品征收关税的各种效应进行了分析。局部均衡分析方法只能够从进口商品这一局部来观察和分析进口关税所导致的各种效应，而不能够全面体现进口关税对整个经济，尤其是出口行业的影响，因而，有必要采取一般均衡分析方法作进一步的分析。本节只对小国条件下本国征收进口关税进行一般均衡分析。

假设小国条件下，本国劳动力相对丰富，资本相对稀缺，电脑是资本密集型产品，鞋是劳动密集型产品，且仅生产这两种产品，依据传统贸易理论本国生产电脑具有比较劣势，生产鞋具有比较优势。

如图 7-3 所示，横轴表示本国鞋的产量，纵轴表示本国电脑的产量，TT'表示本国的生产可能性曲线。

自由贸易时，本国出口鞋，进口电脑，鞋的相对价格为 P_w，生产点为 Q，消费点为 C，过 C 点的无差异曲线反映了本国自由贸易时的福利水平。

如果本国需要对电脑产业进行保护，从而征收关税，则国内电脑的相对价格就会上升，鞋的相对价格就会下降，假设此时鞋的相对价格为 P_t，则 P_t 代表的价格线比 P_w 代表的价格线要平缓，因此，国内生产者面对新的相对价格，对生产会进行调整，最终调整到新的生产均衡点 Q_t。这一过程中，与自由贸易相比较，鞋的产业优势被弱化，产量下降，而电脑的产量上升，进口量下降，从而达到了保护的目的。

因为本国是进口商品小国，进口电脑数量的下降不会导致整个国际市场的电脑价格变化，也就是征收关税后，本国面临的贸易条件并没有改变。因此，作为一个国家，代表总体福利水平的新的消费均衡点应该是在通过 Q_t 点，并与 P_w 平行的直线上。该消费均衡点的具体位置，理论上说，应该是由无差异曲线和经过 Q_t 且与生产可能性曲线相切时斜率为 P_t 直线表示的收入约束线来共同决定。当无差异曲线和该约束线相切时，消费者福利最大化。综上，新的消费均衡点应满足两个条件：第一，它应该是在经过生产点 Q_t 且斜率等于 P_w 的直线上，表示本国的贸易条件不变；第二，它应该是无差异曲线和收入约束线相切的一点，代表消费者福利最大化。符合这两个条件的点，按理说应该是 Q_t 点。但由于本国征收的关税 t 归本国所有，Q_t 并没有考虑本国到本国的关税收入，所以，若考虑本国关税收入，本国总福利水平应该是在 Q_t 的基础上，往上平行移动关税收入 t 的幅度，即无差异曲线和图 7-3 中虚线相切的 C_t，的位置。

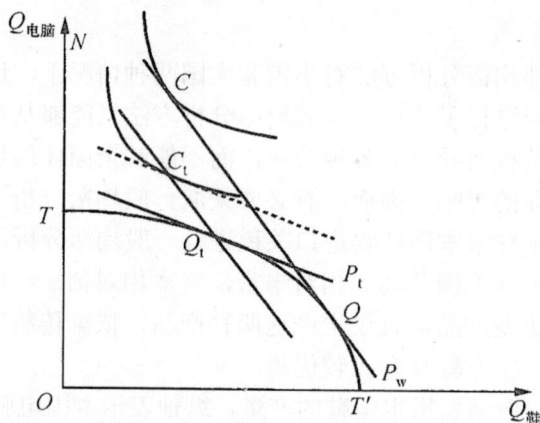

图 7-3 小国征收关税的一般均衡分析

从图 7-3 中也可以观察到，和自由贸易时的无差异曲线位置 C 相比，征收关税以后的无差异曲线位置下降到了 C_t，表明征收关税导致本国总福利水平下降了，这和局部均衡所得出来的结论是一致的。出现这种情况的原因，是本国具有比较优势的产品在对外贸易中，尽管贸易条件没有发生变化，但产量下降了，部分资源从比较优势产业转移到了比较劣势产业，导致资源配置效率的下降。

第四节　关税有效保护率与关税结构

如前所述，各国征收关税的主要目的是为了保护本国相关产业。在具体实践中，一个行业产业链有可能非常长，例如，最终产品的形成往往需要大量的中间产品或零部件投入，而这些中间产品或零部件也可能来自于进口。因此，在对最终产品征收关税的同时，一个国家对该产品所需要的中间产品或者零部件也可能同时征收了关税，进而导致最终产品成本结构的变化，从而影响到最终产品的附加值。在这种情况下，对最终产品所征收的关税所起到的保护作用，显然要受到对中间产品或零部件所征收关税的影响。本节主要针对该情况进行分析。

一、名义保护率

本国对进口商品征收关税并对本国同样产业(进口替代产业) 的保护作用，是通过国内价格上升来体现的。本国价格上升幅度越大，对国内的进口替代产业的保护程度越高。这种保护程度，我们可以用名义保护率(nominal rate of protection，NRP) 来衡量，其计算公式如下：

$$\text{NRP}=\frac{P_t - P_w}{P_w} \tag{7-1}$$

名义保护率实际上就是征收关税后，本国进口替代产业价格上涨的百分比。式(7-1)中，P_w 是本国自由贸易时，即不征收进口关税时，本国进口替代产品(进口商品)的价格；P_t 是征收关税以后，本国进口替代产品的价格。若对每单位进口商品征收的关税是 t，则 $P_t = P_w + t$。所以，名义保护率实际也等于 t 与 P_w 之商。

例如，若本国自由贸易时，电脑价格为 5000 元，对进口的电脑征收 500 元关税，则本国征收关税后本国电脑价格为 5500 元，根据式(7-1) ，名义保护率为 10%。

通过上例，我们也可以知道，名义保护率实际上也是对电脑征收的关税税率。所以，通常我们所说的对进口商品征收的关税，就是该商品的名义保护率，即名义上的保护程度。

169

二、有效保护率

（一）有效保护率的含义

名义保护率考察的是关税的保护程度，是以国内价格上升的幅度为依据的。但这种方式对关税实际起到的保护程度的判断，过于片面。为了全面反映关税的保护程度，需要从另外一个角度用有效保护率来进行判断。有效保护率(effective rate protection，ERP)是以国内最终产品附加值的增加率来衡量的。例如，一台电脑，需要投入许多零部件。所有零部件经过加工组装后成为电脑。在这个过程中附加值在提高。若本国进行的是自由贸易，一台电脑所有零部件的价值总和为 4 000 元，电脑的国内价格为 5 000 元，则电脑的附加值 Y =5 000-4 000=1 000 元。

在开放条件下，一国电脑的生产，其所需的零部件可能来自全球不同国家，即所谓的全球筹供，以使投入成本最小化。在这种情况下，一国电脑生产若处于比较劣势，需要进行关税保护，电脑附加值的变化，就不仅仅取决于对电脑本身征收关税的多少，还要取决于电脑零部件是否需要进口，以及对进口的那部分零部件征收关税的多少。因为对进口的电脑零部件征收关税的高低，直接影响到电脑的成本构成，进而影响到附加值。

假设本国电脑处于生产劣势，需要通过关税进行保护，如征收 10%的从价税，即名义保护率为 10%；此时，每台电脑的国际市场价格是 5 000 元，则每台电脑征收 500 元的关税，电脑的国内价格上升为 5 500 元。同时，对零部件进口，本国也征收关税，假设一台电脑所有零部件的价值总和为 4 000 元，平均关税税率为 5 010，则其投入品总成本 C=4 000+4 000×5%=4 200 元。征收关税后，本国电脑的附加值 V'=5 500-4 200 =1 300 元。

综上，在对进口产品征收关税后，如果对中间投入品也同时征收关税，其附加值将发生变化。有效保护率正是从这个角度来全面反映关税的有效保护程度的。

（二）有效保护率的计算

通过上面的分析，我们对有效保护率的含义有了初步的了解。有效保护率也称为实际保护率，是指对某一产品征收关税的情况下，与自由贸易相比较，某一产品附加值变动的百分比。例如上例中，附加值的变动百分比为：(1 300-1 000) /1 000=60%，也即有效保护率为 60%。从这一计算中我们发现，名义保护率和有效保护率之间存在较大的差别。

如果将上述案例一般化，可以得到有效保护率的计算公式如下：

$$ERP = \frac{T_j - V_j}{V_j} \qquad (7\text{-}2)$$

式(7-2) 中，V_j 表示自由贸易下某一产品(或行业) j 的附加值；T_j 表示对进口产品和中间产品都征收关税的情况下，j 产品的附加值；$(T_j - V_j)$ 表示两种情况下的附加值变化的绝对量。

$\dfrac{T_j - V_j}{V_j}$ 表示征收关税后附加值的变动率，这和有效保护率的定义吻合。

（三）有效保护率与关税结构(tariff structure)

从上面的例子中，我们已经看到关税的名义保护率和有效保护率之间的差别。接下来，假设本国对电脑征收关税的税率 10%不变，即名义保护率不变，我们观察一下对零部件征收不同关税情况下，有效保护率的变化。

1. 假设对零部件征收 10%的关税

此时，投入品总成本 C_2 =4000 +4000 ×10% =4400 元；
征收关税后的附加值 V_2' =5500-4400 =1100 元；
有效保护率 ERP_2 =(1100 -1000) /1000=10%。
此时，名义保护率和有效保护率相同。

2. 假设对零部件征收 15%的关税

此时，投入品总成本 C_3 =4000 +4000×15% =4600 元；
征收关税后的附加值 V_3' =5500-4600 =900 元；
有效保护率 ERP_3 =(900 -1000) /11000=-10%。

3. 假设对零部件征收 20%的关税

此时，投入品总成本 C_4 =4000 +4000×20% =4800 元；
征收关税后的附加值 V_4' =5500-4800 =700 元；
有效保护率 ERP_4 =(700 -1000) /11000=- 30%。

通过上述计算，可以观察到，如果名义保护率不变，但对中间投入品征收的关税逐步提高，则有效保护率逐步下降，并可能为负值。当对最终产品和中间投入品征收的关税税率相同时，有效保护率和名义保护率相同。

　　上述结论对于一国在以保护本国产业为出发点制定具体的关税税率具有一定的指导意义。如果一国的征税目的在于保护最终产品，那么就应该依据产品加工程度，对原材料、半成品和最终产品征收不同税率的关税，加工程度越低，税率应该越低，这样才有利于提高对最终产品的实际保护程度。这种现象，被我们称之为关税结构升级。如果从原材料到最终产品，中间有较多的产业链，因此对原材料实行低关税或免征关税，然后依据加工程度逐步提高关税税率，到最终产品征收较高关税，这种关税结构也被形容为"瀑布式"（tariff escalation）关税结构。

第八章 非关税措施

第一节 非关税措施概述

一、非关税措施的含义

按照联合国贸发会议 2010 年所下的定义,非关税措施(non-tariff measures,NTM) 指的是除关税以外,能够改变国际交易商品的数量或价格或这两者,从而对国际贸易产生经济影响的政策措施。

非关税措施囊括了所有能改变国际贸易状况的关税以外的措施,不仅包含限制贸易的政策措施,也包含了促进贸易的政策措施。人们经常将非关税措施等同于非关税壁垒(non-tariff barriers,NTB) ,其实非关税措施的范围要比非关税壁垒广,因为后者仅指那些由政府施行的对本国供应商有利,而对外来供应商进行歧视的非关税措施。之所以出现这种概念上的混淆,是因为过去大部分的非关税措施采取的是配额或自愿出口限制的形式。这些形式都是为了限制贸易而被设计出来的。现在,对贸易进行政策干预的形式更加多样,并不一定会减少贸易或整体福利,因此我们更倾向于采用“措施”一词而非“壁垒”。

二、非关税壁垒的发展演变

从历史上看,限制和禁止进口的非关税措施,即非关税壁垒早在重商主义时期就开始盛行,但其作为限制进口的重要手段是在 20 世纪 30 年代经济大危机时才广泛发展起来的。大危机使当时的商品价格暴跌,仅仅通过大幅度提高关税的办法已无法有效地阻止外国商品涌入本国市场。西方各国为了缓和国内市场矛盾,变本加厉地对进口实行限制,一方面高筑关税壁垒;另一方面采用各种非关税壁垒阻止他国商品进口。

尽管如此,“非关税壁垒”这一术语是在关贸总协定建立以后才逐渐产生的。真正把非关税壁垒作为保护贸易政策的主要手段开始于 20 世纪 70 年代。其原因是多方面的。首先,各国经济发展不平衡是非关税壁垒迅速发展的根本原因。美国的相对衰落，日欧的崛起，特别是 20 世纪 70 年代中期爆发的经济危机，使得市场问题显得比过去更为严峻，以美国为首的发达国家纷纷加强了贸易保护手段。其次，第二次世界大战后在关贸总协定的努力下，关税大幅度减让之后，各国不得不转而用非关税壁垒来限制进口。第三，20 世纪 70 年代中期以后，许多国家相继进行了产业结构调整，为了各自的经济利益，各国纷纷采用了非关税壁垒来保护国内生产和国内市场。第四，科技水平的迅速提高相应地提高了对进口商品的检验能力。各国通过检验，例如对含铅量、噪声大小的测定等，可审视各种商品对消费者健康的细微影响，从而有针对性地对进口商品实行限制。第五，非关税壁垒本身具有隐蔽性，不易被发觉，而且在实施中往往可找出一系列理由来证明它的合理性，从而使受害国无法进行报复。最后，各国在实施非关税壁垒时相互效仿，也使这些限制措施迅速传播开来。

当前，非关税壁垒呈日益加强的趋势，主要表现在：第一，非关税壁垒的项目日益增多；第二，非关税壁垒的适用范围不断扩大；第三，受到非关税壁垒限制的国家日益增多。根据世贸组织 2012 年年度报告，非关税壁垒对国际贸易的影响已经是关税壁垒的两倍。

三、非关税措施的特征

无论非关税措施(这里主要指的是非关税壁垒) 如何变化，与关税措施相比，它都具有以下几个明显的特征。

(1) 有效性。关税对进口产生的效果是间接的，它主要通过提高进口商的进口成本来影响进口数量。当进口商品凭借规模经济或出口补贴取得低生产成本时，关税的保护作用不再明显。非关税壁垒则可以依靠行政机制直接限制进口数量，或直接禁止某些产品的进口，因而能更直接地、严厉地且有效地保护本国生产与本国市场。

(2) 隐蔽性。要通过关税壁垒限制进口，唯一的途径就是提高关税税率。一般来说，关税税率制定后，各国政府须通过法律的形式对外公布，并严格执行。出口商通常通过查阅进口国海关税则，即可获得关税税率的相关信息，透明度高，毫无隐蔽性可言。非关税壁垒则完全不同，其措施往往不公开，或者规定极为烦琐复杂的标准和手续，使出口商难以应付。它既能以正常的海关检验要求之名出现，也可借用进口国的有关行政规定和法令条例，使之巧妙地隐藏在具体执行过程中而无须做出公开规定，人们往往难以清楚地辨识和有力地反对此类政策措施。

(2) 歧视性。任何一个国家都只有一部关税税则，一般来说，关税壁垒像堤坝一样同等程度地限制来自所有国家的进口，这就不能很好地体现进口国的国别政策。而非关税壁垒可以针对某个国家或某种商品制定，因而更具有歧视性。比如，英国生产的糖果在法国市场上曾经长期有很好的销路，后来法国在《食品卫生法》中规定禁止进口含有红霉素的糖果，而英国糖果正是普遍使用红霉素染色的，这样一来，英国糖果失去了其在法国的市场。

(4) 灵活性。关税税率制定必须通过立法程序，并要求具有一定的延续性和稳定性，所以调整或更改税率的随意性有限，需要经过较为烦琐的法律程序和手续。同时关税和税率的调整直接受到世贸组织的约束(非成员方也会受到最惠国待遇条款约束)，各国海关不能随意提高关税，因此关税壁垒比较缺乏灵活性。可是，制定和实施非关税壁垒通常采用行政程序，制定手续简单，制定程序也较迅速、简便、伸缩性大，能随时针对某种进口商品采取或更换相应的限制措施，表现出更大的灵活性和时效性。正因为如此，非关税壁垒已逐步取代关税措施，成为各国所热衷采用的政策手段。

四、非关税措施的作用

从发达国家非关税措施的实际应用来看，非关税措施的作用主要表现在三个方面。第一，作为防御性武器限制外国商品进口，用以保护国内陷入结构性危机的生产部门及农业部门，或者保障国内垄断资本能获得高额利润；第二，在国际贸易谈判中作为砝码，提高本国的谈判力量，逼迫对方妥协让步；第三，可以作为对其他国家实施贸易歧视的手段，以获取经济或政治利益。目前，发展中国家也越来越广泛地使用非关税壁垒。但与发达国家不同的是，发展中国家设置非关税壁垒的目的主要是限制非必需品进口，节省外汇；削弱外国进口产品的竞争力，保护民族工业和幼稚产业；发展民族经济，以摆脱发达资本主义国家对本国经济的控制和剥削。

总之，发达国家设置非关税壁垒是为了保持其经济优势地位，继续维护不平等交换的国际格局，具有明显的剥削性。而发展中国家的经济发展水平与发达国家相距甚远，完全不在同一条起跑线上，因而设置非关税壁垒有其合理性和正当性。

此外，世贸组织 2012 年年度报告也从经济学角度考察了非关税壁垒的合理性，认为其具有三大益处。

(1) 非关税壁垒可以调节市场失灵。在现实世界中，市场失灵随处可见，信息不对称是市场失灵的主要来源之一。以国产婴儿配方奶粉为例，在奶粉质量方面，潜在的消费者处于信息劣势地位。由于近年来多起奶粉质量事故的出现，消费者越来越担心一些低标准的奶粉会影响到婴儿的健康甚至生命安全，开始对市场上的所有奶粉包括进口奶粉的质量产生怀疑。如果政府不进行干预和监管，局势可能进入恶性循环，进而导致市场崩溃。同样，大量的本国生产和从国外进口的食品、药品、交通工具、电气设备和安全设备都面临着对设计、原料、生产过程和陸能方面的种种检测。政府设立这些检测的目的就是为了淘汰那些可能消费者生命财产安全的低标准商品，恢复市场功能。除了信息不对称外，负外部性(如污染) 以及不完全竞争(如垄断) 都可能导致市场失灵。这时候就需要政府的干预、管制和激励措施来恢复市场效率。

(2) 非关税壁垒可以帮助拥有市场力量的国家获取他国财富。一个拥有市场力量的国家可以通过扩大出口价格与进口价格比率来增加本国的国家财富。如果出口企业在国外市场拥有市场力量，那么这个企业的行为就会影响到它的竞争对手的利润，那么政府就可以采取非关税壁垒将外国企业的利润转移到本国的出口企业中，进而增加本国的国民财富。

(3) 非关税壁垒可以帮助政府进行财富再分配。在发达国家，税收和财政支出是实现财富再分配的主要手段。但在一些最不发达国家，并不存在完善的财政系统和社会安全网络。这些国家的政府可能会使用贸易政策工具和非关税壁垒来实现特定的收入分配目标。例如，在撒哈拉沙漠以南的非洲国家中，禁止进口、禁止出口和贸易限额是当地政府常用的收入再分配手段。

五、非关税措施的分类

由于非关税措施涉及的种类非常复杂，并且还在不断演变，所以尽管国际社会一直希望能够将它们进行系统整理和标准化,但直到 2013 年才由联合国贸发会议发布了一个比较完善的分类方案《非关税措施的分类：2012 版本》。该分类方案将非关税措施分成了 16 组(见图 9-1) : (A) 卫生与植物卫生措施, (B) 技术性贸易壁垒, (C) 装船前检验和其他手续, (D) 价格控制措施, (E) 非自动许可、配额、进口禁令及其他数量控制措施, (F) 国内税和其他国内费用等超关税措施,(G)金融措施, (H) 影响竞争的措施, (I) 与贸易有关的投资措施, (J) 流通限制, (K)售后服务限制, (L) 非出口补贴, (M) 政府采购限制, (N) 知识产权, (O) 原产地规则, 以及(P) 出口相关措施, 其中前 15 组(A~O) 属于进口非关税措施。进口非关税措施又可归为技术性措施(A-C) 和非技术性措施(D-O) 两大类。

每组措施对贸易的影响不同。一些措施对贸易有非常明确的限制作用，另一些则作用不确定。例如 A-C 组的措施就与矫正市场失灵有关。一方面，A-C 组的措施大部分是为了解决环境、动物福利、食品安全、消费者权益等社会关注性问题。它们并不一定会限制贸易，因为这些措施也能通过减少信息不对称来增强消费者对进口商品的信心，从而促进对进口商品的需求。另一方面，这些措施中很多都需要考虑出口商或相关机构的执行能力，很可能因此对贸易产生扭曲作用。比如，出口方实施认证和检测的能力不足可能会导致其丧失贸易机会，或即便有能力实施认证和检测，贸易成本也会大大提高。此外，由于不同出口国在基础设施和检测机构能力方面存在差异，导致贸易成本提高的幅度不一致，由此对各出口国的竞争力产生影响，并最终影响到贸易流向。

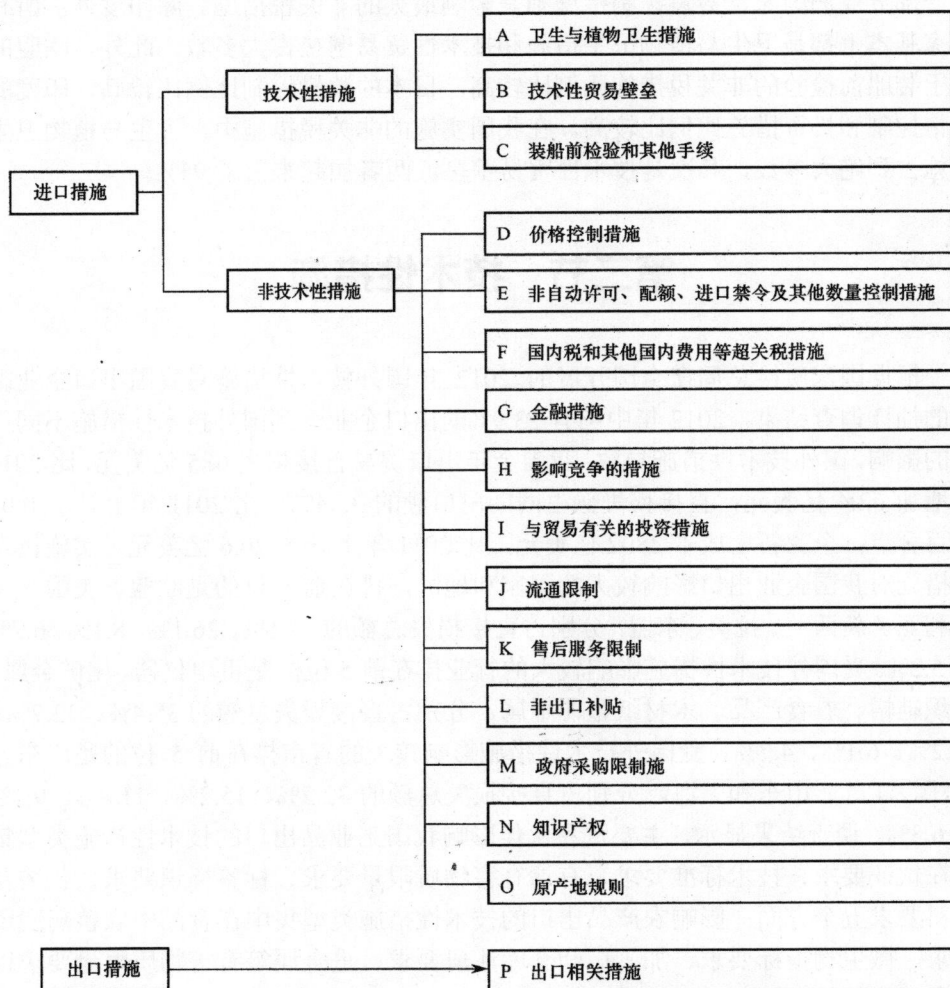

```
                          ┌─ A 卫生与植物卫生措施
               技术性措施 ─┼─ B 技术性贸易壁垒
               │          └─ C 装船前检验和其他手续
  进口措施 ─────┤
               │          ┌─ D 价格控制措施
               非技术性措施┤   E 非自动许可、配额、进口禁令及其他数量控制措施
                          │   F 国内税和其他国内费用等超关税措施
                          │   G 金融措施
                          │   H 影响竞争的措施
                          │   I 与贸易有关的投资措施
                          │   J 流通限制
                          │   K 售后服务限制
                          │   L 非出口补贴
                          │   M 政府采购限制施
                          │   N 知识产权
                          └─ O 原产地规则

  出口措施 ──────────────────► P 出口相关措施
```

图 9-1　联合国贸发会议对非关税措施的分类

根据联合国贸发会议 2013 年对 26 个样本国家所做的统计分析，在 16 组非关

税措施中，使用最广泛的是 A 组卫生与植物卫生措施和 B 组技术性贸易壁垒，尤其是技术性贸易壁垒。在发达国家，技术性贸易壁垒影响了 65%的贸易，卫生与植物卫生措施影响了 12%的贸易，其次是 C 组装船前检验、E 组数量控制和 D 组价格控制，分别影响了 6%、5%和 2%的贸易。在非洲，技术性贸易壁垒仍然是覆盖面最大的非关税措施，总共影响了 43%的贸易，装船前检验排在第二位，影响了 26%的贸易，其次是卫生与植物卫生措施、数量控制和价格控制。在拉丁美洲和一部分亚洲国家，数量控制措施则是影响最大的非关税措施。除印度外，所有国家基本上都是卫生与植物卫生措施和技术性贸易壁垒占大多数。此外，欧盟的属于装船前检验的非关税措施比例比较高，日本的数量控制比例比较高，印度的价格控制和投资措施比例比较高。在我国实施的非关税措施中，卫生与植物卫生措施占到绝大多数，其次是技术性贸易壁垒，两者加起来占了 95%。

第二节　技术性措施

根据国家质检总局在全国开展的 2012 年国外技术性措施对我国出口企业影响的抽样调查结果，2012 年中国有 23.9%的出口企业受到国外技术性措施不同程度的影响，国外技术性措施导致：我国全年出口贸易直接损失 685 亿美元，比 2011 年增加 62.4 亿美元；直接损失额占同期出口额的 3.34%，比 2011 年上升了 0.07 个百分点；企业新增成本 2802 亿美元，比 2011 年上升了 20.6 亿美元。实施技术性措施对我国企业出口影响较大的国家和地区，排在前 5 位的是欧盟、美国、澳大利亚/新西兰、拉美、东盟，分别占直接损失总额的 32.6%、26.1%、8.1%、6.7%和 5.2%。受国外技术性措施影响较大的行业排在前 5 位的是机电仪器、化矿金属、纺织鞋帽、农食产品、木材纸张非金属，分别占直接损失总额的 35.4%、32.7%、13.2%、6.1%、4.7%。受国外技术性措施影响较大的省市排在前 5 位的是广东、浙江、江苏、山东和上海，分别占直接损失总额的 32.2%、15.2%、11.8%、9.1%和 6.3%。调查结果显示，主要贸易伙伴影响我国工业品出口的技术性措施类型集中在认证要求、技术标准要求、有毒有害物质限量要求、标签标识要求、包装及材料要求五个方面；影响农产品出口的技术性措施类型集中在食品中农兽药残留要求、微生物指标要求、加工厂和仓库注册要求、重金属等有害物质限量要求以及食品添加剂要求五个方面。

下面为大家具体介绍国际贸易中的技术性措施。按联合国贸发会议的分类.国际贸易中的技术性措施包括技术性贸易壁垒、卫生与植物卫生措施以及装船前检验和其他手续。其中在发达国家中前两种措施使用得最为广泛，装船前检验在发展中国家使用较为广泛。

一、技术性贸易壁垒

1．技术性贸易壁垒的含义

技术性贸易壁垒(technical barriers to trade，TBT)，简称技术壁垒，是国际贸易中商品进口国在实施贸易进口管制时，通过颁布法令、条例、规定，建立技术标准、认证制度、检验制度等方式，对外国进口产品制定过分严格的技术标准，卫生检疫标准，商品包装和标签标准，从而提高对进口产品的技术要求，增加进口难度，最终达到限制进口目的的一种非关税壁垒。

技术性贸易壁垒是无形的，是国际贸易中最隐蔽、最难对付的非关税壁垒之一，是目前各国，尤其是发达国家人为设置贸易壁垒，推行贸易保护主义的最有效手段。发达国家往往凭借它们的技术和经济优势，通过制定技术法规、标准和合格评定程序等方式对进口商品提出苛刻的市场准入要求，给其他国家尤其是发展中国家的出口构成很大障碍。技术性贸易壁垒一般都是以保证产品质量、维护消费者安全和人民健康为理由制定，名目繁多，规定复杂，而且经常变化，甚至制定内外有别的双重标准，使外国商品难以符合要求，从而起到直接限制外国商品的作用。此外，技术法规和标准的执行过程也能间接起到设置贸易障碍、限制进口的作用，这是因为在执行技术法规和标准过程中产生的争议常常会导致复杂的、旷日持久的技术检验调查、取证、辩护和裁定等程序，这既可能使商品销售成本大大增加，也可能使交货期延误或让商品错过销售旺季，从而降低外国商品的竞争力或使其失去市场。

2．技术性贸易壁垒的构成

世贸组织的《技术性贸易壁垒协议》将技术性贸易壁垒分为技术法规、技术标准和合格评定程序三类。

(1) 技术法规。技术法规是指由进口国政府制定、颁布的有关技术方面的法律、法令、条例、规则和章程。技术法规具有法律上的约束力。对于出口国厂商来说，向国外出口商品时就必须考虑并严格遵守进口国制定的技术法规，否则，进口国就有权对违反技术法规的商品限制进口，甚至扣留、销毁，直至提起申诉。例如美国农业部制定了一些强制性标准，肉禽必须附有证书，证明符合美国标准方可进入美国市场。

(2) 技术标准。技术标准是经公认机构批准的、非强制执行的、规定供通用或反复使用的产品或相关工艺和生产方法的规则、指南或特性的文件。

(3) 合格评定程序。合格评定程序是指依据技术法规和标准，对生产、产品、质量、安全、环境等环节以及对整个保障体系进行全面监督、审查和检验，合格后由国家或国外权威机构授予合格证书或合格标志，以证明某项产品或服务符合规定的标准和技术规范。《技术性贸易壁垒协议》附录 I 对"合格评定程序"的定义为：任何用以直接或间接确定是否满足技术法规或标准有关要求的程序，包括：抽样、检测和检验程序；符合性的评价、验证和保证程序；注册、认可和批准程序以及它们的组合。

合格评定程序包括产品认证和体系认证两个方面。产品认证是指确认产品是否符合技术法规或标准的规定；体系认证是指确认生产或管理体系是否符合相应规定。一般来说，许多产品没有取得认证就无法进入发达国家的市场。认证工作涉及生产、流通、消费领域，是一项复杂的系统工程，对大多数发展中国家的企业来说，要获得国际著名机构的认证是相当困难的。目前，国际上著名的认证有质量认证体系 IS09000 系列、环境管理认证体系 IS014000 系列、IEC 电气设备安全标准认证、英国劳氏船舶等级社 LR 认证、欧盟 CE 认证和美国 UL 认证等。

3. 技术性贸易壁垒涉及的领域与环节

技术性贸易壁垒涉及到贸易的各个领域和环节：农产品、食品、机电产品、纺织服装、信息产品、家电、化工医药，包括它们的初级产品、中间产品和制成品，涉及加工、包装、运输、储存和信息处理等环节。下面是对包装环节和信息处理环节技术性贸易壁垒的介绍。

包装环节的技术性贸易壁垒主要体现在对包装和标签的要求。

商品包装成为技术性贸易壁垒的主要原因有三，一是有许多包装物易造成环境污染，二是有些包装材料常带有有毒物质、疫虫和病菌，三是有些包装不适用于专用交通工具的运输，不便流通。所以，各国尤其是发达国家对包装材料的检验检疫越来越严格，进口商品必须符合关于包装的规定，否则不准进口或禁止在市场上销售。

对于广大发展中国家的企业来讲，要把本企业的产品打入国际市场，包装是一个不可忽视的问题。包装能否满足环保和尺寸要求，已经成为企业国际营销谈判的一个重要条款和筹码。美国和新西兰禁止用干草、稻草、谷糠等作为包装或填充材料。在某些情况下，这类包装材料只有在提供消毒证明后，才被允许使用。英联邦的许多国家要求提供包装材料的产地证明，德国和法国禁止进口外形尺寸与本国食品罐头不一致的罐头产品。欧盟的《包装和包装垃圾法令》(EU94/62) 要求包装材料的最低回收率目标为 60%，最低再循环率为 55%，这样高的环保要求，不要说发展中国家，即使是欧盟的一些国家也有很大负担。

标签是商品上必要的文字、图形和代号。许多国家的进口商为了保护消费者的利益，尽量向消费者提供产品质量和使用方法的信息，对食品、药品等特殊商品，要求生产商必须标出尽可能多的成分和含量，并规定了项数，达不到规定的项数将被扣留。美国是世界上食品标签法规最为完备、严谨的国家。美国食品和药品管理局(FDA) 要求大部分的食品必须标明至少 14 种营养成分的含量，仅在这一领域，处于领先地位的美国制造商每年要为此多支出 10.5 亿美元，由此可以想象其他落后国家的出口商的成本压力了，尤其是对没条件进行食品成分分析的国家而言这无疑就是禁止进口性措施了。目前在欧盟最为流行的生态标签 OKO-Tex Standard100，是纺织品进入欧洲纺织品市场的通行证。

信息处理环节的技术性贸易壁垒，我们简称信息技术壁垒，是指进口国利用信息技术上的优势，通过制定信息技术应用标准、信息技术应用的法规体系以及合格评定程序，对国际贸易的信息传递手段提出要求，从而造成贸易上的障碍，起到贸易保护的目的。常见的信息技术壁垒有电子商务、电子数据交换(EDI) 、条码等。

信息技术壁垒是因国际贸易的需要而产生的。一方面，信息革命和互联网的发展促进了电子商务和电子政务的产生与发展，并促使传统的国际贸易向电子化方向转型。互联网和信息技术能够让外贸业务员利用电脑终端甚至智能移动终端就能觅到商业良机，便利了市场交易，简化了国际贸易程序，降低了交易成本，从而推动国际贸易规模迅速扩大。在外贸电子政务领域，很多国家或地区要求采用电子方式(如 EDI) 报关，以缩短通关时间。但另一方面，电子商务的成功应用大多是在发达国家，尤其是美国和欧洲，而一些发展中国家由于信息技术发展相对落后，计算机软硬件设备、通信设施以及法规建设都不健全，很难达到 EDI 的硬性要求。这样，由于各国的信息技术水平存在巨大差异，导致某些国家在利用合理的信息技术之外，单方面地提高技术标准，从而构筑起对信息技术相对落后国家的技术壁垒。

现在在国际市场上，特别是发达国家和新兴工业化国家，已经普遍在商品包装上使用条码标签。商品采用符合国际规范的条码就能在世界各国的商场内销售，让出口商及时掌握产品在国际市场的需求情况、价格动态和其他有关信息，有助于出口商不断改进商品的生产和销售，并最终促进国际贸易的发展。很多国家和地区都限定在商品包装上必须印刷条码，否则不准进口。条码在国际包装上的应用已成为包装现代化的一个重要内容。以前中国很多出口欧美的产品虽然质量很好，但因为包装上没有条码，进不了国外超市，只能成为地摊货压价出售，造成了很大损失。因此条码构成了发达国家对发展中国家产品的一种信息技术壁垒。后来，随着中国物品编码中心在 1988 年成立，中国有了统一组织、协调、管理我国商品条码、物品编码与自动识别技术的专门机构。1991 年中国物品编码中心代表中国加入国际物品编码协会，负责推广国际通用的、开放的、跨行业的全球统一编码标识系统 GS1（Globe Standard 1）和供应链管理标准。中国企业开始采用 GS1 国际标准条码来帮助产品打开国际市场。

作为一种比一维码更高级的条码格式，二维码也开始得到广泛应用。美国、德国、日本等国家，不仅已将二维码技术应用于公安、外交、军事等部门对各类证件的管理，也将二维码应用于海关、税务、交通运输和邮政等与国际贸易相关的部门。中国开发和实施自己的二维码技术，并应用于外贸和相关管理领域是中国产品突破欧美最新信息技术壁垒，促进出口，并构筑中国进口产品安全管理体系的重要一步。

4.《技术性贸易壁垒协议》

技术性贸易壁垒在一定程度上阻碍了国际贸易的发展，国际社会也出现了协调和规范技术性贸易壁垒的组织与机制。目前比较有影响的是国际标准组织（International Standard Organization，ISO）与区域性技术协调组织，国际公约与双边互认协议也日益发挥重要作用。世贸组织的《技术性贸易壁垒协议》对成员方的技术性贸易措施做出了原则规范，并建立了争端解决机制，成为国际范围内协调技术性贸易措施的最重要机制。

《技术性贸易壁垒协议》(Agreement on Technical Barriers to Trade)，简称 TBT 协议，是世贸组织管辖的一项多边贸易协议，是在关贸总协定东京回合同名协议进行修改和补充的基础进行的，由前言和 15 个条款及 3 个附件组成。其主要条款有：总则、技术法规和标准、符合技术法规和标准、信息和援助、机构、磋商和争端解决、最后条款。TBT 协议适用于所有产品，包括工业品和农产品，但如涉及卫生与植物卫生措施，由《实施卫生与植物卫生措施协议》进行规范。此外，政府采购实体制定的采购规则不受 TBT 协议的约束。

TBT 协议对成员方中央政府机构、地方政府机构、非政府机构在制定、采用和实施技术法规、标准或合格评定程序方面分别作出了规定。TBT 协议的宗旨是：规范各成员实施技术性贸易法规与措施的行为，指导成员制定、采用和实施合理的技术性贸易措施，鼓励采用国际标准和合格评定程序，保证包括包装、标记和标签在内的各项技术法规、标准和是否符合技术法规和标准的评定程序不会对国际贸易造成不必要的障碍，减少和消除贸易中的技术性贸易壁垒。这里，技术性贸易措施是指为实现合法目标而采取的技术法规、标准、合格评定程序等。合法目标主要包括维护国家基本安全，保护人类生命、健康或安全，保护动植物生命或健康，保护环境，保证出口产品质量，防止欺诈行为等。

根据 TBT 协议，与该协议有关的贸易磋商和争端的解决应在世贸组织技术性贸易壁垒委员会主持下进行。该委员会由世贸组织各成员方代表组成，每年至少召开一次会议就有关问题进行磋商。该委员会还负责每年发布技术性贸易壁垒措施年度报告，根据世贸组织 2013 年度报告，1995-2012 年成员国共向世贸组织提交了 15 736 项技术性贸易壁垒(TBT) 通报、2684 项附件和 485 项与 TBT 通报有关的补遗／勘误，其中 2012 年共提交 1550 项 TBT 通报(含修正通报)，比 2011 年增长了 27.4%。

5. 绿色贸易壁垒

绿色贸易壁垒(green barriers to trade)，又称绿色壁垒，主要是指一国或地区为了保护自然资源、生态环境和人类健康，通过制定一系列复杂苛刻的环保政策、法规、标准或合格评定制度，对来自其他国家和地区的产品及服务设置障碍。发达国家实施贸易保护，谋取经济利益是绿色壁垒产生的主观原因；全球自然资源匮乏、生态环境恶化和社会公众的绿色需求是绿色壁垒形成社会基础；世界各国在技术水平、环保标准和资金投入等方面的差异是绿色壁垒存在的客观因素。从发展趋势看，绿色壁垒将成为技术性贸易壁垒的主流形式。

绿色壁垒的表现形式多种多样，主要涉及国际环保公约、技术法规、技术标准和认证程序等各个方面，目前已经形成了一个比较完备的体系，具体包括：

(1) 国际和区域性的环保公约。20 世纪 60 年代以来，有关环境与资源保护的条约已达 100 余个，我国加入的条约就超过 30 个，如《联合国海洋法公约》《气候变化公约》《生物多样性公约》《保护臭氧层维也纳公约》等。

(2) 国家环保法规和技术标准。20 世纪 60 年代以来，各国相继发布了环保法规和国家标准，如德国、英国、法国均有几千项与环保有关的法律法规和国家标准，使其绿色要求合法化，并形成完善的绿色规制体系，如德国于 1992 年公布了《德国包装废弃物处理法令》。这些"绿色"法规有利于环境保护，但同时大大增加了出口商的成本，也为这些国家制造"绿色壁垒"提供了借口。

(3) 环境标志制度。环境标志制度是由政府部门或公共、私人团体依据一定的环境标准颁发的图形标签，印制或粘贴在合格的商品及包装上，用以表明该产品不仅质量、功能符合要求，而且从生产到使用以及处理全过程都符合环保要求，对环境和人类健康无害或危害极小，有利于资源的再生产和利用。目前已有数十个国家和地区推行了环境标志制度，如德国的"蓝天使"环境标志认证、日本的"生态标志"认证、北欧四国的"白天鹅"生态认证等。出口产品取得了环境标志意味着获得了进入实施环境标志制度国家市场的"通行证"，但由于环境标志认证程序复杂、手续烦琐、标准严格，增加了外国厂商的生产成本和交易成本，成为他国产品进入一国市场的环境壁垒。

此外，绿色壁垒还有绿色包装和标签要求、ISO14000 环境管理体系认证、绿色饲养、加工和生产方法要求、检验和检疫要求以及环境成本内在化要求等表现形式。现阶段，绿色壁垒主要是以非关税壁垒的形式存在。随着形势的发展，绿色壁垒也将以关税壁垒的形式存在，如美国和欧盟正在计划实施的碳关税就属于绿色壁垒的范畴。

6. 蓝色贸易壁垒

蓝色贸易壁垒(blue barriers to trade) 又称"蓝色壁垒""劳动壁垒"或"社会责任壁垒"，是指以劳动者的劳动环境和生存权利为借口采取的贸易保护措施。蓝色壁垒是一种新型技术性贸易壁垒，由社会条款而来。社会条款并不是一个单独的法律文件，而是对国际公约中有关社会保障、劳动者待遇、劳工权利、劳动标准等方面规定的总称，与公民权利和政治权利相辅相成。

蓝色壁垒最典型的代表是 SA8000 社会责任国际标准，它是由美国经济优先权委员会(简称 SAI) 于 1997 年最先制定并实施的。SAI 由来自 11 个国家的 20 个大型商业机构、非政府组织、工会、人权及儿童组织、学术团体、会计师事务所及认证机构组成。SA8000 标准在童工、强迫性劳动、组织工会的自由与集体谈判的权利、歧视、惩戒性措施、工作时间、工资、健康与安全、管理系统等领域制定了最低要求，一经产生就得到了西方发达国家的大力支持，成为最重要的认证标准之一，并成为蓝色壁垒的代名词。SA8000 标准以尊重人权、保障人类健康和安全为目的，应该说有其合理性的一面，但另一方面，由于它具有很强的操作性，容易被滥用来实施贸易保护，从而影响到贸易的正常秩序并演化为一种新形式的贸易壁垒。

蓝色壁垒主要有 6 种表现形式：①对违反国际公认劳工标准的国家的产品征收附加税；②限制或禁止严重违反基本劳工标准的产品出口；③以劳工标准为由实施贸易制裁；④跨国公司的工厂审核(客户验厂) ；⑤社会责任工厂认证；⑥社会责任产品标志计划。

蓝色壁垒增加了企业成本，削弱了出口产品的国际竞争力。实施 SA8000 标准对企业成本的影响主要体现在两个方面：一是认证成本，要获取 SA8000 认证，企业需要承担一笔不菲的认证费用，与 ISO 系列相比费用更高；二是整顿成本，为了迎接认证，企业必须在改善劳工的工作条件、提高工资等方面投入更多费用。此外，按常规获取 SA8000 认证一般需要 1 年时间，证书有效期为 3 年，每 6 个月复查一次。因此，争取 SA8000 认证对出口企业而言要耗费很多时间、精力以及管理费用和成本。

蓝色壁垒是社会、经济、科技发展的产物。在关贸总协定谈判和贸易自由化进程中，传统的贸易壁垒受到了很大的限制，而蓝色壁垒更隐蔽，其包含的道德因素使其更能为大众所认同。因此，这种具有复杂性、政治性、不确定性的劳工标准，一出现就成为发达国家实行贸易保护政策的最佳选择之一。蓝色壁垒主要针对的是具有廉价劳动力优势的发展中国家，这些国家以大量廉价产品冲击发达国家市场，使发达国家国内的纺织品、服装、玩具、鞋类等相关行业工人因此失业或工资水平下降。发达国家为了保护国内市场、减轻政治压力，日益加重了对发展中国家劳工条件及劳工环境的批评指责，一些地区性行业乃至全国、全球性行业组织和非政府组织纷纷参与制定相关规则，以求获得贸易自我保护。此外，"血汗工厂"案例的大量涌现，引起了许多发达国家公众的强烈不满与关注，甚至出现了"不买运动"。现在发达国家消费者在购买产品时不仅关注产品的质量与安全性，还开始更多地关注起产品是在哪里生产，是什么人在什么样的劳动环境与劳动条件下生产出来的，以此决定是否购买。这种行为促使政府与企业在进口产品时加强了对劳工标准的审核，这也是发达国家设置蓝色壁垒时不容忽视的一个社会因素。最后，由于全球化的发展中劳工问题全球化，劳工问题与反全球化运动相结合，使得国际组织与非政府组织对劳工待遇日益重视，都急于寻求一个趋同的国际劳工标准，以促进全球化的稳定发展。然而，由于各国经济发展水平不同，很难提出一个适用于全球约 200 个国际贸易参与国的工资、工时、职业安全和卫生、社会保障等标准，这为大多数发达国家提供了强行推广其劳工标准的借口，堂而皇之地打着保护劳工利益和企业社会责任的幌子实施贸易保护行为。

二、卫生与植物检疫措施

1. 卫生与植物卫生措施的含义

根据《实施卫生与植物卫生措施协议》，卫生与植物卫生措施(sanitary and phytosanitary measures)，简称 SPS 措施，是针对食品安全和动植物健康所采取的，直接或间接影响国际贸易的卫生与动植物检验检疫措施，包括：

(1) 保护成员领土内的动物或植物生命健康免于受到病虫害和致病生物传入、定居或传播风险的措施；

(2) 保护成员领土内的人类或动物生命健康免于受到食品、饮料或饲料中的添加剂、污染物、毒素或致病生物风险的措施；

(3) 保护成员领土内的人类生命健康免于受到由动植物或动植物产品携带的病虫害传入、定居或传播风险的措施；

(4) 防止或限制成员领土内因虫害传入、定居或传播所产生的其他损害的措施。

从产品范围看，SPS 措施主要与农产品和食品有关。近几十年来，国际上发生的疯牛病、禽流感等食品安全和动植物健康事件造成了国际食品安全信任危机；同时，随着世贸组织谈判的逐步推进，利用关税措施调节农产品贸易的操作空间受到明显挤压，因此各国更加积极地实施和利用 SPS 措施来调节农产品贸易。

2. 实施卫生与植物卫生措施协议

《实施卫生与植物卫生措施协议》(Agreement on 血 e Application of Sanitary and PhytoSanitary Measures，SPS 协议)是在关贸总协定乌拉圭回合达成的一项协议，隶属于世贸组织多边货物贸易协议项下。SPS 协议既是单独的协议，又是《农业协议》的第八部分。乌拉圭回合以前，没有独立的 SPS 协议存在，对 SPS 措施的规定在很大程度上为东京回合所达成的 TBT 协议所涵盖。但在乌拉圭回合，SPS 协议与 TBT 协议相分离，成为一个单独的附属协议。

SPS 协议由前言、14 条正文和 3 个附件组成，主要条款有：总则，基本权利和义务，协商，等效，风险评估和适当的卫生与植物卫生保护水平的确定，适应地区条件包括适应病虫害非疫区和低度流行区的条件，透明度，控制、检查和批准程序，技术援助，特殊和差别待遇，磋商和争端解决，管理，实施和最后条款。

SPS 协议明确承认每个成员制定保护人类生命与健康所必须的法律、规定和要求的主权，但是要保证这种主权不得滥用于保护主义，不能成为贸易壁垒和惩罚措施。协议规定各成员政府有权采用卫生与植物卫生措施，但只能在一个必要范围内实施以保护人类及动植物的生命及健康，而不能在两个成员之间完全一致或相似的情况下，采取不公正的差别待遇。协议还鼓励各成员根据国际标准、指导原则和规范来建立自己的卫生与植物卫生措施。世界贸易组织根据协议规定，设立了卫生与植物卫生措施委员会(简称 SPS 委员会) ，负责协议的实施。

3. SPS 措施的界定

为维护本国人类和动植物健康、国家安全、经济秩序等，各国实施了大量技术性措施，主要包括 TBT 措施与 SPS 措施。为了平衡这些措施的必要性及其对国际贸易形成的阻碍，在世贸组织框架下产生了两个重要的多边协议：TBT 协议与 SPS 协议。

TBT 协议早于 SPS 协议。TBT 协议与 SPS 协议均支持各成员实施为保护人类、动物、植物的生命或健康而采取的必须措施。TBT 协议明确规定了技术法规的制定和实施的根本原则是"不得对国际贸易造成不必要的障碍"，SPS 协议则要求"在风险分析的基础上制定必要的保护人类、动植物的措施，以便使其对贸易的影响降到最低，促进动植物及其产品国际贸易的发展"。两个协议都含有非歧视基本义务、提前通报拟议措施、设立咨询点等规定。

两者的根本区别在于各自的管辖范围不一样。SPS 协议涉及食品安全、动物卫生和植物卫生三个领域，而 TBT 协议涉及范围要广得多，除去与上述领域有关的 SPS 措施外，所有产品的技术法规和标准都受 TBT 协议管辖。由于 SPS 协的存在，TBT 协议未涉及 SPS 措施问题。例如一项对进口水果进行处理以防止害虫传播的措施与 SPS 协议相关，而处理进口水果质量、等级和标签特性的措施则受 TBT 协议管辖。再如进口瓶装水的制瓶材料应该对人无害，且所装水应保证不受污染等规定属于 SPS 协议管辖，而瓶子标准体积大小及形状是否符合超市货架摆放和展示的规定则归 TBT 协议管辖。

此外，TBT 协议所指的国际标准是由国际标准化组织(ISO) 和国际电工委员会(IEC) 制定的标准，SPS 协议所指的国际标准是由国际食品法规委员会(CAC) 、国际植物保护公约组织(IPPC) 和世界动物卫生组织(OIE) 制定的标准。两者确定的原则也不同，根据 SPS 协议，在制定 SPS 措施，尤其是与国际标准不一致的 SPS 措施时，要严格遵守科学依据原则，但对于为了维护国家安全、防止欺诈等所制定的 TBT 措施来说，科学就不是唯一依据了。另外，两者非歧视原则的落实不同，TBT 协议要求在最惠国待遇和国民待遇基础上实施 TBT 措施，而 SPS 协议规定，只要不在情形相同或者类似的成员之间构成武断或者不合理的歧视，成员就被允许采取存在差异性的 SPS 措施。最后，SPS 协议规定在病虫害有立即蔓延的危险而缺乏足够的科学证据时，成员可以暂时采取限制进口的措施作为预防，而 TBT 协议没有规定这样的暂时措施条款。

因此，在明晰这两种措施区别的基础上，一些学者倾向于将 SPS 措施认定为是被"特定化"的 TBT 措施，当 SPS 协议可以适用时，TBT 协议不再适用。

4. SPS 贸易壁垒判定标准

当发达国家和部分发展中国家开始越来越频繁地将 SPS 措施作为进出口贸易控制的手段，甚至作为拒绝别国产品进入本国市场的借口时，SPS 措施就构成了贸易壁垒。

从主观原因上分析，实施国可以利用-SPS 措施增加进口产品的成本、削弱进口产品的竞争优势，甚至将进口产品完全排除在本国市场之外，从而给予国内生产者有利的竞争地位，甚至导致其垄断市场。许多学者认为发展中国家与发达国家之间的经济和技术水平差异导致发达国家成为相关贸易谈判的主导方和获利者；一方面，发达国家是国际标准制定进程的主要推动者，在标准制定过程中力求反映本国需求，导致某些国际标准对发展中国家过于严苛；另一方面，发达国家利用 SPS 协议中的暂时措施和"保护水平可以高于国际标准"等例外规定来实施过高标准，增加发展中国家的成本，或者将发展中国家的产品挡在门外。

SPS 贸易壁垒产生的外部客观原因则有：世贸组织谈判推进关税削减进程，一些国家转而利用形式上"合法"的 SPS 措施对进口进行控制；SPS 措施涉及范围广，有些领域国际标准缺位；SPS 措施技术性强且不断发展变化；SPS 措施透明度差；各国 SPS 体系差异明显；利用世贸组织多边框架下的争端解决机制解决

SPS 措施争端历时较长等。

一般认为，判断 SPS 措施是否构成贸易壁垒的标准包括：是否为保护人类或者动植物生命和健康所必须；是否建立在科学依据上并有科学的风险评估过程；是否对国内外企业平等适用；是否有贸易扭曲作用较小的可选替代措施；是否遵守透明度原则和对等原则；是否符合国际标准；是否给发展中国家足够的执行准备时间等。

5. SPS 贸易壁垒作用机制

SPS 措施对农产品贸易的影响主要通过控制进口产品数量和削弱进口产品价格竞争力两种方式体现。控制进口产品数量指进口国规定只有符合本国相关 SPS 措施要求和标准的农产品和食品才能进入本国市场，这样本国 SPS 措施标准的高低和实施的严格程度就起到控制进口数量的作用。削弱进口产品价格竞争力是指进口国以保护本国国民和动植物安全与健康为由，对进入本国的他国农产品和食品的质量、生产加工过程、运输环节、包装标签、检验证书等提出一系列 SPS 措施要求，出口国的生产商为达到这些要求不得不在生产、包装和运输等环节增加投入，从而导致出口成本增加，国际竞争优势被削弱。

此外，SPS 措施还可以通过其他一些途径影响农产品贸易，包括：利用冗长繁复的检验检疫程序影响进口产品的新鲜程度，以削弱其在进口国的质量竞争力；通过 SPS 措施的制定和宣传引导消费者的选择偏好，为本国产品制造竞争优势等。

三、装船前检验和其他手续

装船前检验(pre-shipment inspection，PSI)，1995 年之前也被称为"全面进口监管计划"，是指由进口国政府有关部门，如中央银行、财政部、商业部、外贸部、海关等联合颁布法令，指定一家或数家跨国检验机构对本国进口货物实行强制性的装船前检验，将指定检验机构签发的清洁报告书作为银行付汇、海关放行和征税的有效凭证之一。

装船前检验是世贸组织框架下的一种法定进口贸易核查措施。进口国政府实施装船前检验的主要目的是：

(1) 防止商业欺诈行为，保证进口产品质量；

(2) 防止资本外流和偷逃关税、套汇等不法行为；

(3) 防止走私及禁止违禁物品输入；

(4) 弥补行政管理机构的不足。

现在世界上有近 30 个国家(地区) 实行这一制度，主要是一些比较贫穷落后的亚非拉国家，其中大部分为非洲国家，如安哥拉、孟加拉国、贝宁、布基纳法索、中非共和国、乍得、刚果(金)、刚果(布)、毛里塔尼亚、布隆迪、喀麦隆、科摩罗、科特迪瓦、几内亚(科纳克里)、赤道几内亚、海地、利比亚、马里、莫桑比克、塞内加尔、尼日尔、乌兹别克斯坦、伊朗。

装船前检验的主要内容包括：

(1) 检验货物的品质、数量、重量、包装等与检验授权文件的符合性，必要时对经检验合格的货物进行监视装载；

(2) 核查货物海关编码(HS Code)；

(3) 评估货物价格以便进口国准确征说；

(4) 签发检验证书。

未经装船前检验的货物进入实施装船前检验的国家，到港后的后果是进口商被海关处以 1—2 倍货物 FOB 价值的罚款，或货物被退回出口国，或货物到指定港口卸货实施检验检疫。

装船前检验的检验时间是在货物备齐后发货前检验地点根据实际情况，可以在生产厂家、仓库、集装箱场站等地，如果有监督装箱要求，则应在装箱地点进行。装船前检验内容根据进口国家的要求有所不同，一般是根据信用证、形式发票、合同等，对货物的品质、规格、数量／重量、包装、唛头进行检查，有的国家要求监装，有的不要求。

装船前检验的检验流程一般是进口商先在进口国的相关部门(如财政和银行部门) 及驻进口国的国际检验机构进行申请，然后检验指令会转到国际检验机构在货物出口国的分部，分部会联系出口商，确认检验时间。

实施装船前检验的机构，根据进口国家的规定有所不同，一般都是国际认可的检验鉴定机构，如中国检验认证集团(CCIC)、必维国际检验集团(BV) 和瑞士通用公证行(SGS) 等。

装船前检验在一定程度上消除了信息的不完全，对国际贸易有积极的促进作用，但同时也可能成为贸易保护主义和贸易歧视的一种手段。比如，某些国家为某些商品的装船前检验规定了过分复杂的手续，进行不必要的拖延，或者针对不同的贸易对象执行差别待遇，导致变相的贸易壁垒，阻碍或扰乱了国际贸易的正常进行。为了消除以上问题，同时解决国际上就装船前检验缺乏统一标准和透明度的作法，关贸总协定乌拉圭回合谈判就削减成员间非关税壁垒达成了一项新的协议，即世贸组织的《装船前检验协议》。

除了装船前检验外，还有部分国家要求进行符合性证书认证、目的港检验、指定商检 CIQ 等强制性检验或认证。

符合性证书(certificate of conformity，COC) 是一些国家的强制要求。货物如果要出口到沙特、叙利亚、伊拉克、科威特等中东国家，以及非洲国家肯尼亚、赞比亚、阿尔及利亚、尼日利亚，进口国海关会要求进口商必须提供经承认的国际认证公司对该批货物出具的符合性证书。沙特阿拉伯标准组织(Saudi Arabian Standards organization，SASO) 就规定，每一批进口货物必须要有符合性证书。这些国家在要求做符合性证书认证的同时也要求做装船前检验，只不过装船前检验由进口商在进口国申请，得到检验编号后提供给出口商，由出口商联系进口国授权机构安排验货，而符合性证书认证则由出口商于发货前在出口国提出申请，并由出口商付费。

目的港检验(destination inspection，DI) ，是加纳、多哥、坦桑尼亚、厄瓜多尔等国实施的法定检验。进口货物需要通过进口国目的港的检验，即由进口国国认可的检验机构如 ITS 或 COTECNA，在进口海关处完成检验，才能获准进口。

指定商检 CIQ 是指出口到埃及、埃塞俄比亚和塞拉利昂的货物需要由这些国家政府指定的出口国商检机构在出口国对货物进行检验检疫和监装，并出具检验检疫证书(certifcate of inspection and quarantine，CIQ) ，才可以在进口国海关办理进口清关手续。根据我国与这些国家签订的协议，在我国出具 CIQ 证书的机构是商检局。

第三节　非技术性措施

一、价格控制措施

价格控制措施(price-contol measwres) 是指对进出口的货物或服务强制执行限定价格的措施。价格控制之所以成为非关税贸易壁垒，是因为某一限定的价格把进出口货物或服务的价格提高到足以限制或阻止其进口的水平之上。价格控制措施主要有以下几种。

(1) 最低限价(minimum import prices) 。指进口国对某些产品如纺织品、服装的进口预先确定一个最低进口价格。低于该价格的进口会被禁止或被要求交纳额外关税或其他额外费用。最低限价也称门槛价格。

(2) 参考价(reference prices) 。指进口国预先确定一个进口价格作为判定进口价格的参考。例如农产品的参考价就是基于农场交货价格，农场交货价格是农产品离开农场时扣除了营销成本的净价。

(3) 自愿出口价格限制(voluntary export-price restraints) 。指按照进出口方达成的协议，出口方承担遵守协议所确定的最低价格的义务，以避免与主要进口国间的贸易摩擦。

(4) 价格调查(price investigation)。指进口国政府对某些产品的进口价格或出口国不正当贸易行为的指控进行调查，不管调查的结果是否对出口国有利，调查本身已经起到了壁垒作用。

(5) 海关额外费用(customs surcharges)。指除关税以外，海关特设的只针对进口产品征收的费用，目的主要是为了增加财政收入或保护本土产业。

(6) 与政府服务有关的其他税费(additional taxes and charges levied in connection to services provided by the government)。指除关税和海关额外费用以外，与政府提供的服务有关的对进口产品另外征收的税费，如商品处理或储存费、外币兑换税、印花税、进口许可证费、领事发票费、统计税、船舶吨税等。对国内产品没有相应的类似收费。

(7) 专断的海关估价(decreed customs valuations)。是指某些国家的海关为了达到增加进口货的关税负担、阻碍商品进口或征收关税的目的，人为地高估进口货物的完税价格。用专断的海关估价来限制商品的进口，美国最为突出。长期以来，美国海关是按照进口商品的外国价格(进口货在出口国国内销售市场的批发价)和出口价格(进口货在出口国市场供出口用的售价) 两者之中较高的一种进行征税。这实际上提高了缴纳关税的税额。

二、数量控制措施

一国实施数量控制措施(quantity control measures) 的目的主要是为限制进口产品的数量，而不论进口产品来自何处。数量控制措施可采取非自动进口许可证、配额、禁令等形式。这里的数量控制措施不包含因卫生、检验检疫或技术标准等原因而采取的非自动进口许可证、禁令等措施，它们应归为上一节中的 SPS 措施或 TBT 措施。

关贸总协定在原则上是禁止采用数量控制措施的。关贸总协定规定任何缔约国除征收捐税或其他费用外，不得设立和维持配额、进出口许可证或其他措施以限制或禁止其他缔约国领土产品的输入或本国向其他缔约国领土输出产品。但关贸总协定同时又同意对农渔产品实行必要的数量限制，并对因国际收支和保护幼稚产业而实施的数量限制作了规定，允许成员国为保障其对外金融地位和维持国际收支平衡，以及由于实施旨在提高就业水平和发展本国经济的国内政策，而在外汇储备严重下降的情况下，可以采用数量限制。关贸总协定还规定实施数量限制不得采取歧视性做法，即不能只针对某一特定国家或来源的进口商品实施。

（一） 非自动进口许可证

进口许可证制度是指一国为加强对外贸易管制，规定某些商品的进口需由进口商向进口国有关当局提出申请，经过审查批准获得许可证后方可进口的一种制度。进口许可证分为自动进口许可证和非自动进口许可证。

自动进口许可证(automatic import-licensing) 是指把进口许可证毫无数量限制地签发给进口商，凡列入许可证项下的商品清单中的货物，进口商只要申请，就可进口。自动进口许可证主要用来进行统计和监督，为政府提供可能损害国内工业的重要产品的进口情况。

非自动进口许可证(non-automatic import-licensing) ，又称特种进口许可证，是指对列入特种进口许可证项下的商品，进口商必须向有关当局提出申请，经逐笔审核批准并发给许可证后，才得以进口。非自动进口许可证按照其与进口配额的关系分为两种。一种是有定额的进口许可证，即进口国预先规定有关商品的进口配额，然后在配额的限度内，根据进口商的申请对每笔进口货物发给一定数量或金额的进口许可证，配额用完即停止发放。这是一种将进口配额与进口许可证相结合的管理进口的方法，通过进口许可证分配进口配额。另一种是无定额的进口许可证。

这种许可证不与进口配额相结合，即预先不公布进口配额，只是在个别考虑的基础上颁发有关商品的进口许可证。由于这种许可证的发放权完全由进口国主管部门掌握，没有公开的标准，因此更具有隐蔽性，给正常的国际贸易带来了困难。

非自动进口许可证是非关税壁垒的一种常见手段。关贸总协定鉴于这种措施的普遍性，并未明文规定予以禁止，但要求其实施应该以公正、透明和可预见的方式进行，且不得在其应发挥作用的贸易限制之外再制造额外的贸易限制或有其他扭曲贸易的作用。

（二） 进口配额

进口配额(import quotas) 又称进口限额，是一国政府对于某些商品的进口数量或金额加以直接限制，超过配额的商品不许进口，或被征收较高的关税或罚款才能进口。进口配额按不同的标准，有不同的分类法。

1. 按控制的力度和调节手段分

按控制的力度和调节手段，进口配额可分为绝对配额和关税配额。

(1) 绝对配额(absolute quotas) 是一定时期内对某些商品的进口数量或金额规定一个最高限额，达到这个限额后，便不准进口。

(2) 关税配额(tariff quotas) 是指在一定时期内，对商品的进口数量或金额规定一个限额，对于限额之内的进口商品给予低关税或免税待遇，对于超过限额的进口商品则征收高关税或附加税或罚款后再允许进口。许多发达国家和发展中国家都对农产品实施关税配额管理。例如商务部规定，中国 2013 年食糖进口关税配额总量为 194.5 万吨，其中 70%为国营贸易配额，配额内的食糖进口实行 15%的最惠国关税税率，配额外的食糖进口实行 50%的最惠国关税税率。

与关税配额相比，绝对配额限制更严，也更容易招致不满和报复。

2. 按商品的进口来源分

按商品的进口来源分，进口配额可分为全球配额、国别配额和进口商配额。

(1) 全球配额(global quotas) 是属于世界范围的配额，对于来自任何国家或地区的商品一律适用。全球配额对货物来自哪些国家和地区不加限制，其方法是由主管当局按照进口商申请的先后或按以往的实际进口额发放一定的额度，直到总配额发放完为止。

(2) 国别配额(country quotas) 是将总配额按国别和地区来分配一定的额度。为了区分来自不同国家和地区的商品，在进口时进口商必须提交原产地证明书。与全球配额不同的是，实行国别配额可以很方便地贯彻国别政策，具有很强的选择性和歧视性，进口国可根据其与其他国家的政治经济关系分别给予不同的额度。

(3) 进口商配额(importer quotas) 是进口国政府把某些商品的配额直接分配给进口商。进口国为了加强垄断资本在对外贸易中的垄断地位和进一步控制某些商品的进口，将某些商品的进口配额在少数进口商之间进行分配。

3. 按实施的时间分

按实施的时间分，进口配额可分为永久配额、季节配额和临时配额。

(1) 永久配额(permanent quotas) 是常年实施的，没有确切终止日期的配额，一年中的任何时候都可以申请。

(2) 季节配额(seasonal quotas)是常年实施的，没有确切终止日期的配额，但一年中只有给定的一段时间可以申请。

(3) 临时配额(temporary quotas)是指配额的实施有明确的时间期限，往往只有 1～2 年的时间。

(三) 进口禁令

进口禁令(import prohibition) 是一国政府对贸易采取的一种极端措施。为了解决经济贸易困难或因为其他原因，当一国政府感到通过其他方式无法阻止进口时，往往会颁布法令，禁止进口某些商品。一般而言，在正常经贸活动中，禁止进口的极端措施不宜贸然采用，因为这极可能引发别国报复，从而酿成越演越烈的贸易战。

进口禁令可以分为完全进口禁令、季节进口禁令和临时进口禁令。

(1) 完全进口禁令(full prohibition) 是指没有任何附加条件或资格的对某种商品的进口禁令。

(2) 季节进口禁令(seasonal prohibition)是指一年中有某一时段禁止进口某种商品，通常用于农产品，因为禁止进口的这段时间本国同类产品出产丰裕。

(3) 临时进口禁令(temporary prohibition)是指由于特殊缘由在给定的时期内禁止进口某种商品，包括暂停发放进口许可证。

进口禁令还有禁止从特定来源国进口、禁止敏感产品进口、禁止旧货和返修货进口、禁止大批量进口等形式。其中禁止大批量进口是指商品不得仅仅装入大型包装容器，而必须装入小型零售包装中才可以进口，此举能增加单位商品的进口成本。

除了经济原因引起的进口禁令，还有宗教、道德、文化和政治原因导致的进口禁令，如禁止色情书刊进口或因为报复某国的核弹试验而禁止从该国进口商品。

（四） 自动出口限制

自动出口限制(voluntary export restraints) ，又称自动出口配额制，是指出口国在某进口国的要求和压力下，"自动"规定某一时期内(一般 3-5 年) 某些商品对该进口国的出口限额，在该限额内自行控制出口，超过限额即禁止出口。

自动出口配额制和进口配额制虽然从实质上都是通过数量限制来控制进口，但仍有许多不同，主要表现在：

(1) 从配额的控制方面看，进口配额制由进口国直接控制进口配额来限制商品的进口，而自动出口配额制则由出口国直接控制配额．限制一些商品对指定进口国的出口，因此是一种由出口国适时地为保护进口国生产者而设计的贸易政策措施；

(2) 从配额表现形式看，自动出口配额制表面上好像是出口国自愿采取措施控制出口，而实际上是在进口国的强大压力下采取的，并非真正出于出口国的自愿；

(3) 从配额的影响范围看，进口配额制通常应用于一国进口商品的大多数供给者，而自动出口配额制仅应用于几个甚至一个特定的出口国，具有明显的选择性，那些未包括在自动出口配额制协议中的出口者，可以向进口国继续增加出口。

自动出口配额制有非协议的自动出口配额和协议的自动出口配额两种形式。

非协议的自动出口配额是指出口国政府并未受到国家间协议的约束，自动单方面规定对有关国家的出口限额。协议的自动出口配额是指进口国与出口国通过谈判签订自动出口限制协议或有秩序销售协议，规定一定时期内某些商品的出口配额。

三、超关税措施

超关税措施(para-tariff measures) 是指以类似于关税的方式来增加进口产品成本的措施，比如征收一定百分比或固定金额的税费。超关税措施中最常见的是国内税。

国内税(internal taxes) 是指一国政府对进口商品征收该国国内产品在流通过程中所纳税种的税金，例如对一般产品征收的消费税、营业税、增值税，对特定产品征收的奢侈品税、烟草税、酒类消费税等。此外，一些国家还对敏感产品征收国内税或其他国内费用，如排放费、(敏感) 产品税和行政费，例如对汽车产品征收的二氧化碳排放费。一些国家往往采取国内税制度增加进口商品的纳税负担，以保护本国产品的竞争力，抵制进口商品的输入。例如，美国、日本和瑞士对进口酒精饮料征收的消费税都多于本国产品。

虽然关贸总协定(1994) 第三条第1、2款中规定：国内税和其他国内费用，影响产品的国内销售、兜售、购买、运输、分配或使用的法令、条例和规定，以及对产品的混合、加工或使用须符合特定数量或比例要求的国内数量限制条例，在对进口产品或本国产品实施时，不应用来对国内生产提供保护；一缔约国领土的产品输入到另一缔约国领土时，不应对它直接或间接征收高于对相同的国内产品所直接或间接征收的国内税或其他国内费用，同时缔约国不应对进口产品或国内产品采用其他与本条第一款规定的原则有抵触的办法来实施国内税或其他国内费用。但是，由于国内税的制定和执行属于本国政府或地方行政机构的权限，是一国的内政，因此国内税比关税灵活得多，可以巧立名目，具有一定的伪装性，是一种更隐蔽的贸易限制手段。有时一国对同一种商品，因为由不同国家生产，所征国内税可以差别很大。例如法国曾经对引擎为5马力汽车每年征养路税12美元，而对于引擎为16马力汽车每年征养路税高达30美元，当时法国生产的最大型的汽车为12马力，而进口汽车多为16马力的汽车。

四、金融措施

金融措施(finance measures) 是指用来管制进口外汇的获取及外汇成本，或规定付款方式的措施，主要有以下几项。

1. 进口押金制

进口押金制(advance payment requirement) 指一国政府要求进口商在收货前，或提交进口申请及开立信用证时，将一定金额的货款或进口关税预存至指定银行，包括：

(1) 进口货款押金制(advancing import deposit，又称进口存款制，是指进口商在开立信用证前或收货前，必须预先按进口金额的一定比率，于规定的时间在指定的银行无息存储一笔现金的制度。进口国可按进口商品的种类和性质，或按进口商品所属的国别和地区，来规定押金的收取比例。这种制度无疑加重了进口商的资金负担，其作用是政府可从进口商获得一笔无息贷款，进口商则因周转资金减少并损失利息收入而减少进口，从而达到限制进口的目的。

(2) 进口关税押金制(advance payment of customs duties) ，指政府要求进口商提前预付全部或部分的进口关税，且对这笔押金不计息。比如在货物到达进口口岸三个月前就预付估算出的全部关税税额。

(4) 可返还存款(refundable deposits) ，指政府针对敏感商品(如冰箱) 要求其进口商存一笔款项至指定银行，当已使用的商品或容器被回收时，该笔款项将被返还。

2. 多重汇率

多重汇率(multiple exchange rates) ，又称复汇率，是外汇管制的一种产物，指一种货币(或一个国家) 有两种或两种以上汇率，不同的汇率用于不同的国际经贸活动。在不同的历史时期，多重汇率制成为少数工业国和某些发展中国家的经济政策工具。例如德国在 20 世纪 30 年代曾对战备物资的进口给予较优惠的汇率，对其他物品的进口则以较高的汇率来兑换。中国在 1979 年至 1984 年间经历了从人民币单一汇率到复汇率再到单一汇率的变迁，1985 年至 1993 年人民币外汇官方牌价与外汇调剂价格并存，其实是一种变相的复汇率。1994 年 1 月 1 日，人民币官方汇率与外汇调剂价格正式并轨。

3. 外汇分配管制

外汇分配管制(regulation on official foreign exchange allocation) 主要包括：政府禁止为某些商品，如汽车、电视、珠宝的进口提供官方外汇；进口某种商品，如汽车，除了获取进口许可证外，还必须得到进口主管部门(如中央银行) 的批准；进口商在海外银行存有外汇时才能得到某种产品(如纺织原料) 的进口许可等。

4. 进口支付管制

进口支付管制(regulations concerning terms of payment for imports) ，指规定了

进口支付条件及与进口信贷有关的法规。比如政府规定在货物到达进口口岸前，不准提前支付多于 50%的货款。

五、影响竞争的措施

影响竞争的措施(measures affecting competition) 包括进口的国家垄断和强制性本国服务要求。

进口的国家垄断，是指政府对某些商品的进口实行国家垄断经营，其形式包括国家设立专门的国营贸易公司或把商品的进口委托给某些垄断组织经营。世界各国对进口商品垄断的情况不尽相同，但归纳起来，主要集中在烟、酒、农产品和武器这几类商品上。

强制性本国服务要求，是指一国政府要求本国进口商品必须由本国保险机构承保或由本国运输企业实施国际运输。

六、与贸易有关的投资措施

世贸组织《与贸易有关的投资措施协议》规定：一项投资措施，如果是针对贸易的流向即贸易本身的，引起了对贸易的限制或损害作用，且这种作用是与关贸总协定有关规定不符的，就成为与贸易有关的投资措施(trade-related investment measures，TRIMs) 。所以，TRIMs 是指对贸易有限制或扭曲作用的投资措施，并不是泛指所有与贸易有关的投资措施。

TRIMs 主要包括本地成分要求和进出口平衡措施。《与贸易有关的投资措施协议》明确将这两者列为应予禁止的措施。

(1) 本地成分要求(local content measures) 指东道国规定外资企业用于生产的投入品中必须有一部分由东道国本国出产。如生产汽车时，本国生产的零部件必须占到全部使用零部件价值的至少 50%。

(2) 进出口平衡措施(trade-balancing measures) 指一国将外资企业的进口限定在该企业出口量或出口值的一定比例内。如政府规定一家公司只能以上一年度该公司出口收入的 80%为上限来进口原料或其他产品。

七、流通限制

流通限制(distribution restriction) 是指限制进口商品在进口国国内流通，往往是通过要求额外的许可证或证书的方式来进行，包括地理限制和分销限制。

地理限制指在进口国内进口产品的销售被局限在某些区域，比如进口饮料只能在设有饮料包装回收设施的城市进行销售。

分销限制是指进口商品的销售被限制给指定的零售商，例如汽车产品的出口商需要在进口国设立自己的零售点，因为在进口国现有的汽车经销商只能经销本国生产的汽车。

八、售后服务限制

售后服务限制(restrictions on post-sales services) 是指限制出口商在进口国为其生产的产品提供售后服务，例如一国规定进口电视机的售后服务只能由本国的服务商来进行。

九、非出口补贴

非出口补贴又称生产补贴，是相对于出口补贴而言的。生产补贴与出口补贴最大的区别是：政府等机构提供出口补贴时，只对生产企业用于出口部分的产品给予补贴，而企业内销部分的产品是不能享受补贴的；但生产补贴则是政府给整个生产企业予以补贴，其产品无论是用于外销还是内销，均可享受政府等机构提供的补贴。

按乌拉圭回合谈判达成的世贸组织《补贴与反补贴措施协议》(以下简称协议)的规定，以下情况应视为存在补贴。

(1) 在某一成员的领土内由政府或任何公共机构(在协议中统称"政府")提供的财政资助，即①涉及资金直接转移的政府行为(如赠予、贷款、投股) 、资金或债务潜在的转移(如贷款担保) ；②政府本应征收收入的豁免或未予征收(如税额减免之类的财政鼓励) ；③政府不是提供一般基础设施而是提供商品或服务，或收购产品；④政府通过向基金机构支付或向私人机构担保或指示后者行使上述所列举的一种或多种通常应由政府执行的功能，这种行为与通常的政府从事的行为没有实质性差别。

(2) 存在 1994 年关贸总协定第十六条规定所定义的任何形式的收入或价格支持，和由此而给予的某种利益。

协议还规定，对于一项补贴是否属于对授予当局管辖范围内的企业或产业、或一组企业或产业(协议中称"某些企业") 的专向性补贴，应适用下列原则。

(1) 如授予当局或其运作所根据的立法将补贴的获得明确限于特定企业，则此种补贴应属专向性补贴。

(2) 如果补贴授予当局据已执行的立法对获得补贴的资格和数额规定了客观的标准或条件，如能严格遵守这些标准和条件，并且一旦符合资格便能自动获得补贴，该补贴则不具有专向性。有关的标准或条件必须在法律、规章或其官方文件中明确写明，以便能够对其加以核实。

(3) 如果尽管因为适用(1) 项和(2) 项规定的原则而表现为非专向性补贴，但是有理由认为补贴可能事实上属专向性补贴，则可考虑其他因素。此类因素为：有限数量的某些企业使用补贴计划、某些企业主要使用补贴、给予某些企业不成比例的大量补贴以及授予机关在作出给予补贴的决定时行使决定权的方式。任何属本条规定范围内的补贴应被视为专向性补贴。

限于授予当局管辖范围内指定地理区域的某些企业的补贴属专向性补贴。对专向性的确定应依据肯定性证据明确证明。就协议而言，不得将有资格的各级政府所采取的确定或改变普遍适用的税率的行动视为专向性补贴。

补贴可分为出口补贴和非出口补贴，而这两种补贴又都有禁止性补贴、可诉补贴和不可诉补贴之分。

不可诉补贴又称绿灯补贴，是指各成员方在实施这类补贴时，一般不受其他成员方的反对或因此采取反补贴措施。不可诉补贴一类是不具有专向性的补贴，另一类是符合特定要求的专向性补贴。不具有专向性的补贴可普遍获得，不针对特定企业、特定产业和特定地区。符合特定要求的专向性补贴包括基础研究和竞争前开发活动补贴，落后地区援助和环保补贴。基础研究和竞争前开发活动补贴是指对公司进行研究活动的援助，或对高等教育机构或研究机构与公司签约进行研究活动的援助。该类补贴不能超出项目成本的指定比例，且只能用于某些开支。具体来说，高等院校、科研机构在合同基础上进行研究的补贴不超过工业研究费用的 75%，或竞争前开发活动费用的 50%，并且该补贴仅限于人员开支、仪器设备、土地或建筑、咨询服务以及研究活动直接产生的其他费用等。落后地区援助是根据地区发展总体规划，对处于落后地区的非用于特定企业或产业的补贴。该补贴需满足下列条件：第一，清楚表明地理区域以及经济与行政区划；第二，该地区的人均国民生产总值低于该成员方境内人均国民生产总值的 85%，失业率高出该成员方境内失业率的 115%。环保补贴是指为适应新的环保要求扶持企业改造现有设施适应新的环境要求的补贴。这种补贴应是一次性的，并且不得高于采用环保要求所需费用的 20%。

可诉类补贴又称黄灯补贴，指那些不是一律被禁止，但又不能自动免于质疑的补贴。可诉补贴在一定范围内可以实施，但如果使用此类补贴的成员方在实施过程中对其他成员方的经济利益造成不利影响，则受损的成员方可以向使用此类补贴的成员方提起申诉。协议对使用可诉补贴的"度"做出具体界定，即使用可诉补贴不能造成以下任何情况的发生：①取代或阻碍来自另一成员方的产品进口；②取代或阻碍另一成员方对第三成员方的出口；③补贴造成大幅度削价、压价或销售量减少的后果；④实施补贴后的商品在国际市场上的份额增加。

禁止性补贴又称红灯补贴，是协议规定的禁止成员方给予或者予以维持的补贴行为。由于禁止性补贴直接扭曲进出口贸易，协议对此类补贴以及维持此类补贴的行为予以严格禁止。协议明确地将出口补贴和进口替代补贴规定为禁止性补贴。

对于禁止性补贴和可诉补贴，受影响的成员方可以要求与给予或维持补贴的成员方进行磋商，磋商未果则可提交世贸组织争端解决机构进行裁决。根据裁决结果，世贸组织可授权提出申诉的成员方根据认定的具体情况做出相应的反制，如征收反补贴税。

十、政府采购限制

政府采购限制(restriction on government procurement) 是指政府采购过程中一国政府限制他国供应商及货物、服务和工程进入本国政府采购市场参与竞标和竞争的各种措施的总称。

政府采购的主体是政府，是一个国家内最大的单一消费者，购买力非常大。政府采购直接关系到国内外供应商的经济利益，它对本国产业发展和对外贸易会产生重大影响。

政府采购限制主要表现为歧视性政府采购政策，又称"购买国货政策"，是指一些国家通过法令或虽无法令明文规定但实际上要求本国政府机构在招标采购时必须优先购买本国产品，从而导致对国外产品歧视与限制的做法。主要发达国家都有相应的歧视性政府采购政策规定，以保护本国生产者和提高国内就业水平。例如，英国规定政府机构使用的通信设备和计算机必须是英国产品；日本规定政府机构用的办公设备、汽车、计算机、电缆、导线、机床等不得采购外国产品；美国则规定，凡是美国联邦政府所要采购的货物，应该是美国制造的，或是用美国原料制造的，只有在美国自己生产的数量不够，或国内价格过高，或不买外国货就会损害美国利益的情况下，才可以购买外国货。为了达到限制进口的目的，美国国防部和财政部甚至往往采购比进口货贵50%的国产货。

十一、知识产权措施

这里的知识产权措施指的是贸易中与知识产权有关的措施。知识产权

(intellectual property) 是指在智力创造性劳动取得成果的条件下，为保护创造者利益，由法律赋予知识产

权所有人对其创造性的智力成果所享有的专有权利。各种智力创造比如发明、文学和艺术作品，以及在商业中使用的标志、名称、图像以及外观设计，都可被认为是某一个人或组织所拥有的知识产权。

当知识产权的排他性应用到跨国生产经营当中时，一国的知识产权保护政策就与进出口贸易联系起来了，成为各国重要的贸易政策之一。当知识产权固有的垄断性超出了合理范畴，扭曲了正常的国际贸易时，就成为了知识产权壁垒。

知识产权滥用可妨碍进口，如对平行进口的严格限制。平行进口是指本国的商标权人将自己生产的商品出售给国外经销商或将自己的商标许可给国外生产企业后，这些国外经销商或生产企业将其生产的商品(与商标权人在国内生产的相同)在未经商标权人同意的情况下进口国内市场的行为。这种未经许可的进口往往与正式许可的进口平行，故被称为平行进口。由于市场营销策略(如扩大市场份额和占有率) 的需要，商标权人出售给国外经销商的商品及国外被许可生产企业生产的商品价格都比较低，这些产品平行进口后，通常会对商标权人的国内市场造成一定的冲击。故为了保护正常的国内市场秩序，许多国家都采用不同的方法阻止商品的平行进口。平行进口很容易为发达国家的利益、个人的意志所左右，不可避免地产生滥用知识产权的问题。

十二、原产地规则

随着双边、区域性协议的迅速增加，作为这些协议实行前提和基础的原产地规则的重要性日益突出。与此同时，有越来越多的国家利用原产地规则作为新的非关税壁垒。

双边、区域性贸易协议的部分标准高于世贸组织的，因此容易对协议外的国家造成贸易歧视和排斥现象。双边、区域性贸易协议的履行要求一种区分机制来辨别产品是由受惠国还是非受惠国制造。原产地规则就是这样一种区分机制，其核心内容是判定产品原产地的标准。

产品的原产地(the origin of goods) 是指产品的来源地，即货物的开采地、提取地、收获地、出产地、生产地、制造地或加工地。在国际贸易中，产品的原产地是指产品的"法定国籍"，即产品属于哪个特定国家(地区) 。一个产品只能拥有一个原产国(地) ，即原产地具有唯一性。随着全球经济一体化进程加深，国际分工、专业化生产和合作成为不可阻挡的趋势。尤其是跨国公司在全球范围内的生产经营，使越来越多的产品在多个国家进行生产加工，使用了多个国家的原材

料、配件、元器件。这种使用了多国"生产要素"的产品到底应该属于哪个国家(地区)?这其实就是对国际加工产品原产地的认定问题。

目前国际上的原产地规则和标准主要体现在两个多边国际条约中:一个是海关合作理事会于1973年在日本京都通过并于1974年生效的《简化并协调海关手续的国际公约》(通称《京都公约》),该公约首次列示"全部产地生产标准"和3种"产品实质性改变标准";另一个是世贸组织成员于1994年在乌拉圭回合达成的《原产地规则协议》,该协议仅涉及"非优惠性原产地规则"。

可见,原产地标准一般分为两种:一是"完全获得产品标准",即"全部产地生产标准",是指完全使用本国的原材料在本国范围内生产制造的产品以此国为原产地,这个标准比较严格,但是基本被世界各国所认同,在实践中少有争议;二是"实质性改变标准",其中包括税则归类改变标准、增值百分比标准、生产或加工工序标准。"实质性改变标准"专门用于确定国际加工产品的原产地。其中,税则归类改变标准是指在最后一个国家(地区)生产加工后的产品对比使用的原材料、配件在税则归类目录发生了变动,则认为发生了"实质性改变",此最后国(地区)为产品的原产地。增值百分比标准是指加工产品只有在某国(地区)加工后的产品增值部分达到一定的百分比或者使用的外国原料(或本国原料)低于(或高于)某个比例,则认为发生了"实质性改变"。生产或加工工序标准是指只要在某国进行了规定的生产或加工工序,则认为发生了"实质性改变"。

由于关于原产地标准的两个国际条约都仅仅是协调方案,无强制性作用,因此各国都根据本国利益制定了自身的原产地规则和标准。各国原产地标准的不同主要体现在"实质性改变标准"。例如,欧盟和日本采取的是税则归类改变标准,而美国、加拿大、澳大利亚采用增值百分比标准,且各国制定的百分比也不同,美国规定本国增值率不能低于35%,加拿大则规定不能低于60%。

在经济全球化背景下,原产地规则用作非关税壁垒的趋势日益加强。例如,美国于1996年实施纺织品及服装新原产地规则,将成衣的原产地判定标准由"裁剪地"修改为"缝制地",面料由"染色和印花地"变成了"织造地"等,致使欧盟的布料、围巾和其他平面织物不再被认为原产于欧盟,不能再像原来一样免税进入美国市场。我国输美服装中有相当比重系采取由香港裁剪、内地缝制的加工贸易方式。美国1996年"缝制地"原产地规则将原本应视作原产于我国香港的服装记到我国内地出口企业名下,占用了我国本已十分有限的对美纺织品被动出口配额。很明显,该规则的实施直接损害了加工型和转口贸易型欠发达国家和地区的利益,而美国本土的纺织成衣企业则受到了庇护。

参 考 文 献

[1] 许纯祯，吴宇晖，张东辉．西方经济学[M]．高等教育出版社，2005．

[2] 李寿平．多边贸易体制中的环境保护法律问题研究[M]．中国法制出版社，2004．

[3] 许兴亚．马克思主义经济学与中国经济问题探索[M]．社会科学文献出版社，2005．

[4] 许兴亚．马克思的国际经济理论[M]．中国经济出版社，2003．

[5] 杨圣明．马克思主义国际贸易理论新探[M]．经济管理出版社，2002．

[6] 周守正，许兴亚．《资本论》教学与研究纲要[M]．中国经济出版社，1999．

[7] 杨圣明．中国对外经贸理论前沿[M]．社会科学文献出版社，1999．

图书在版编目（CIP）数据

国际贸易理论与政策改革探索/郭家鹏著. —天津：
天津人民出版社，2019.9
ISBN 978-7-201-14963-9

Ⅰ.①国… Ⅱ.①郭… Ⅲ.①国际贸易理论—文集②
国际贸易政策—文集 Ⅳ.①F74-53

中国版本图书馆 CIP 数据核字(2019)第 162717 号

国际贸易理论与政策改革探索
GUOJIMAOYI LILUN YU ZHENGCE GAIGE TANSUO
郭家鹏 著

出　　版	天津人民出版社
出 版 人	刘　庆
地　　址	天津市和平区西康路35号康岳大厦
邮政编码	300051

网　　址　http://WWW.tjrmcbs.com
电子邮箱　tjrmcbs@126.com

责任编辑　武绍东
封面设计　吴志宇

制版印刷　三河市海新印务有限公司
经　　销　新华书店
开　　本　787×1092毫米 $\frac{1}{16}$
印　　张　13
字　　数　218千字
版次印次　2020年9月第1版　2023年4月第2次印刷
定　　价　68.00元